예문중심

실용
일본어 문법

모세종 지음

어문학사

머리말

　외국어를 배우는 목적은 무엇보다도 의사소통(회화)능력을 갖기 위함일 것입니다. 회화능력을 습득하게 하는 것이 외국어교육의 핵심인 것입니다.
　그런데 왜 문법서를 냈겠습니까? 그것은 문법의 이해가 회화능력향상의 지름길이며 전부이기 때문입니다. 외국어공부는 태어나서 자연스럽게 습득해 가는 그런 생득적인 것이 아니라, 짧은 시간 내에 필요한 많은 것을 습득해야 하는 것입니다. 외국어공부는 그만큼 효율성이 요구되는 것으로, 무조건 외우기만 하면 되는 그런 방법으로는 한계가 있습니다.
　외국어공부에서 문법이라는 말이 나오면 저항감을 갖는 학습자가 많습니다. 회화를 공부해야지 무슨 문법을 공부하느냐 하면서 말입니다. 하지만 문법이란 별 특별한 것이 아닙니다. 문법이란 문의 법칙을 말합니다. 문장체이든 회화체이든 그 문 속에 작용하고 있는 법칙이 바로 문법인 것입니다. 법칙을 알면 쉽게 이해하여 습득과 응용을 쉽게 합니다. 그렇게 되면 이후는 익숙해지도록 연습만 하면 되는 것이죠. 특히 문장체와 회화체의 차이가 거의 없고, 규칙 또한 비교적 일정한 일본어에서는, 문법에 대한 이해야말로 일본어학습의 효율을 높일 수 있는 유일한 방법이라 할 수 있습니다. 즉 문법공부는 회화공부의 핵심이요 전부인 것입니다.
　본서는 문법을 실용성 있는 예문을 통하여 기술함으로서 문법에 대한 이해와 더불어 어휘력을 높일 수 있도록 만들었습니다.
　일본어문에 대한 개괄에서, 문장과 활용이 단순한 명사문, 형용사문, 형용동사문, 나아가 문법학습의 중심인 동사문의 순으로 구성하였습니다.

명사, 형용사, 형용동사, 동사문을 구성하는 모든 사항, 물론 조사, 조동사 등에 관한 부분도 포함하여, 기초에서 고급 수준에 이르는 내용에까지 종합적으로 담았습니다. 각 항목에 대해서 체계적인 설명을 했습니다만, 설명이 없어도 이해할 수 있을 정도의 풍부한 예문을 실었기에, 별 어려움 없이 학습할 수 있을 것입니다. 난이도가 높은 부분은 심층연구 또는 참고, 주의, 연구 등의 난을 만들어 별도로 기술하였습니다. 본서는 어떤 일본어에도 대응할 수 있도록 그 넓이와 깊이를 추구하였습니다.

　외국어공부는 문을 이해하고 그 이해된 문을 습득한 후, 자유롭게 사용할 수 있도록 반복 훈련하는 것뿐입니다. 이젠 본서의 내용이 자기 것이 되도록 공부해야 하는 여러분의 인내와 노력만이 남았습니다. 일본어학습이 성공적으로 이루어지기를 진심으로 기대합니다.

2010. 10. 1
저자 모 세 종

목 차

머리말 • 3

〈上〉名詞・形容詞・形容動詞文

제1장 명사문

1.1 명사문	16
1.2 명사	16
1. 단독구조	16
2. 복수구조	16
3. 지시어[1]	17
4. 인칭대명사	18
1.3 조사[1]	19
1. ~は	19
2. ~が	19
3. ~も[1]	19
4. ~の	19
5. ~と[1]	20
6. ~から	20
7. ~まで	20
1.4 단정조동사	21
1. 긍정문	21
(1) ~だ	21
(2) ~です	21
2. 부정문	21
(1) ~ではない	21
(2) ~ではありません	22
3. 의문문	22
(1) ~か	22
4. 중지형	23
(1) ~で	23
(2) ~ではなく	23
5. 과거형	24
(1) 시제형식	24
(2) ~だった	24
(3) ~でした	25
(4) ~ではなかった	25
(5) ~ではありませんでした	25
6. ~である	26
(1) ~である	26
(2) ~ではある	26
(3) ~でもある	26
1.5 명사문 용례	27
1. 지시어	27
2. 인칭 대명사	27
3. 조사	27
(1) ~は	27
(2) ~が	27
(3) ~も	28
(4) ~の	28
(5) ~と	28
(6) ~から	29
(7) ~まで	29

4. 단정 조동사　　　　　　　29
　　　　(1) ~だ　　　　　　　　29
　　　　(2) ~です　　　　　　　30
　　　　(3) ~ではない　　　　　30
　　　　(4) ~ではありません　　30
　　　　(5) ~か　　　　　　　　31
　　　　(6) ~で　　　　　　　　31
　　　　(7) ~ではなく　　　　　31
　　　　(8) ~だった　　　　　　32
　　　　(9) ~でした　　　　　　32
　　　　(10) ~ではなかった　　　32
　　　　(11) ~ではありませんでした　33
　　　　(12) ~である　　　　　　33
　　　　　　✔ ~である　　　　　33
　　　　　　✔ ~であります　　　33
　　　　　　✔ ~ではある　　　　33
　　　　　　✔ ~でもある　　　　34

1.6 관련 사항　　　　　　　　　34
　　1. 수사와 조수사　　　　　　34
　　　　(1) 수사　　　　　　　　34
　　　　(2) 조수사　　　　　　　35
　　　　(3) 숫자 세기　　　　　　37
　　2. 어휘(시간)　　　　　　　41
　　3. 한자읽기　　　　　　　　42
　　　　(1) 人　　　　　　　　　42
　　　　(2) 大　　　　　　　　　44

제2장 형용사문

2.1 형용사문　　　　　　　　　48

2.2 형용사　　　　　　　　　　48

2.3 종지형　　　　　　　　　　49
　　1. 보통체(~い)　　　　　　49
　　2. 정중체(~です)　　　　　49

2.4 연체형　　　　　　　　　　50

2.5 연용형　　　　　　　　　　51
　　1. ~く　　　　　　　　　　51
　　2. ~て　　　　　　　　　　52

2.6 부정형　　　　　　　　　　53
　　1. ~くない　　　　　　　　53
　　2. ~くありません　　　　　54

2.7 과거형　　　　　　　　　　55
　　1. 긍정문　　　　　　　　　55
　　2. 부정문　　　　　　　　　56

2.8 형용사 요약　　　　　　　　57

제3장 형용동사문

3.1 형용동사문　　　　　　　　60

3.2 형용동사　　　　　　　　　60

3.3 종지형　　　　　　　　　　61
　　1. 보통체(~だ)　　　　　　61
　　2. 정중체(~です)　　　　　62

3.4 연체형   63
3.5 연용형   64
    1. ~に   64
    2. ~で   64
3.6 부정형   65
    1. ~ではない   65
    2. ~ではありません   66
3.7 과거형   67
    1. 긍정문   67
    2. 부정문   68
3.8 형용동사 요약   70

제4장 심층연구

4.1 명사   72
    1. 지시어   72
        (1) 지시어⁽²⁾   72
        (2) そ~와 あ~   73
    2. 명사의 복수형   74
    3. お/ご + 명사   75
    4. 형식명사   76
        (1) の   77
        (2) こと   77
        (3) もの   78
        (4) わけ   78
        (5) ところ   79

    5. 형식명사 + だ   79
        (1) ~のだ   79
        (2) ~ことだ   81
        (3) ~ものだ   82
        (4) ~わけだ   83
        (5) ~ところだ   84

4.2 형용사   85
    1. 형용사의 명사형   85
        (1) ~さ   85
        (2) ~み   86
    2. 형용사 + がる   87
    3. 형용사의 音便   87
    4. 형용사의 경어   89
        (1) お + 형용사   89
        (2) 형용사 + ございます   89

4.3 형용동사   90
    1. 형용동사의 명사형   90
        (1) ~さ   90
        (2) ~み   90
    2. '~と∥~たる'의 형용동사   91
        (1) ~と/~として   92
        (2) ~とした/~とする/~としている 92
        (3) ~たる   93

4.4 가정/조건표현   94
    1. ~ば   94
        (1) 명사 : ~であれば   94
        (2) 형용사 : ~ければ   94
        (3) 형용동사 : ~であれば   95
    2. ~と   95
        (1) 명사 : ~だ/です + と   95
        (2) 형용사 : ~と   96
        (3) 형용동사 : ~だ/です + と 96

3. ~たら 96
　(1) 명사 : ~だったら/でしたら 96
　(2) 형용사 : ~かったら 97
　(3) 형용동사 : ~だったら/でしたら 97
4. ~なら 98
　(1) 명사 : ~なら 98
　(2) 형용사 : ~なら 98
　(3) 형용동사 : ~なら 98
5. 가정/조건표현 요약 99

〈下〉動詞文

제1장 동사문

1.1 동사문 102
　1. 동사문 102
　2. 동사문의 구조 102
1.2 동사 104
　1. 형태 104
　2. 분류와 종류 104
　　(1) 활용 104
　　(2) 의미 105
　3. 활용 105
　　(1) 활용 105
　　(2) 활용표 105
　　(3) 활용형 106

제2장 종지형과 관련표현

2.1 종지형 108
2.2 조사(2) 109
　1. ~を 109
　2. ~に 109
　3. ~へ 110
　4. ~で 111
　　(1) ~で(1) 111
　　(2) ~で(2) 111
　5. ~と 112
　　(1) ~と(2) 112
　　(2) ~と(3) 113
　　(3) ~って(1) 113
　6. ~や 114
　7. ~やら 115
　8. ~とか 115
　9. ~し 116
　10. ~か 117
　　(1) ~か 117
　　(2) ~かどうか 118
2.3 관련표현 119
　1. ~が 119
　2. ~けれども 120
　3. ~にもかかわらず 121

제3장 연용형과 音便形

3.1 연용형 …………………………… 124

3.2 ～ます類 ………………………… 125
    1. ～ます ……………………… 125
    2. ～ません …………………… 126
    3. ～ましょう ………………… 129
    4. ～ました …………………… 130
    5. ～ませんでした …………… 130

3.3 音便形 …………………………… 131
    1. ～て ………………………… 131
        (1) ～て …………………… 131
        (2) ～ては ………………… 133
        (3) ～ても ………………… 134
        (4) ～てから ……………… 134
    2. ～ている …………………… 135
    3. ～た ………………………… 137
        (1) ～た …………………… 137
        (2) 과거표현종합 ………… 138
        (3) ～たり, ～たりする … 140

3.4 관련표현 ………………………… 141
    1. ～ながら …………………… 141
    2. ～に ………………………… 142

3.5 동사와 명사 …………………… 144
    1. 동사의 명사형 …………… 144
    2. ～かた ……………………… 145

3.6 조사[3] …………………………… 146
    1. ～ね ………………………… 146
    2. ～よ ………………………… 146
    3. ～よね ……………………… 147
    4. ～な(あ) …………………… 148
    5. ～さ ………………………… 148
    6. ～ぜ∥～ぞ ………………… 149
    7. ～わ ………………………… 150
    8. ～かしら …………………… 150
    9. ～の ………………………… 151
    10. ～っけ …………………… 151
    11. ～って[2] ………………… 152

제4장 연용형 접속표현

4.1 희망표현 ………………………… 154
    1. ～たい ……………………… 154
    2. ～たがる …………………… 156
    3. ～てほしい ………………… 156
        (1) ～てほしい …………… 157
        (2) ～ないでほしい ……… 157
        (3) ～てほしくない ……… 157
    4. ～てもらいたい …………… 158

4.2 국면동사 표현 ………………… 159
    1. 개시 ………………………… 159
        (1) ～はじめる …………… 159
        (2) ～だす ………………… 159
        (3) ～かける/～かかる … 160
    2. 진행 ………………………… 161
        (1) ～つづける/～つづく … 161
        (2) ～つつある …………… 162
    3. 종료 ………………………… 163
        (1) ～おわる/おえる ……… 163
        (2) ～きる ………………… 163

4.3 경향/정도 표현　164
　1. ~やすい　164
　2. ~がちだ　164
　3. ~にくい　165
　4. ~づらい　166
　5. ~がたい　166

4.4 보조동사 표현　168
　1. ~てある　168
　2. ~ていく ∥ ~てくる　168
　　(1) ~ていく　168
　　(2) ~てくる　170
　3. ~ておく　171
　4. ~てしまう　171
　5. ~てみる ∥ ~てみせる　172
　　(1) ~てみる　172
　　(2) ~てみせる　173

4.5 수수표현　174
　1. ~てやる ∥ ~てあげる　174
　　(1) ~てやる　174
　　(2) ~てあげる　174
　2. ~てくれる ∥ ~てくださる　175
　　(1) ~てくれる　175
　　(2) ~てくださる　175
　3. ~てもらう ∥ ~ていただく　176
　　(1) ~てもらう　176
　　(2) ~ていただく　177

제5장 연체형과 관련표현

5.1 연체형　180
　1. ~る형　180
　2. ~た형　181

5.2 관련표현　182
　1. 원인/이유　182
　　(1) ~から　182
　　(2) ~ので　182
　　(3) ~ため　184
　　(4) ~せい　185
　2. 목적　186
　　(1) ~には　186
　　(2) ~のに　187
　　　✔ ~のに⁽¹⁾　187
　　　✔ ~のに⁽²⁾　188
　3. ~よう　189
　　(1) ~よう(に)　189
　　(2) ~ようにする ∥ ~ことにする　190
　　(3) ~ようになる ∥ ~ことになる　191

5.3 조사⁽⁴⁾　193
　1. ~だけ　193
　2. ~のみ　194
　3. ~ばかり　195
　4. ~しか ~ない　197
　5. ~くらい/ぐらい　198
　6. ~ほど　199
　7. ~より　200
　8. ~さえ　201
　9. ~すら　202
　10. ~も⁽²⁾　203
　11. ~でも　204
　12. ~だって　205

5.4 추측표현	206
1. ~だろう	206
2. ~でしよう	207
3. ~だろうか ‖ ~でしようか	207
4. ~かろう	208
5. ~まい	209
5.5 추량표현	211
1. ~ようだ	211
2. ~らしい	215
(1) ~らしい⁽¹⁾	215
(2) ~らしい⁽²⁾	217
3. ~みたいだ	218
4. ~そうだ	219
(1) ~そうだ⁽¹⁾	219
(2) ~そうだ⁽²⁾	222
5. ~っぽい	223
6. ~かもしれない	223
7. ~かねない	225
8. ~はずだ	226
9. ~にちがいない	227

6. 미연형과 관련표현

6.1 미연형⁽¹⁾	230
1. 부정표현	230
(1) ~ない	230
(2) 부정표현종합	232
(3) 부정중지표현	234
✔ ~なくて	234
✔ ~ないで	235
✔ ~ず	236
✔ ~ずに	237
(4) ~ぬ	238
2. ~(ら)れる	239
3. ~(さ)せる(사역표현)	241
6.2 관련표현	242
1. 수동표현	242
(1) 수동문의 구조	242
(2) 직접수동	243
(3) 간접수동	243
(4) 수동표현과 조사	244
✔ ~に	244
✔ ~によって	244
✔ ~から	244
✔ ~で	245
2. 가능표현	247
(1) ~ことができる	247
(2) ~(ら)れる	248
(3) 5단동사 가능형	249
(4) 동사 연용형 + 得る(得る)	250
(5) ~ざるをえない	252
(6) ~わけにはいかない	252
3. 사역수동표현(~(さ)せられる)	253
6.3 미연형⁽²⁾	255
1. ~(よ)う	255
2. ~(よ)うではないか	257
3. ~(よ)うが ‖ ~(よ)うと	258

4. ~(よ)うが、~(よ)うが
  ‖ ~(よ)うと、~(よ)うと
  ~(よ)うが、~まいが
  ‖ ~(よ)うと、~まいと
	258

6.4 조사⁽⁵⁾ 260
1. ~として 260
2. ~にとって 260
3. ~において 261
4. ~にしては 262
5. ~にしても 263
6. ~について 264
7. ~に対して 265
8. ~に関して 266
9. ~につれて 266
10. ~に当たって 267

7.3 접속표현 285
1. ~通り 285
2. ~まま 286
3. ~きり 288
4. ~たび 289
5. ~ごと 290
6. ~おき 291
7. ~限り 291

제7장 가정형과 관련표현

7.1 가정/조건표현 270
1. ~ば(가정형) 270
2. ~と 272
3. ~たら 274
4. ~なら 276
5. 가정/조건표현 종합 277

7.2 당위표현 280
1. ~なければならない
   ‖~なければいけない 280
2. ~なくてはならない
   ‖~なくてはいけない 281
3. ~べきだ 282

제8장 명령형과 관련표현

8.1 명령형 294
1. ~え단‖ろ/よ(명령형) 294
2. ~な 295

8.2 ~んだ 296
1. ~んだ 296
2. ~んじゃない 296

8.3 ~て 297
1. ~て 297
2. ~ないで 297

8.4 ~なさい 298

8.5 ~ください 299
1. ~てください 299
2. ~ないでください 300

제9장 경어

9.1 경어표현의 종류　　　　302
    1. 존경표현　　　　302
    2. 겸양표현　　　　302
    3. 정중표현　　　　303

9.2 경어표현의 방법　　　　304
    1. 어휘적 표현　　　　304
      (1) 존경표현　　　　305
      (2) 겸양표현　　　　305
    2. 문법적 표현　　　　306
      (1) 존경표현　　　　306
        ✔ お~になる‖ご~になる　　306
        ✔ お~なさる‖ご~なさる　　307
        ✔ お~ください‖ご~ください　308
        ✔ お~です　　309

      (2) 겸양표현　　　　310
        ✔ お~する(いたす)
          ‖ご~する(いたす)　310
        ✔ お~もうしあげる
          ‖ご~もうしあげる　311
        ✔ お~ねがう
          ‖ご~ねがう　312
        ✔ お~いただく
          ‖ご~いただく　313
        ✔ ~させてもらう
          ‖~させていただく　314
      (3) 정중표현　　　　315
        ✔ ~です　　315
        ✔ ~ます　　317

〈上〉
名詞・形容詞・形容動詞文

제1장
명사문

1.1 명사문

- 명사문 : 문장을 마치는 술어부의 실질적 내용이 명사인 문.
- 구성

  주부 : 명사 + 조사

  술부 : 명사 + 단정조동사

  例

  <u>わたし</u> + <u>は</u> ‖ <u>韓国人</u>^{かんこくじん} + <u>だ</u>。　　　나는 한국인이다.
  　명사　　조사　　명사　　단정조동사

  <u>わたし</u> + <u>は</u> ‖ <u>韓国人</u>^{かんこくじん} + <u>です</u>。　　나는 한국인입니다.
  　명사　　조사　　명사　　단정조동사

1.2 명사

명사문의 주부와 술부를 구성하는 명사에는 지시어, 인칭대명사 등도 포함되며, 이들은 단독으로 사용되기도 하고 두 개 이상의 복수로 사용되기도 한다.

1. 단독구조

(1) 명사

  例

  人^{ひと} 사람　　愛^{あい} 사랑　　駅^{えき} 역　　山^{やま} 산

(2) 지시어

  例

  この 이　　そこ 거기　　あれ 저것　　どちら 어느 쪽

(3) 인칭대명사

> **例**
>
> 私(わたし) 나   あなた 당신   彼(かれ) 그   彼女(かのじょ) 그녀

2. 복수구조

(1) 명사 + の + 명사 〈수식〉

> **例**
>
> へやの中(なか) 방 안   彼(かれ)のともだち 그의 친구
> 隣(となり)の家(いえ)の犬(いぬ) 이웃 집 개   日本(にほん)の首都(しゅと)の東京(とうきょう) 일본의 수도인 동경

(2) 명사 + と/や + 명사 〈열거〉

> **例**
>
> 男(おとこ)と女(おんな) 남자와 여자   日本(にほん)と中国(ちゅうごく) 일본과 중국
> 山(やま)や海(うみ) 산이나 바다   りんごやなし 사과나 배

3. 지시어(1)

지시어	근 칭		중칭		원칭		부정칭	
기본	こ~	이~	そ~	그~	あ~	저~	ど~	어느~
연체	この-	이-	その-	그-	あの-	저-	どの-	어느-
장소	ここ	여기	そこ	거기	あそこ	저기	どこ	어디
사물	これ	이것	それ	그것	あれ	저것	どれ	어느것
방향	こちら こっち	이쪽	そちら そっち	그쪽	あちら あっち	저쪽	どちら どっち	어느쪽

제1장 명사문 • 17

4. 인칭대명사

일인칭		이인칭		삼인칭		부정칭	
私(=わたし)	나/저	あなた	당신	彼(かれ)	그	どなた	어느 분
ぼく	나	君(きみ)	너	彼女(かのじょ)	그녀	だれ	누구

> 참고
> 일인칭에는 わたし를, 이인칭에는 이름에 さん을 붙여 사용하는 것이 무난하다.
> 한국어의 〈그/그녀〉는 본인이 현장에 없는 경우에 사용하는데, 일본어의 〈彼/彼女〉는 본인이 현장에 있으나 없으나 다 사용할 수 있다.

1.3 조사⁽¹⁾

1. **~は**
   - 의미 : ~은/는
   - 용법 : は는 한국어의 〈은/는〉에 해당하는 조사로, 조사로 사용될 때의 は는 わ로 읽는다.

   例

   山<small>やま</small>は 산은   海<small>うみ</small>は 바다는   雨<small>あめ</small>は 비는   雪<small>ゆき</small>は 눈은

2. **~が**
   - 의미 : ~이/가
   - 용법 : が는 한국어의 〈이/가〉에 해당하는 조사이다.

   例

   私<small>わたし</small>が 내가   手<small>て</small>が 손이   日<small>ひ</small>が 해가   月<small>つき</small>が 달이

3. **~も⁽¹⁾**
   - 의미 : ~도
   - 용법 : も는 한국어의 〈도〉에 해당하는 조사로 열거나 첨가의 뜻을 나타낸다.

   例

   夏<small>なつ</small>も 여름도   冬<small>ふゆ</small>も 겨울도   風<small>かぜ</small>も 바람도   人<small>ひと</small>も 사람도

4. **~の**
   - 의미 : ~의(네), ~인, ~의 것
   - 용법 : の는 명사와 명사를 연결하며 여러 의미로 관련지어주는 조사이다. 소유, 한정, 동격 등의 수식관계 외에 '~의 것'과 같이 소유대명사의 의미도 가지고 있다.

   일본어에서는 명사와 명사사이에 の를 넣지 않는 경우가 거의 없어, 한국어에서 '의'가 필요 없는 곳이라 하더라도, 일본어에서는 の를 넣어야 하는 경우가 대부분이다.

> **例**
> 彼の本 그의 책   隣の家 이웃 집   → 소유
> コーヒーの味 커피의 맛   日本の野球 일본의 야구   → 한정
> 友達の彼女 친구인 그녀   五日の土曜日 5일인 토요일   → 동격
> 私のは 내 것은   君のは 네 것은   → 소유대명사

5. ～と⁽¹⁾

- 의미 : ~와/과(조사)
- 용법 : と는 한국어의 〈와/과〉처럼 사물을 열거할 때 사용하는 조사이다.

> **例**
> 犬と猫 개와 고양이   水と油 물과 기름
> 野菜と果物 야채와 과일   先生と学生 선생과 학생

6. ～から

- 의미 : ~부터, ~으로부터, ~에서(부터)
- 용법 : から는 시간, 장소 등의 기점(시작/출발)이나 원인, 재료 등을 나타내는 조사이다.

> **例**
> 朝から 아침부터   今日から 오늘부터   → 시간
> 駅から 역에서부터   会社から 회사에서/로부터   → 장소
> 水から 물로부터   台風から 태풍으로부터   → 재료/원인

7. ～まで

- 의미 : ~까지(조사)
- 용법 : まで는 시간, 장소 등의 종점(종료/도착)이나 한도 등을 나타내는 조사이다.

> **例**
> 家まで 집까지   学校まで 학교까지   → 시간
> 夜まで 밤까지   明日まで 내일까지   → 장소
> 歌まで 노래까지   病気まで 병까지   → 한도

I.4 단정조동사

단정조동사란 명사에 접속하여 명사술어를 만들어주는 형식을 말한다.

	긍정문		부정문	
보통체	～だ	～이다	～ではない	～이/은 아니다
정중체	～です	～입니다	～ではありません	～이/은 아닙니다

1. 긍정문

(1) ～だ

- 의미 : ~이다
- 용법 : だ는 명사 등에 접속하여 그를 술어로 만드는 단정조동사의 기본 형태이다.

  例

  春<small>はる</small>だ 봄이다   秋<small>あき</small>だ 가을이다   動物<small>どうぶつ</small>だ 동물이다   植物<small>しょくぶつ</small>だ 식물이다

(2) ～です

- 의미 : ~입니다
- 용법 : です는 だ와 같이 명사 등을 술어로 만드는 단정조동사로, だ가 보통체인데 대해, です는 정중체이다.

  例

  雨<small>あめ</small>です 비입니다   雪<small>ゆき</small>です 눈입니다   水<small>みず</small>です 물입니다   酒<small>さけ</small>です 술입니다

2. 부정문

(1) ～ではない

- 의미 : ~이(가)/은(는) 아니다
- 용법 : ではない는 だ의 부정형으로 'で + は + ない'로 구성되어 있는 형태이다. 조사 で와 〈없다〉의 뜻을 가진 형용사 ない의 결합으로 〈아니다〉의 뜻이 되는 것인데,

조사 は는 생략할 수 있어 'でない'의 형태로 사용하기도 한다.

조사의 결합인 では는 회화체 등에서 じゃ로 줄일 수 있다. 따라서 ではない는 じゃない로 쓸 수 있다.

한국어에서는 〈~이/가 아니다〉 또는 〈~은/는 아니다〉와 같이 조사 〈은/는〉과 〈이/가〉를 함께 사용할 수 있으나, 일본어에서는 が를 사용하지 않아 でがない란 표현은 없다. 따라서 〈~은/는 아니다〉와 〈~이/가 아니다〉 모두 ではない로 표현한다.

例

休みではない 휴일이(은) 아니다　　学生じゃない 학생이(은) 아니다
友達ではない 친구가(는) 아니다　　電話ではない 전화가(는) 아니다

(2) ～ではありません

- 의미 : ~이/가‧~은/는 아닙니다.
- 용법 : ではありません은 です의 부정형으로 'で + は + ありません'으로 구성되어 있는 형태이다. ありません이란 〈없습니다〉의 뜻으로 あります(있습니다)의 부정형이다. ではありません의 용법은 ではない와 같다. ではありません은 ではないです와 의미가 같은 형태이다.

例

事実ではありません 사실이(은) 아닙니다　　うそではありません 거짓이(은) 아닙니다
本物じゃありません 진짜가(는) 아닙니다　　偽物じゃありません 가짜가(는) 아닙니다

3. 의문문

(1) ～か

- 접속 : 평서문 + か。
- 의미 : ~까?
- 용법 : か는 의문을 나타내는 조사인데, 한국어와는 달리 어미를 활용시키지 않고, です/ではありません과 같은 종지형에 직접 붙여 사용한다.

일본어의 의문문에는 의문부호(~?) 대신 마침표를 사용하는 것이 일반적이다.

> 例

友達(ともだち)ですか。　친구입니까?　　　　休(やす)みではありませんか。　휴일이(은) 아닙니까?
試験(しけん)ですか。　시험입니까?　　　　明日(あした)ではありませんか。　내일이(은) 아닙니까?

4. 중지형

(1) ～で

- 의미 : ~이고, 이며, 이어서, 으로
- 용법 : では 단정조동사 だ의 활용형으로, 문을 마치지 않고 다음으로 이어지게 하는 중지형으로 사용한다.

> 例

夏(なつ)で　여름이고/이며/으로　　　　冬(ふゆ)で　겨울이고/이며/으로
山(やま)で　산이고/이며/으로　　　　川(かわ)で　강이고/이며/으로

(2) ～ではなく

- 의미 : ~아니고, 아니며, 아니어서
- 용법 : ではなく는 ではない의 ない가 활용한 형태로, だ의 활용형인 で와 같이 부정 표현의 중지형으로 사용된다. ではなくて의 형태로 사용할 수 있으며, では는 じゃ로 줄일 수 있다.

> 例

朝(あさ)ではなく　아침이 아니고　　　　夜(よる)ではなく　밤이 아니고
花(はな)ではなくて　꽃이 아니고　　　　草(くさ)ではなくて　풀이 아니고
映画(えいが)じゃなく　영화가 아니라　　　　演劇(えんげき)じゃなくて　연극이 아니라

5. 과거형

(1) 시제형식

✔ 긍정문

	현재		과거	
보통체	~だ	~이다	~だった	~이었다
정중체	~です	~입니다	~でした	~이었습니다

✔ 부정문

	현재	과거
보통체	~ではない ~이 아니다	~ではなかった ~이 아니었다
정중체	~ではありません ~이 아닙니다	~ではありませんでした ~이 아니었습니다

(2) ~だった

- 접속 : 명사 + だった
- 의미 : ~이었다
- 용법 : だった는 だ의 과거형이다. 체언(명사)을 수식하는 경우에도 だった를 사용하여, 종지형과 연체형의 형태가 같다. だった의 정중한 형태에는 だったのです(だったんです)를 사용한다.

例

部屋(へや)だった 방이었다	学生(がくせい)だった 학생이었다	**종지형**
子供(こども)だった人(ひと) 아이였던 사람	田舎(いなか)だった所(ところ) 시골이었던 곳	**연체형**
海(うみ)だったのです 바다였습니다	山(やま)だったんです 산이었습니다	**정중형**

(3) ～でした

- 의미 : ~이었습니다
- 용법 : でした는 です의 과거형이다. でした는 だったのです(だったんです)와 같은 의미를 나타낸다.

> **例**
>
> 夜の九時でした　밤 9시였습니다　　　　駅の近くでした　역 근처였습니다
> 昨日の朝でした　어제 아침이었습니다　　去年の秋でした　작년 가을이었습니다

(4) ～ではなかった

- 의미 : ~이/은 아니었다
- 용법 : ではなかった는 ではない의 과거형이다. ではなかった에 です가 붙으면 정중한 의미가 되며, じゃなかった로 줄여 쓸 수 있다.

> **例**
>
> 友達ではなかった　친구가 아니었다　　　　友達ではなかったです　친구가 아니었습니다
> 子供ではなかった　어린이가 아니었다　　　子供ではなかったです　어린이가 아니었습니다
> 学生じゃなかった　학생이 아니었다　　　　学生じゃなかったです　학생이 아니었습니다

(5) ～ではありませんでした

- 의미 : ~이/은 아니었습니다
- 용법 : ではありませんでした는 ではありません의 과거형으로, です의 과거인 でした가 ではありません에 접속한 형태이다. ではありませんでした는 ではなかったです와 같은 의미를 나타낸다.

> **例**
>
> 事実ではありませんでした　　사실이(은) 아니었습니다　　（＝事実ではなかったです）
> 銀行ではありませんでした　　은행이(은) 아니었습니다　　（＝銀行ではなかったです）
> 問題じゃありませんでした　　문제가(는) 아니었습니다　　（＝問題じゃなかったです）

6. ～である

(1) ～である

- 의미 : ~이다
- 용법 : である는 だ와 의미가 같은데 주로 문장체에 사용하는 형태이다. である는 조사 で와 동사 ある가 결합한 형태이고 であります를 사용하면 정중한 의미가 된다.

例

内容(ないよう)である 내용이다　　　　　　内容であります 내용입니다
事件(じけん)である 사건이다　　　　　　事件であります 사건입니다
工場(こうじょう)である 공장이다　　　　　　工場であります 공장입니다

(2) ～ではある

- 의미 : ~이기는 하다
- 용법 : ではある는 である에 조사 は가 결합한 형태인데, 이 경우의 では는 じゃ로 줄여 쓸 수는 없다.

例

春(はる)ではある 봄이기는 하다　　　　　春ではあります 봄이기는 합니다
朝(あさ)ではある 아침이기는 하다　　　　朝ではあります 아침이기는 합니다
社長(しゃちょう)ではある 사장이기는 하다　　社長ではあります 사장이기는 합니다

(3) ～でもある

- 의미 : ~이기도 하다
- 용법 : でもある는 である에 조사 も가 결합한 형태이다.

例

学生(がくせい)でもある 학생이기도 하다　　学生でもあります 학생이기도 합니다
友達(ともだち)でもある 친구이기도 하다　　友達でもあります 친구이기도 합니다
歌手(かしゅ)でもある 가수이기도 하다　　歌手でもあります 가수이기도 합니다

1.5 명사문 용례

1. 지시어

> **例**
>
> その 人は 社員です。　그 사람은 사원입니다.
>
> あれは 空港の 建物です。　저것은 공항 건물입니다.
>
> 銀行は こちらではありません。　은행은 이쪽이 아닙니다.
>
> 待ち合わせの 場所は どこですか。　모임장소는 어디입니까?

2. 인칭대명사

> **例**
>
> 私は 韓国人です。　나는 한국인입니다.
>
> 彼女は 日本人です。　그녀는 일본인입니다.
>
> あなたは 学生ですか。　당신은 학생입니까?
>
> 彼は 先生ではありません。　그는 선생님이 아닙니다.

3. 조사

(1) ～は

> **例**
>
> 日本は 春です。　일본은 봄입니다.　　韓国は 秋です。　한국은 가을입니다.
>
> ここは 公園です。　여기는 공원입니다.　　会社は 休みです。　회사는 휴일입니다.

(2) ～が

> **例**
>
> 試験が 明日です。　시험이 내일입니다.　　これが 書類です。　이것이 서류입니다.
>
> 来週が 試合です。　다음주가 시합입니다.　　そこが 銀行です。　거기가 은행입니다.

> **참고**
> 〈は・が〉는 한국어의 〈은/는·이/가〉와 그 사용법이 거의 같다고 할 수 있는데, 다음과 같이 서로 다르게 사용하는 경우도 있다.
> (일본) 駅は どこですか。
> (한국) 역이 어디입니까?

(3) ～も

例

明日も 休みです。　내일도 휴일입니다.
この 花も 桜です。　이 꽃도 벚꽃입니다.
日曜日も 仕事です。　일요일도 일합니다.
彼女も 大学生です。　그녀도 대학생입니다.

(4) ～の

例

駅は 会社の 近くです。　역은 회사 근처입니다.
銀行は ビルの 一階です。　은행은 건물 1층입니다.
彼女は 友だちの ハンです。　그녀는 친구인 한입니다.
試験は 明日の 月曜日です。　시험은 내일 월요일입니다.
この カバンは 私のです。　이 가방은 내 것입니다.
その 財布は 彼女のです。　그 지갑은 그녀의 것입니다.

(5) ～と

例

材料は 白菜と 大根です。　재료는 배추와 무입니다.
りんごと なしは 果物です。　사과와 배는 과일입니다.

趣味は テニスとゴルフです。　취미는 테니스와 골프입니다.
時間と 場所は 問題 ありません。　시간과 장소는 문제가 없습니다.

(6) ～から

> 例

明日から 試験です。　내일부터 시험입니다.
駅から スタートです。　역에서부터 출발입니다.
試合は 夜の 七時からです。　시험은 저녁 7시부터입니다.
歌手の 人気は 歌からです。　가수의 인기는 노래로부터입니다.

(7) ～まで

> 例

六時まで 授業です。　6시까지 수업입니다.
ここまで 会社の 土地です。　여기까지 회사 땅입니다.
平日は 中学生まで 無料です。　평일은 중학생까지 무료입니다.
受付は 来週の 火曜日までです。　접수는 다음주 화요일까지입니다.

4. 단정조동사

(1) ～だ

> 例

韓国は 秋だ。　한국은 가을이다.
ここが 事務室だ。　여기가 사무실이다.
彼女は 会社員だ。　그녀는 회사원이다.
彼は まだ 子供だ。　그는 아직 어린이다.

(2) ～です

> **例**
>
> 中国（ちゅうごく）は 冬（ふゆ）です。　중국은 겨울입니다.
> 健康（けんこう）が 先（さき）です。　건강이 먼저입니다.
> 三階（さんがい）は 教室（きょうしつ）です。　3층이 교실입니다.
> 息子（むすこ）は 大学生（だいがくせい）です。　아들은 대학생입니다.

(3) ～ではない

> **例**
>
> 明日（あした）は 休（やす）みではない。　내일은 휴일이 아니다.
> ＝ 明日は 休みじゃない。
> 向（む）うは まだ 朝（あさ）ではない。　그쪽은 아직 아침이 아니다.
> ＝ 向うは まだ 朝じゃない。
> これは 彼女（かのじょ）の 車（くるま）ではない。　이것은 그녀의 차가 아니다.
> ＝ これは 彼女の 車じゃない。
> 彼（かれ）は 私（わたし）の 友（とも）だちではない。　그는 나의 친구가 아니다.
> ＝ 彼は 私の 友だちじゃない。

(4) ～ではありません

> **例**
>
> 書類（しょるい）は 本物（ほんもの）ではありません。　서류는 진짜가 아닙니다.
> ＝ 書類は 本物じゃありません。
> 内容（ないよう）は うそではありません。　내용은 거짓이 아닙니다.
> ＝ 内容は うそじゃありません。
> 会議（かいぎ）は 今日（きょう）ではありません。　회의는 오늘이 아닙니다.
> ＝ 会議は 今日ではないです。
> 会社（かいしゃ）は 駅（えき）の 近（ちか）くではありません。　회사는 역 근처가 아닙니다.
> ＝ 会社は 駅の 近くじゃないです。

> ★ 주의
> 〈나는 학생도 선생님도 아닙니다〉의 〈학생도〉〈선생님도〉의 표현에는 반드시
> 〈学生でも〉〈先生でも〉와 같이 〈で〉를 넣어야 한다.
> (맞는 표현) 私は 学生でも 先生でもありません。
> (틀린 표현) 私は 学生も 先生も ありません。
> 　　　　　　私は 学生も 先生でも ありません。

(5) ～か

> 例
>
> 会社は 駅の となりですか。　회사는 역 옆입니까?
> 彼女は あなたの 友だちですか。　그녀는 당신 친구입니까?
> その 人は 学生ではありませんか。　그 사람은 학생이 아닙니까?
> これは 彼の 本ではありませんか。　이것은 그의 책이 아닙니까?

(6) ～で

> 例
>
> 後ろは 山で 前は 海です。　뒤는 산이고 앞은 바다입니다.
> 彼は 留学生で 韓国人です。　그는 유학생으로 한국인입니다.
> 彼女は 歌手で 私の 友達です。　그녀는 가수이며 내 친구입니다.
> 休みは 明日で 今日は 仕事です。　휴일은 내일이고 오늘은 일합니다.

(7) ～ではなく

> 例
>
> 彼は 社員ではなく 社長です。　그는 사원이 아니라 사장입니다.
> これは 偽物ではなく 本物です。　이것은 가짜가 아니라 진짜입니다.
> 今は 円高じゃなく 円安です。　지금은 円高가 아니라 円低입니다.
> 合格者は 彼じゃなく 彼女です。　합격자는 그가 아니라 그녀입니다.

与党は賛成ではなくて反対です。　여당은 찬성이 아니라 반대입니다.

これは資本主義ではなくて社会主義です。　이것은 자본주의가 아니라 사회주의입니다.

(8) ～だった

> **例**
>
> 計画は日本旅行だった。　계획은 일본여행이었다.
>
> 研究室は去年まで三階だった。　연구실은 작년까지 3층이었다.
>
> 先生は公務員だったのです。　선생님은 공무원이었습니다.
>
> 彼も昔は選手だったんです。　그도 옛날에는 선수였습니다.
>
> これは俳優だった人の歌です。　이것은 배우였던 사람의 노래입니다.
>
> 工場は以前小学校だった所です。　공장은 이전에 초등학교였던 곳입니다.

(9) ～でした

> **例**
>
> 昔この辺は畑でした。　옛날에 이 부근은 밭이었습니다.
>
> 社長も最初は社員でした。　사장도 처음에는 사원이었습니다.
>
> 子供の頃の夢は医者でした。　어릴 때의 꿈은 의사였습니다.
>
> 約束の時間は午後四時でした。　약속 시간은 오후 4시였습니다.

(10) ～ではなかった

> **例**
>
> 彼の話は事実ではなかった。　그의 이야기는 사실이 아니었다.
>
> 彼女はもう子供ではなかった。　그녀는 이미 어린이가 아니었다.
>
> 事件の犯人は男ではなかった。　사건의 범인은 남자가 아니었다.
>
> その時韓国は冬ではなかった。　그 때 한국은 겨울이 아니었다.

(11) ～ではありませんでした

> **例**
>
> 私は 賛成の 人ではありませんでした。　나는 찬성인 사람이 아니었습니다.
> 彼は 会社の 代表ではありませんでした。　그는 회사의 대표가 아니었습니다.
> 博士の 研究は 失敗ではありませんでした。　박사의 연구는 실패가 아니었습니다.
> そこは 約束の 場所ではありませんでした。　그곳은 약속 장소가 아니었습니다.

(12) ～である

✔ ～である

> **例**
>
> これは 事実である。　이것은 사실이다.　　研究は 成功である。　연구는 성공이다.
> 判決は 無罪である。　판결은 무죄이다.　　実験は 失敗である。　실험은 실패이다.

✔ ～であります

> **例**
>
> 彼は 与党であります。　그는 여당입니다.
> 彼女は 野党であります。　그녀는 야당입니다.
> 民主主義は 選挙であります。　민주주의는 선거입니다.
> 政府の 立場は 賛成であります。　정부의 입장은 찬성입니다.

✔ ～ではある

> **例**
>
> これが 規則ではあります。　이것이 규칙이기는 합니다.
> 方向が こちらではあります。　방향이 이쪽이기는 합니다.
> 場所が 少し 田舎ではあります。　장소가 조금 시골이기는 합니다.
> でも 彼女も 歌手ではあります。　하지만 그녀도 가수이기는 합니다.

✔ ～でもある

> 例
>
> 彼女(かのじょ)は 私(わたし)の 友達(ともだち)でもあります。　그녀는 내 친구이기도 합니다.
> あの 歌手(かしゅ)は 俳優(はいゆう)でもあります。　저 가수는 배우이기도 합니다.
> 明日(あした)は 私(わたし)の 誕生日(たんじょうび)でもあります。　내일은 제 생일이기도 합니다.
> 社長(しゃちょう)は 大学(だいがく)の 学生(がくせい)でもあります。　사장님은 대학 학생이기도 합니다.

1.6 관련 사항

1. 수사와 조수사

(1) 수사

일본어의 수사에는 한자어와 고유어가 있다. 하나에서 열까지는 한자어와 고유어를 사용하지만, 열하나부터는 한자어만을 사용한다.

✔ 하나~열 ‖ 일~십

고유어		한자어	
한국어	일본어	한국어	일본어
하나/한개	一つ　ひとつ	일	一　いち
둘/두개	二つ　ふたつ	이	二　に
셋/세개	三つ　みっつ	삼	三　さん
넷/네개	四つ　よっつ	사	四　し/よ/よん
다섯/다섯개	五つ　いつつ	오	五　ご
여섯/여섯개	六つ　むっつ	육	六　ろく
일곱/일곱개	七つ　ななつ	칠	七　しち/なな
여덟/여덟개	八つ　やっつ	팔	八　はち
아홉/아홉개	九つ　ここのつ	구	九　きゅう/く
열/열개	十　とお	십	十　じゅう

✔ 십/백/천/만/억

	十:십	百:백	千:천	万:만	億:억	兆:조
一	じゅう	ひゃく	せん	いちまん	いちおく	いっちょう
二	にじゅう	にひゃく	にせん	にまん	におく	にちょう
三	さんじゅう	さんびゃく	さんぜん	さんまん	さんおく	さんちょう
四	よんじゅう	よんひゃく	よんせん	よんまん	よんおく	よんちょう
五	ごじゅう	ごひゃく	ごせん	ごまん	ごおく	ごちょう
六	ろくじゅう	ろっぴゃく	ろくせん	ろくまん	ろくおく	ろくちょう
七	ななじゅう	ななひゃく	ななせん	ななまん	ななおく	ななちょう
八	はちじゅう	はっぴゃく	はっせん	はちまん	はちおく	はっちょう
九	きゅうじゅう	きゅうひゃく	きゅうせん	きゅうまん	きゅうおく	きゅうちょう
十				じゅうまん	じゅうおく	じっちょう

> 참고
> 천, 십만, 백만과는 달리, 만, 천만의 경우는 一万, 一千万처럼 반드시 一를 붙여서 사용한다. 億이나 兆의 경우도 마찬가지이다.
> 値段は一万円です。 가격은 만 엔입니다.
> 人口が一千万以上です。 인구가 천만 이상입니다.

(2) 조수사

조수사는 수사에 붙어 사물을 셀 때 어떤 종류의 것인지를 나타내는 접미어인데, 일반적으로 〈か행·さ행·た행·は행〉으로 시작하는 조수사가 수사 〈いち·さん·ろく·はち·じゅう〉와 결합할 때 촉음화나 발음화 등을 일으켜 발음이 변화하기 때문에 주의해야 한다.

☑ 수사와 결합하여 변화하는 것 : 수사 + か행·さ행·た행·は행의 조수사

	階：かい	才：さい	頭：とう	本：ほん
	~층(건물)	~살/세(나이)	~마리(큰동물)	~병/자루
いち	いっかい	いっさい	いっとう	いっぽん
に	にかい	にさい	にとう	にほん
さん	さんがい	さんさい	さんとう	さんぼん
よん	よんかい	よんさい	よんとう	よんほん
ご	ごかい	ごさい	ごとう	ごほん
ろく	ろっかい	ろくさい	ろくとう	ろっぽん
なな	ななかい	ななさい	ななとう	ななほん
はち	はっかい	はっさい	はっとう	はっぽん
きゅう	きゅうかい	きゅうさい	きゅうとう	きゅうほん
じゅう	じっかい じゅっかい	じっさい じゅっさい	じっとう じゅっとう	じっぽん じゅっぽん

☑ 수사와 결합해도 변화하지 않는 것 : 수사 + 기타 행(か행·さ행·た행·は행 제외)의 조수사

	台：だい	倍：ばい	枚：まい	輪：りん
	~대(자동차)	~배(수량)	~장(종이)	~송이(꽃/바퀴)
いち	いちだい	いちばい	いちまい	いちりん
に	にだい	にばい	にまい	にりん
さん	さんだい	さんばい	さんまい	さんりん
よん	よんだい	よんばい	よんまい	よんりん
ご	ごだい	ごばい	ごまい	ごりん
ろく	ろくだい	ろくばい	ろくまい	ろくりん
なな	ななだい	ななばい	ななまい	ななりん
はち	はちだい	はちばい	はちまい	はちりん
きゅう	きゅうだい	きゅうばい	きゅうまい	きゅうりん
じゅう	じゅうだい	じゅうばい	じゅうまい	じゅうりん

> **例**
>
> 私の家はアパートの三階です。　나의 집은 아파트의 3층입니다.
> 子供はまだ十才で小学生です。　아이는 아직 10살로 초등학생입니다.
> 彼の勤務時間は私の二倍です。　그의 근무시간은 나의 두 배입니다.
> 机の上には一輪の花がありました。　책상위에는 한 송이 꽃이 있었습니다.

> **참고**
>
> ~組(くみ：조・세트)는 一組(ひとくみ), 二組(ふたくみ)처럼 고유어로 세다가, 셋부터는 三組(さんくみ)처럼 한자어로 세는 경우도 있다.

(3) 숫자 세기

✔ 사람

한국어			일본어		
고유어	한자어		고유어	한자어	
	人	名		人	名
한 사람	일인	일(한)명	ひとり	(いちにん)	いちめい
두 사람	이인	이(두)명	ふたり	(ににん)	にめい
세 사람	삼인	삼(세)명		さんにん	さんめい
네 사람	사인	사(네)명		よにん	よんめい
다섯 사람	오인	오(다섯)명		ごにん	ごめい
여섯 사람	육인	육(여섯)명		ろくにん	ろくめい
일곱 사람	칠인	칠(일곱)명		しち/ななにん	しち/ななめい
여덟 사람	팔인	팔(여덟)명		はちにん	はちめい
아홉 사람	구인	구(아홉)명		きゅうにん	きゅうめい
열 사람	십인	십(열)명		じゅうにん	じゅうめい

> **例**
>
> 彼は兄弟が二人です。　그는 형제가 둘입니다.
> 学生の数は十人です。　학생 수는 열 명입니다.
> 留学生は女の子一人です。　유학생은 여자 한 사람입니다.

> ● 참고
>
> 一人・二人은 단어 속에서는 사용하지만, 사람을 셀 때에는 사용하지 않는다. 회화체에서 명(名)을 많이 사용하는 한국어와 달리 일본어에서는 人(인)을 많이 사용한다. 名은 人보다 정중한 경우에 많이 사용한다.
>
> この量が一人前です。 이 양이 일인분입니다.
>
> '私'は一人称で、'あなた'は二人称です。 '나'는 일인칭이고 '당신'은 이인칭입니다.

☑ 시・분・초

	時	分	秒
一	いちじ	いっぷん	いちびょう
二	にじ	にふん	にびょう
三	さんじ	さんぷん	さんびょう
四	よじ	よんぷん	よんびょう
五	ごじ	ごふん	ごびょう
六	ろくじ	ろっぷん	ろくびょう
七	しちじ	ななふん	ななびょう
八	はちじ	はっぷん	はちびょう
九	くじ	きゅうふん	きゅうびょう
十	じゅうじ	じっ(じゅっ)ぷん	じゅうびょう
十一	じゅういちじ		
十二	じゅうにじ		

> 例

会議は何時ですか。 회의는 몇 시입니까?

出発は午前七時です。 출발은 오전 7시입니다.

到着は午後四時半です。 도착은 오후 4시 반입니다.

まだ十二時十分前です。 아직 12시 10분전입니다.

いまちょうど九時です。 지금 정각 9시입니다.

✔ 일

1日	ついたち	11日	じゅういちにち	21日	にじゅういちにち
2日	ふつか	12日	じゅうににち	22日	にじゅうににち
3日	みっか	13日	じゅうさんにち	23日	にじゅうさんにち
4日	よっか	14日	じゅうよっか	24日	にじゅうよっか
5日	いつか	15日	じゅうごにち	25日	にじゅうごにち
6日	むいか	16日	じゅうろくにち	26日	にじゅうろくにち
7日	なのか	17日	じゅうしちにち	27日	にじゅうしちにち
8日	ようか	18日	じゅうはちにち	28日	にじゅうはちにち
9日	ここのか	19日	じゅうくにち	29日	にじゅうくにち
10日	とおか	20日	はつか	30日	さんじゅうにち
				31日	さんじゅういちにち

例

彼との約束は何日ですか。 그와의 약속은 며칠입니까?
今月の十四日は休みです。 이번 달 14일은 휴일입니다.

참고

기간을 나타내는 경우에도 고유어를 사용하는데, 하루인 경우는 一日를 사용하고, ついたち는 사용하지 않는다.
이삼일은 二三日, 삼사일은 三四日, 사오일은 四五日로 읽는다.
一日では不可能です。 하루로는 불가능합니다.
修理期間は三四日です。 수리 기간은 삼사일입니다.

☑ 달

~月	~월:~がつ	~ヶ月	~개월/달:~かけつ
1月	いちがつ	1ヶ月	いっかげつ
2月	にがつ	2ヶ月	にかげつ
3月	さんがつ	3ヶ月	さんかげつ
4月	しがつ	4ヶ月	よんかげつ
5月	ごがつ	5ヶ月	ごかげつ
6月	ろくがつ	6ヶ月	ろっかげつ
7月	しちがつ	7ヶ月	ななかげつ
8月	はちがつ	8ヶ月	はっかげつ
9月	くがつ	9ヶ月	きゅうかげつ
10月	じゅうがつ	10ヶ月	じっ(じゅっ)かげつ
11月	じゅういちがつ	11ヶ月	じゅういっかげつ
12月	じゅうにがつ	12ヶ月	じゅうにかげつ

例

日本との試合はいつですか。　일본과의 시합은 언제입니까?
彼女の誕生日は四月七日です。　그녀의 생일은 4월 7일입니다.
一ヶ月の家賃はいくらですか。　한 달 집세는 얼마입니까?

참고

기간을 나타내는 경우에는 ~かげつ를 사용하는데, 한 달인 경우에는 月・一月를, 두 달인 경우에는 二月도 사용할 수 있으며, に의 접속은 자유롭다.

給料は月に三十万円です。　월급은 달에 30만 엥입니다.
＝ 給料は一月三十万円です

2. 어휘(시간)

✔ 날

おととい	昨日(きのう)	今日(きょう)	明日(あした)	あさって
그제	어제	오늘	내일	모레

例

きょうは彼女(かのじょ)の誕生日(たんじょうび)です。　오늘은 그녀의 생일입니다.

あしたは休(やす)みではありません。　내일은 휴일이 아닙니다.

✔ 요일

月曜日(げつようび)	火曜日(かようび)	水曜日(すいようび)	木曜日(もくようび)	金曜日(きんようび)	土曜日(どようび)	日曜日(にちようび)
월요일	화요일	수요일	목요일	금요일	토요일	일요일

例

出発(しゅっぱつ)は何曜日(なんようび)ですか。　출발은 무슨 요일입니까?

旅行(りょこう)は来週(らいしゅう)の土曜日(どようび)です。　여행은 다음 주 토요일입니다.

✔ 주와 달

		전전/지지난	전/지난	금/이번	내/다음	다다음
		先々~(せんせん)	先~(せん)	今~(こん)	来~(らい)	再来~(さらい)
주	週(しゅう)	先々週(せんせんしゅう)	先週(せんしゅう)	今週(こんしゅう)	来週(らいしゅう)	再来週(さらいしゅう)
달	月(げつ)	先々月(せんせんげつ)	先月(せんげつ)	今月(こんげつ)	来月(らいげつ)	再来月(さらいげつ)

例

英語(えいご)の試験(しけん)は今週(こんしゅう)です。　영어 시험은 이번 주입니다.

来月(らいげつ)が母(はは)の誕生日(たんじょうび)です。　다음 달이 어머니의 생일입니다.

✔ 해

おととし	去年(きょねん)	今年(ことし)	来年(らいねん)	再来年(さらいねん)
재작년	작년	올해/금년	내년	내후년

例

去年(きょねん)も今年(ことし)も不況(ふきょう)です。 작년도 올해도 불황입니다.
彼(かれ)も来年(らいねん)は大学生(だいがくせい)です。 그도 내년에는 대학생입니다.

3. 한자 읽기

일본어의 어휘에서 차지하는 한자어의 비중은 매우 높으며, 명사의 경우는 그 비중이 더욱 높다. 더욱이 일본어의 표기는 한자가 근간을 이루고 있어 일본어로 발음하는 한자어의 읽기는 매우 중요하다.

한자어는 물론 고유어의 일본어도 한자로 표기하기 때문에 한자의 일본어 읽기는 간단하지 않다. 즉 한자를 고유어(뜻으로)로 읽어야 하는 경우도 있고, 한자음으로 읽어야 하는 경우도 있어, 일본어에서의 한자읽기는 매우 중요하다. 더구나 한자음이 복수인 경우도 많아 주의가 필요하다.

(1) 人

- 음독 : 〈にん〉 또는 〈じん〉
- 人의 한자음은 〈にん〉과 〈じん〉이 있어 주의해야 한다. 기본어휘는 처음부터 구별해서 익히면 되지만, 접미어와 같이 기존 단어에 붙는 경우에는 사전에도 나와 있지 않아, 〈にん〉으로 읽어야 할지 〈じん〉으로 읽어야 할지 쉽지 않다. 일반적으로 〈する〉가 접속하여 행동을 동반할 수 있는 단어의 경우에는 〈にん〉으로 읽고, 그렇지 않은 경우에는 〈じん〉으로 읽는다.

☑ 단어

- にん

人気(にんき) 인기	人魚(にんぎょ) 인어	人形(にんぎょう) 인형
人間(にんげん) 인간	人情(にんじょう) 인정	人参(にんじん) 인삼
人数(にんずう) 사람 수	人相(にんそう) 인상	悪人(あくにん) 악인
下手人(げしゅにん) 하수인	罪人(ざいにん) 죄인	死人(しにん) 죽은 사람
證人(しょうにん) 증인	善人(ぜんにん) 선인	当人(とうにん) 본인
被告人(ひこくにん) 피고인	町人(ちょうにん) 도시상인계급 사람	犯人(はんにん) 범인
浪人(ろうにん) 재수생	病人(びょうにん) 환자	

- じん

人格(じんかく) 인격	人権(じんけん) 인권	人材(じんざい) 인재
人事(じんじ) 인사	人生(じんせい) 인생	人道(じんどう) 인도
人物(じんぶつ) 인물	人類(じんるい) 인류	偉人(いじん) 위인
巨人(きょじん) 거인	求人(きゅうじん) 구인	愛人(あいじん) 정부
公人(こうじん) 공인	詩人(しじん) 시인	囚人(しゅうじん) 죄인
別人(べつじん) 딴사람	変人(へんじん) 괴짜	成人(せいじん) 성인
達人(たつじん) 달인	凡人(ぼんじん) 범인	

✔ 접미어(~人)

- にん

案内人(あんないにん) 안내인 (案内する)	管理人(かんりにん) 관리인 (管理する)	怪我人(けがにん) 부상자 (怪我する)
見物人(けんぶつにん) 구경꾼 (見物する)	後見人(こうけんにん) 후견인 (後見する)	参考人(さんこうにん) 참고인 (参考する)
支配人(しはいにん) 지배인 (支配する)	使用人(しようにん) 사용인 (使用する)	商売人(しょうばいにん) 장사꾼 (商売する)
相続人(そうぞくにん) 상속인 (相続する)	世話人(せわにん) 후견인 (世話する)	奉公人(ほうこうにん) 고용인 (奉公する)
弁護人(べんごにん) 변호인 (弁護する)	放送人(ほうそうにん) 방송인 (放送する)	発起人(ほっきにん) 발기인 (発起する)

- じん

経済人(けいざいじん) 경제인	現代人(げんだいじん) 현대인	文化人(ぶんかじん) 문화인
知識人(ちしきじん) 지식인	外国人(がいこくじん) 외국인	宗教人(しゅうきょうじん) 종교인
宇宙人(うちゅうじん) 우주인	芸能人(げいのうじん) 연예인	社会人(しゃかいじん) 사회인
野蛮人(やばんじん) 야만인	体育人(たいいくじん) 체육인	原始人(げんしじん) 원시인

(2) 大

- 음독: 〈だい〉 또는 〈たい〉
- 훈독: 〈おお〉

  〈大〉는 한자어인 경우에 그 읽기가 쉽지 않다. 어두에 위치하는 경우에는 〈だい〉로도 〈たい〉로도 읽기 때문에 주의해야 한다. 어두가 아닌 경우에는 〈だい〉로 읽는 것이 보통이다. 접두어로 사용되는 경우에는 〈だい〉와 〈おお〉가 함께 사용되므로 주의하여 익혀야 한다.

✔ 한자어

• だい

　　大工(だいく) 목수　　　　大根(だいこん) 무우　　　　大字報(だいじほう) 대자보
　　大臣(だいじん) 대신/장관　　大小(だいしょう) 대소　　大事(だいじ) 중요함
　　大体(だいたい) 대개　　　　大胆(だいたん) 대담함　　大分(だいぶ) 꽤/상당히
　　偉大(いだい) 위대함　　　　寛大(かんだい) 관대함　　最大(さいだい) 최대
　　重大(じゅうだい) 중대함　　莫大(ばくだい) 막대함　　膨大(ぼうだい) 방대함
　　雄大(ゆうだい) 웅대함

• たい

　　大家(たいか) 대가　　　　大会(たいかい) 대회　　　大海(たいかい) 대해
　　大気(たいき) 대기　　　　大挙(たいきょ) 대거　　　大国(たいこく) 대국
　　大差(たいさ) 대차　　　　大作(たいさく) 대작　　　大使(たいし) 대사
　　大衆(たいしゅう) 대중　　大勝(たいしょう) 대승　　大賞(たいしょう) 대상
　　大成(たいせい) 대성　　　大戦(たいせん) 대전　　　大砲(たいほう) 대포
　　大木(たいぼく) 큰나무　　大陸(たいりく) 대륙　　　大量(たいりょう) 대량
　　大概(たいがい) 대개　　　大切(たいせつ) 중요함　　大抵(たいてい) 대개
　　大半(たいはん) 태반/대부분

• たい 또는 だい

　　大儀(たいぎ)＝大儀(だいぎ) 대의　　大逆(たいぎゃく)＝大逆(だいぎゃく) 대역　　大豪(たいごう)＝大豪(だいごう) 대부호
　　大罪(たいざい)＝大罪(だいざい) 대죄　　大將(たいしょう)＝大將(だいしょう) 대장

제1장 명사문 • 45

✔ 한자어/고유어

大雨(たいう) = 大雨(おおあめ) 큰 비
大金(たいきん) = 大金(おおがね) 큰 돈
大酒(たいしゅ) = 大酒(おおざけ) 대주
大声(たいせい) = 大声(おおごえ) 대성/큰 소리
大石(たいせき) = 大石(おおいし) 큰 돌
大船(たいせん) = 大船(おおぶね) 큰 배

✔ 접두어

- だい : 주로 한자어

大家族(だいかぞく) 대가족
大企業(だいきぎょう) 대기업
大規模(だいきぼ) 대규모
大学者(だいがくしゃ) 대학자
大事件(だいじけん) 대사건
大自然(だいしぜん) 대자연
大震災(だいしんさい) 대지진의 재해
大前提(だいぜんてい) 대전제
大多数(だいたすう) 대다수
大団円(だいだんえん) 대단원
大都会(だいとかい) 대도시

- おお : 관용적으로 읽는 몇몇 단어를 제외한 고유어

〈고유어〉

大当たり(おおあたり) 대적중
大がかり(おおがかり) 대규모
大食い(おおぐい) 대식
大騒ぎ(おおさわぎ) 큰 소란
大筋(おおすじ) 대략
大空(おおぞら) 넓은 하늘
大詰め(おおづめ) 최종단계
大幅(おおはば) 대폭
大晦日(おおみそか) 섣달그믐날
大物(おおもの) 큰 것/거물
大家(おおや) 집주인

〈한자어〉

大火事(おおかじ) 대화재
大怪我(おおけが) 큰 상처
大地震(おおじしん) 대지진
大所帯(おおじょたい) 대가구
大掃除(おおそうじ) 대청소
大人数(おおにんずう) 대인원/많은 사람
大部屋(おおべや) 큰방

제2장

형용사문

2.1 형용사문

- 형용사문 : 문장을 마치는 술어가 형용사인 문
- 구성

    주부 : 명사 + 조사

    술부 : 형용사(+조동사)

    例

    いぬ ＋ は ‖ こわい。　　　　　　　개는 무섭다.
    명사　조사　형용사

    いぬ ＋ は ‖ こわいです。　　　　　개는 무섭습니다.
    명사　조사　형용사

2.2 형용사

- 형용사 : 형용사는 사물의 상태나 속성 등을 나타내는 품사로, 어미가 い이다. 형용사는 활용이 간단하며, 어간이나 어간의 일부를 한자로 표기한다.
- 형태 : ~い

형태	쓰기	의미
はやい	速い	빠르다
おそい	遅い	늦다
たかい	高い	높다
ひくい	低い	낮다

2.3 종지형

1. 보통체(~い)

- 형태 : ~い
- 의미 : ~하다
- 용법 : 형용사로 문을 마치는 형용사의 종지형은 기본형과 마찬가지로 어미가 い이고, い는 〈~하다〉와 같은 보통체의 의미를 나타낸다.

例

韓国の冬は寒い。 한국의 겨울은 춥다.　　日本の夏は暑い。 일본의 여름은 덥다.
九時の授業は早い。 9시 수업은 빠르다.　　四時の会議は遅い。 4시 회의는 늦다.

2. 정중체(~です)

- 형태 : ~い + です
- 의미 : ~습니다
- 용법 : 형용사는 기본형에 です를 붙이면 정중체의 의미가 된다.

기본형 : ~い	정중형 : ~いです
広い 넓다	広いです 넓습니다
狭い 좁다	狭いです 좁습니다

例

彼の目は青いです。 그의 눈은 파랗습니다.
象は鼻が長いです。 코끼리는 코가 깁니다.
日本は雨が多いです。 일본은 비가 많습니다.
彼女は背が高いです。 그녀는 키가 큽니다.

> ★ 주의
> 형용사어미 い에는 です를 붙여 정중형으로 사용하지만, だ는 い와 같은 의미이므로 い에는 だ를 붙여 사용하지 않는다.
> 白い 희다　しろいです 흽니다　　しろいだ (×)
> 黒い 검다　くろいです 검습니다　　くろいだ (×)

2.4 연체형

- 형태 : ~い
- 의미 : ~한
- 용법 : 연체형은 체언(명사/대명사)을 수식하는 술어의 형태를 말하며, 형용사의 연체형은 종지형과 같다.

기 본 형	체 언	연체형
高(たか)い 높다	山(やま) 산	高(たか)い山(やま) 높은 산
広(ひろ)い 넓다	川(かわ) 강	広(ひろ)い川(かわ) 넓은 강
狭(せま)い 좁다	道(みち) 길	狭(せま)い道(みち) 좁은 길
遅(おそ)い 늦다	夜(よる) 밤	遅(おそ)い夜(よる) 늦은 밤

例

今年(ことし)は 雪(ゆき)が 少(すく)ない 年(とし)です。　올해는 눈이 적은 해입니다.
これが いちばん 速(はや)い 道(みち)です。　이것이 가장 빠른 길입니다.
彼女(かのじょ)は 私(わたし)の 親(した)しい 友達(ともだち)です。　그녀는 나의 친한 친구입니다.
韓国(かんこく)は とても 美(うつく)しい 国(くに)です。　한국은 매우 아름다운 나라입니다.

참고

高い는 '높다' 외에 '(키가) 크다', '(값이) 비싸다'의 세 가지의 의미를 가지고 있으며, '빠르다'와 '이르다'의 의미를 가지고 있는 はやい는 '빠르다'에 '速い', '이르다'에 '早い'와 같이 한자를 달리 쓰기도 한다.

2.5 연용형

- 연용형 : 문을 일시 중지시켜 이어지는 용언에 연결해가는 기능을 하는 형태를 말하며, 〈~하고, ~해서, ~하게〉 등의 의미를 나타낸다.
- 종류 : ① ~く
  　　　② ~て

1. ~く

- 형태 : 형용사 어간 + く
- 의미 : ~하게
- 용법 : 형용사 く형은 〈~하게〉의 의미로 부사어처럼 용언을 수식할 때 사용한다. 近^{ちか}く와 遠^{とお}く는 부사적 의미 외에 〈근처〉〈먼 곳〉과 같이 명사의 의미로도 사용된다.

기본형	~く형
速^{はや}い 빠르다	速^{はや}く 빨리
遅^{おそ}い 늦다	遅^{おそ}く 늦게
楽^{たの}しい 즐겁다	楽^{たの}しく 즐겁게
嬉^{うれ}しい 기쁘다	嬉^{うれ}しく 기쁘게

例

朝^{あさ} 家^{いえ}から 早^{はや}く 出^でます。　아침에 집에서 일찍 나갑니다.
明日^{あした}は 夜^{よる} 遅^{おそ}く 帰^{かえ}ります。　내일은 밤늦게 돌아옵니다.
彼女^{かのじょ}の 姿^{すがた}が よく 見^みえます。　그녀의 모습이 잘 보입니다.
子供^{こども}の 声^{こえ}が 大^{おお}きく 聞^きこえます。　아이의 목소리가 크게 들립니다.

2. ~て

- 형태 : 형용사 어간 + くて
- 의미 : ~하고, ~해서
- 용법 : 형용사 て형은 다음에 이어지는 용언과 대등 또는 수식의 관계로 연결시키는데 사용한다.

✔ **대등의 관계**

> 例
>
> 事務室(じむしつ)は 小(ちい)さくて 狭(せま)いです。　사무실은 작고 좁습니다.
> この 山(やま)は 高(たか)くて 険(けわ)しいです。　이 산은 높고 험합니다.
> ラーメンは 安(やす)くて おいしいです。　라면은 싸고 맛있습니다.

✔ **수식의 관계**

> 例
>
> 学生(がくせい)が 多(おお)くて 席(せき)がないです。　학생이 많아서 자리가 없습니다.
> 景気(けいき)が 悪(わる)くて 就職(しゅうしょく)も 厳(きび)しいです。　경기가 나빠서 취직도 힘듭니다.
> 距離(きょり)が 近(ちか)くて お客(きゃく)さんが 多(おお)いです。　거리가 가까워서 손님이 많습니다.

2.6 부정형

1. ~くない

- 형태 : 형용사 어간 + くない
- 의미 : ~(하)지 않다
- 용법 : 형용사의 부정형에는 어미 い를 く로 바꾸고 ない를 붙인다. くない에 です를 붙이면 정중한 형태가 된다.

例

日本の 川は 広くない。 일본의 강은 넓지 않다.
→ 日本の 川は 広くないです。 일본의 강은 넓지 않습니다.
朝の 七時は 早くない。 아침 7시는 빠르지 않다.
→ 朝の 七時は 早くないです。 아침 7시는 빠르지 않습니다.
田舎の 物価も 安くない。 시골의 물가도 싸지 않다.
→ 田舎の 物価も 安くないです。 시골의 물가도 싸지 않습니다.

참고

ない는 모든 술어를 부정형으로 만드는 조동사로 사용되지만, 원래 '없다'라는 뜻의 형용사이다.
会社から何の返事もない。 회사로부터 아무런 대답도 없다.

く와 ない 사이에는 조사 は(은/는)나 も(도)를 넣어 사용할 수 있다.
給料もそんなに悪くはないです。 월급도 그다지 나쁘지는 않습니다.
距離はそれほど遠くもないです。 거리는 그다지 멀지도 않습니다.

2. ～くありません

- 형태 : 형용사 어간 + くありません
- 의미 : ~(하)지 않습니다
- 용법 : 형용사는 어미 い를 く로 바꾸고 ありません를 붙이면 정중한 형태의 부정형이 된다. くありません은 くないです와 같은 의미이다.

기본형	부정형	
	보통체	정중체
遠(とお)い 멀다	遠(とお)く ない 멀지 않다	遠(とお)く ないです 멀지 않습니다 遠(とお)く ありません
長(なが)い 길다	長(なが)く ない 길지 않다	長(なが)く ないです 길지 않습니다 長(なが)く ありません
広(ひろ)い 넓다	広(ひろ)く ない 넓지 않다	広(ひろ)く ないです 넓지 않습니다 広(ひろ)く ありません
深(ふか)い 깊다	深(ふか)く ない 깊지 않다	深(ふか)く ないです 깊지 않습니다 深(ふか)く ありません

例

世(よ)の中(なか) そんなに 甘(あま)くありません。　세상사 그렇게 쉽지 않습니다.
= 世の中 そんなに 甘くないです。

彼女(かのじょ)の 性格(せいかく)は 明(あか)るくありません。　그녀의 성격은 밝지 않습니다.
= 彼女の 性格は 明るくないです。

家(いえ)から 会社(かいしゃ)までは 近(ちか)くありません。　집에서 회사까지는 가깝지 않습니다.
= 家から 会社までは 近くないです。

2.7 과거형

1. 긍정문
- 형태 : 형용사 어간 + かった
- 의미 : ~했다
- 용법 : 형용사의 과거형은 어간에 かった를 붙여 만든다. かった에 です를 붙이면 정중한 형태가 된다.

기본형	과거형	
	보통체	정중체
嬉しい 기쁘다	嬉しかった 기뻤다	嬉しかったです 기뻤습니다
楽しい 즐겁다	楽しかった 즐거웠다	楽しかったです 즐거웠습니다
悲しい 슬프다	悲しかった 슬펐다	悲しかったです 슬펐습니다
寂しい 외롭다	寂しかった 외로웠다	寂しかったです 외로웠습니다

例

韓国の料理はとてもおいしかった。 한국의 요리는 아주 맛있었다.
昔はこの地域の人口も多かった。 옛날에는 이 지역의 인구도 많았다.
博士の業績はすばらしかったです。 박사의 업적은 훌륭했습니다.
今度の海外旅行は楽しかったです。 이번 해외여행은 즐거웠습니다.

★ 주의
〈형용사 + です〉는 사용하지만, 〈형용사 + でした〉는 사용하지 않는다.

	보통체	정중체
현재	嬉しい 기쁘다	嬉しいです 기쁩니다
과거	嬉しかった 기뻤다	嬉しかったです 기뻤습니다 嬉しいでした (×)

2. 부정문

- 형태 : ① ~くなかった
  ② ~くありませんでした
- 의미 : ① ~지 않았다
  ② ~지 않았습니다
- 용법 : 형용사 부정형의 과거형에는 くなかった와 くありませんでした의 형태를 사용한다. くなかった에 です를 붙이면 くありませんでした와 같은 정중한 형태가 된다.

(1) ~くなかった

例

彼女の 表情は 嬉しくなかった。 그녀의 표정은 기쁘지 않았다.
犬や 猫は 全然 怖くなかった。 개나 고양이는 전혀 무섭지 않았다.
品物の 値段は 高くなかったです。 물건의 가격은 비싸지 않았습니다.
部長と 課長は 親しくなかったです。 부장과 과장은 친하지 않았습니다.

(2) ~くありませんでした

例

会社は 駅から 遠くありませんでした。 회사는 역에서 멀지 않았습니다.
= 会社は 駅から 遠くなかったです。
試験は それほど 難しくありませんでした。 시험은 그다지 어렵지 않았습니다.
= 試験は それほど 難しくなかったです。
社内旅行は 全然 楽しくありませんでした。 사내여행은 전혀 즐겁지 않았습니다.
= 社内旅行は 全然 楽しくなかったです。
この 本は あまり 面白くありませんでした。 이 책은 그다지 재미있지 않았습니다.
= この 本は あまり 面白くなかったです。

2.8 형용사 요약

구분	어미	暑い (덥다)	寒い (춥다)
기본형	~い	暑い / 덥다	寒い / 춥다
종지형	~い	暑い / 덥다	寒い / 춥다
정중형	~いです	暑いです / 덥습니다	寒いです / 춥습니다
연체형	~い	暑い夏 / 더운 여름	寒い冬 / 추운 겨울
연용형	~く	暑く / 덥게	寒く / 춥게
	~くて	暑くて / 덥고, 더워서	寒くて / 춥고, 추워서
부정형	~くない	暑くない / 덥지 않다	寒くない / 춥지 않다
	~くないです	暑くないです / 덥지 않습니다	寒くないです / 춥지 않습니다
	~くありません	暑くありません / 덥지 않습니다	寒くありません / 춥지 않습니다
과거형	~かった	暑かった / 더웠다	寒かった / 추웠다
	~くなかった	暑くなかった / 덥지 않았다	寒くなかった / 춥지 않았다
	~くなかったです	暑くなかったです / 덥지 않았습니다	寒くなかったです / 춥지 않았습니다
	~くありませんでした	暑くありませんでした / 덥지 않았습니다	寒くありませんでした / 춥지 않았습니다

제3장
형용동사문

3.1 형용동사문

- 형용동사문 : 문장을 마치는 술어가 형용동사인 문
- 구성

  주부 : 명사 + 조사

  술부 : 형용동사(+조동사)

  > 例
  >
  > わたし + は ‖ しあわせ だ。　　　　나는 행복하다.
  >
  > わたし + は ‖ しあわせ です。　　　나는 행복합니다.
  > 　명사　　조사　　　형용동사
  >
  > かのじょ + は ‖ 有名 だ。　　　　　그는 유명하다.
  >   　　　　　　ゆうめい
  >
  > かのじょ + は ‖ 有名 です。　　　　그는 유명합니다.
  >   　　　　　　ゆうめい
  > 　명사　　조사　　　형용동사

3.2 형용동사

- 형용동사: 형용동사는 일본어에 존재하는 색다른 품사로 의미상으로는 형용사이지만 활용이 다른 품사이다.

  형용사적 의미의 고유어나 한자어 등을 술어로 이용하기 위해 동사어미를 접속하여 사용한 것에서 유래되어, 의미가 형용사인데 동사어미를 갖고 있기에 형용동사라 하는 것이다. 현대어에서는 だ를 기본형의 어미로 사용하기 때문에 동사 어미를 찾을 수는 없다.

  이런 점에서 활용이 다른 형용사의 일종으로 분류하기도 하여, な형용사로 칭하기도 한다. 또한 어간 자체가 명사로 사용되기도 하는 등 명사성이 강해 명사의 일종으로 분류하기도 한다.

  〈건강하다/유명하다/편리하다〉와 같은 형용사적 의미의 한자어는 대부분이 형용동사로, 형용동사는 고유어뿐만 아니라 한자어에도 많다.

- 형태

	형 태	쓰기	의 미
고유어	きれいだ	綺麗だ	깨끗하다
	しずかだ	静かだ	조용하다
한자어	しんせつだ	親切だ	친절하다
	ゆうめいだ	有名だ	유명하다

3.3 종지형

1. 보통체(~だ)

- 형태 : ~だ
- 의미 : ~하다
- 용법 : 형용동사문은 형용동사 어간에 だ를 어미로 붙여 종지형으로 사용하며, だ는 〈~하다〉의 보통체의 의미를 나타낸다. だ의 활용은 명사에서의 だ와 같다. 종종 여성체의 표현에서 어미 だ를 붙이지 않고 어간만으로 문을 마치는 경우도 있다.

	형 태	쓰기	의 미
고유어	すてきだ	素敵だ	근사하다
	ゆたかだ	豊かだ	풍요롭다
한자어	べんりだ	便利だ	편리하다
	ふべんだ	不便だ	불편하다

例

事務室の 中は きれいだ。　사무실 안은 깨끗하다.
社員は みんな まじめだ。　사원은 모두 성실하다.
駅が 近いから 便利だ。　역이 가까워서 편리하다.
問題は かなり 複雑だ。　문제는 상당히 복잡하다.

2. 정중체(~です)

- 형태 : 형용동사 어간 + です
- 의미 : ~합니다
- 용법 : 형용동사는 명사와 마찬가지로 어간에 です를 붙이면 정중한 표현이 된다.

보 통 체 : ~だ		정 중 체 : ~です	
綺麗だ	깨끗하다	綺麗です	깨끗합니다
立派だ	훌륭하다	立派です	훌륭합니다
充分だ	충분하다	充分です	충분합니다
丁寧だ	정중하다	丁寧です	정중합니다

例

会社の 雰囲気は しずかです。　회사 분위기는 조용합니다.
彼女の 友だちは すてきです。　그녀의 친구는 멋있습니다.
その 地方は かきが 有名です。　그 지방은 감이 유명합니다.
事務室の 人は みんな 親切です。　사무실 사람은 모두 친절합니다.

3.4 연체형

- 형태 : 형용동사 어간 + な
- 의미 : ~한
- 용법 : 형용동사는 어미 だ를 な로 바꾸면 명사를 수식하는 연체형이 된다. 명사를 수식하는 형태가 な인 관계로 형용동사를 〈な형용사〉로 부르기도 한다.

기 본 형 : ~だ	체언	연 체 형 : ~な
便利だ 편리하다	手段	便利な 手段 편리한 수단
豊富だ 풍부하다	資源	豊富な 資源 풍부한 자원
爽やかだ 상쾌하다	空気	爽やかな 空気 상쾌한 공기
賑やかだ 번화하다	市内	賑やかな 市内 번화한 시내

例

彼女は まじめな 社員です。 그녀는 성실한 사원입니다.
二人は 幸せな カップルです。 두 사람은 행복한 커플입니다.
韓国は とても 安全な 国です。 한국은 매우 안전한 나라입니다.
開発は 簡単な 問題ではありません。 개발은 간단한 문제가 아닙니다.

3.5 연용형

- 연용형 : 형용사와 마찬가지로, 문을 일시 중지시켜 용언에 연결해가는 기능을 하는 형태를 말한다.
- 종류 : ① ~に
  ② ~で

1. ~に
   - 형태 : 형용동사 어간 + に
   - 의미 : ~하게
   - 용법 : 형용동사 に형은 부사어처럼 용언을 수식할 때 사용한다.

   例

   今 就職を まじめに 考えています。
   　지금 취직을 진지하게 생각하고 있습니다.
   社長の 息子が りっぱに 成長しました。
   　사장의 아들이 훌륭하게 성장했습니다.
   みんな しずかに 講義を 聞いています。
   　모두 조용히 강의를 듣고 있습니다.
   韓国チームが 試合で みごとに 勝ちました。
   　한국 팀이 시합에서 멋지게 이겼습니다.

2. ~で
   - 형태 : 형용동사 어간 + で
   - 의미 : ~하고, 하며, 해서
   - 용법 : 형용동사 で형은 문을 일시 중지하여, 전후의 구나 절을 대등 또는 수식의 관계로 연결하는데 사용한다.

✔ 대등의 관계

例

この 趣味は 健全で 有益です。　이 취미는 건전하고 유익합니다.
その 仕事は 複雑で 面倒です。　그 일은 복잡하고 까다롭습니다.
みんな すなおで まじめな 方です。　모두 온순하고 성실한 편입니다.

✔ 수식의 관계

例

彼は 健康で まだ 大丈夫です。　그는 건강해서 아직 괜찮습니다.
これは 単純で 故障が 少ないです。　이것은 단순해서 고장이 적습니다.
この 車は 丈夫で 人気が 多いです。　이 차는 튼튼해서 인기가 많습니다.

3.6 부정형

1. ~ではない

- 형태 : 형용동사 어간 + ではない
- 의미 : ~(하)지 않다
- 용법 : 형용동사의 부정형은 어미 だ를 ではない로 바꾸면 된다. 명사에서와 같이 ではない의 は는 생략할 수 있고, ではない는 じゃない로 바꾸어 쓸 수 있다. ではない에 です를 붙이면 정중한 형태가 된다.

例

この 製品は 安全ではない。　이 제품은 안전하지 않다.
= この 製品は 安全じゃない。
彼は 仕事に 積極的ではない。　그는 일에 적극적이 아니다.
= 彼は 仕事に 積極的じゃない。
方法は それほど 簡単ではない。　방법은 그다지 간단하지 않다.
= 方法は それほど 簡単じゃない。

2. ~ではありません

- 형태 : 형용동사 어간 + ではありません
- 의미 : ~(하)지 않습니다
- 용법 : 형용동사의 부정형은 명사와 같이 ではありません을 붙이면 된다.
  ではありません은 ではないです와 같은 의미이다.

기본형 ~だ	부정형	
	보통체	정중체
簡単だ 간단하다	簡単ではない 간단하지 않다	簡単ではないです ‖ 簡単ではありません 간단하지 않습니다
複雑だ 복잡하다	複雑ではない 복잡하지 않다	複雑ではないです ‖ 複雑ではありません 복잡하지 않습니다
幸せだ 행복하다	幸せではない 행복하지 않다	幸せではないです ‖ 幸せではありません 행복하지 않습니다
確かだ 확실하다	確かではない 분명하지 않다	確かではないです ‖ 確かではありません 분명하지 않습니다

例

店員の 態度が 丁寧ではありません。　점원의 태도가 정중하지 않습니다.
= 店員の 態度は 丁寧ではないです。

政府の 説明は 明確ではありません。　정부의 설명은 명확하지 않습니다.
= 政府の 説明は 明確じゃないです。

この ネクタイは 派手じゃありません。　이 넥타이는 화려하지 않습니다.
= この ネクタイは 派手じゃないです。

3.7 과거형

1. 긍정문

형용동사의 과거형은 명사에서와 같이 だ와 です의 과거형을 사용하면 된다. 따라서 보통체에는 だった를 정중체에는 でした를 사용한다. だった는 のです를 붙이면 でした와 같이 정중한 의미가 되며, だったのです는 だったんです로 줄여 쓸 수 있다.

- 형태 : ① 형용동사 어간 + だった
  ② 형용동사 어간 + でした
- 의미 : ① ~했다
  ② ~했습니다

	현재	과거
보통체	綺麗だ 깨끗하다 静かだ 조용하다	綺麗だった 깨끗했다 静かだった 조용했다
정중체	綺麗です 깨끗합니다 静かです 조용합니다	綺麗でした 깨끗했습니다 綺麗だったのです 깨끗했습니다 静かでした 조용했습니다 静かだったのです 조용했습니다

(1) ~だった

例

以前 この川は 綺麗だった。   이전에 이 강은 깨끗했다.
→ 以前 この川は 綺麗だったのです。   이전에 이 강은 깨끗했습니다.
パーティーは にぎやかだった。   파티는 성황이었다.
→ パーティーは にぎやかだったのです。   파티는 성황이었습니다.
前は 何もなくて 静かだった。   전에는 아무것도 없어서 조용했다.
→ 前は 何もなくて 静かだったんです。 전에는 아무것도 없어서 조용했습니다.

(2) ～でした

> 例
>
> 問題は 案外 簡単でした。　문제는 의외로 간단했습니다.
> ＝ 問題は 案外 簡単だったんです。
> 韓国の 経済は 大丈夫でした。　한국의 경제는 괜찮았습니다.
> ＝ 韓国の 経済は 大丈夫だったんです。
> 彼女の 作品は 立派でした。　그녀의 작품은 훌륭했습니다.
> ＝ 彼女の 作品は 立派だったんです。

2. 부정문

형용동사 부정형의 과거형은 명사와 같이 ではなかった와 ではありませんでした를 사용한다. ではなかった는 です를 붙이면 ではありませんでした와 같은 정중한 형태가 된다.

- 형태 : ① 형용동사 어간 + ではなかった
  　　　② 형용동사 어간 + ではありませんでした
- 의미 : ① ~하지 않았다
  　　　② ~하지 않았습니다

✔ 보통체

> 例
>
> 図書館の 中も 静かではなかった。　도서관 안에도 조용하지 않았다.
> 二人の 結婚生活は 幸せではなかった。　둘의 결혼생활은 행복하지 않았다.
> 治安が 悪くて 昼も 安全ではなかった。　치안이 나빠서 낮에도 안전하지 않았다.

✔ 정중체

> 例

社長の 性格は 穏やかでは ありませんでした。
= 社長の 性格は 穏やかでは なかったです。
  사장의 성격은 온화하지 않았습니다.

事件の 内容は 明らかでは ありませんでした。
= 事件の 内容は 明らかでは なかったです。
  사건의 내용은 명확하지 않았습니다.

事故の 原因は そう 単純では ありませんでした。
= 事故の 原因は そう 単純では なかったです。
  사고의 원인은 그렇게 단순하지 않았습니다.

3.8 형용동사 요약

		고유어	한자어
기본형	～だ	静かだ	元気だ
종지형	～だ	静かだ 조용하다	元気だ 건강하다
정중형	～です	静かです 조용합니다	元気です 건강합니다
연체형	～な	静かな 조용한	元気な 건강한
연용형	～に	静かに 조용히	元気に 건강하게
	～で	静かで 조용하고	元気で 건강하고
부정형	～ではない	静かではない 조용하지 않다	元気ではない 건강하지 않다
과거형	～だった	静かだった 조용했다	元気だった 건강했다

제4장

심층연구

4.1 명사

1. 지시어

(1) 지시어⁽²⁾

근 칭	중 칭	원 칭	부정칭
こう 이렇게	そう 그렇게	ああ 저렇게	どう 어떻게
こんな こういう このような 이런/이러한	そんな そういう そのような 그런/그러한	あんな ああいう あのような 저런/저러한	どんな どういう どのような 어떤/어떠한
こんなに 이렇게	そんなに 그렇게	あんなに 저렇게	どんなに 아무리
これほど 이토록/이렇게	それほど 그다지/그렇게	あれほど 저토록/저렇게	どれほど 얼마나

例

国民はみんなそう思っています。
　국민은 모두 그렇게 생각하고 있습니다.
どんなことがあっても戦争はいけません。
　어떤 일이 있어도 전쟁은 안 됩니다.
こういうとんでもない事件もたまに起ります。
　이런 터무니없는 사건도 가끔 일어납니다.
あのような行動は私も初めて見ます。
　저와 같은 행동은 나도 처음 봅니다.
田舎の物価はそれほど高くありません。
　시골 물가는 이렇게 비싸지 않습니다.

(2) そ～ 와 あ～

- 현장에 없는 제 삼의 것(그~)을 지칭하는 경우, 일본어에서는 지시어 〈そ~〉와 〈あ~〉가 둘 다 사용된다. 〈そ~〉는 듣는 이가 모르는 것을 새로이 가리킬 때 사용하고, 〈あ~〉는 말하는 이와 듣는 이가 함께 아는 것을 가리킬 때 사용하는 것이 일반적이다.

✔ **そ～**

  例

  昨日は駅で高校時代の友達に会いました。その友達はもう結婚して…。

  어제는 역에서 고등학교 때 친구를 만났습니다. 그 친구는 벌써 결혼하여….

  午前中に学生が来てたんですが、その学生がこれを先生に…。

  오전 중에 학생이 왔었는데, 그 학생이 이것을 선생님께….

✔ **あ～**

  例

  A : あの店にしましょう。この前に行った駅の近くの…。

  　그 가게로 합시다. 이전에 갔던 역 근처의….

  B : あ、この前に行ったあそこですか。いいですね。

  　아, 이 전에 갔던 그곳 말입니까? 좋지요.

  君はあの時、ああ言っていたけれども、あれはやっぱり嘘だよ。

  　너는 그때 그렇게 말했었지만, 그것은 역시 거짓말이다.

참고

복합지시어

- 일본어의 복합지시어는 단어구성이 한국어와 반대이다.

あれこれ	이것저것	あちこち	여기저기
どれもこれも	이거나 저거나	どいつこいつ	이놈 저놈
どうこう どうのこうの	이러쿵저러쿵	ああこう ああだこうだ	이렇다 저렇다
どこそこ	어디어디	だれそれ	아무개

どいつもこいつもみんな馬鹿だ。　이놈도 저놈도 모두 바보다.
どれもこれもみんな駄目ですね。　이것도 저것도 모두 못쓰겠군요.
どうのこうの文句を言っている場合じゃないんだ。
　이렇다 저렇다 불만을 말하고 있을 상황이 아니다.

2. 명사의 복수형

일본어에 있어서 명사의 복수형은 인칭대명사에 발달해 있지만, 일반명사에는 사용빈도가 적다. 〈~들〉만을 사용하는 한국어와 달리, 복수를 나타내는 형태는 다양하여, 인칭대명사인 경우 〈ら〉〈たち〉〈ども〉〈がた〉 등을 사용한다. 〈たち〉는 동물에도 사용한다. 일반명사인 경우 〈山山〉〈家家〉 등과 같이 단어를 중복하여 사용하지만, 〈많은 + 명사〉와 같은 형태로 사용하는 경우가 많다. 사물을 지시어로 표현하는 경우에도 〈ら〉를 붙여 복수형으로 사용하기도 한다.

✔ 인칭대명사 ~ら/~たち

형 태	예
~ら	私ら, ぼくら, 我ら, 君ら, 彼ら, 彼女ら
~たち	私たち, ぼくたち, あなたたち, 人たち
~ども	私ども(저희들), 女ども(여자 따위)
~がた	あなたがた(당신들), 先生方(선생님들)
~の方々	先生の方々(선생님들)
~반복	我々(우리들), 人々(사람들)

> ▶참고
> 〈たち〉가 가장 보편적으로 사용되며, 〈ら〉는 친근감은 있지만 정중도가 떨어지는 표현이다. 〈ども〉는 일인칭의 경우 겸양의 뜻을 나타내는데, 일인칭이 아닌 경우에는 얕보는 듯한 어감을 나타내므로 주의해야 한다. 〈がた〉는 정중한 의미를 나타내지만, 〈あなた〉와 마찬가지로 〈あなたがた〉도 윗사람에게는 잘 사용하지 않는다.
> わたし:私ら → 私たち → 私ども (저희)

✔ 동물

형태	예
～たち	鳥(とり)たち(새들), 犬(いぬ)たち(개들)

✔ 사물

형태	예
반복	家々(いえいえ)(집들), 山々(やまやま)(산들), 日々(ひび)(나날/날들), 月々(つきづき)(다달에), 年々(ねんねん)(해마다)

✔ 지시어

형태	복수 형태
～ら	これら(이것들), それら(그것들), あれら(저것들), ここら(辺)(이곳), そこら(辺り)(그곳)

例

彼女(かのじょ)にはつらい日々(ひび)が続(つづ)きました。 그녀에게는 괴로운 날들이 계속되었습니다.
八月十五日(はちがつじゅうごにち)は家々(いえいえ)に国旗(こっき)を掲(かか)げます。 8월 15일은 집집마다 국기를 게양합니다.
春(はる)は山々(やまやま)にレンギョウの花(はな)が咲(さ)きます。 봄에는 산들에 개나리꽃이 핍니다.
私(わたし)はこれらをかたづけてから帰(かえ)ります。 나는 이것들을 정리하고 돌아가겠습니다.
その本(ほん)はそこらへんにあると思(おも)います。 그 책은 거기어디에 있을 것입니다.

3. お/ご + 명사

일본어에서는 명사를 정중하게 표현하기 위해 명사 앞에 お나 ご를 붙여 사용한다. 고유어에는 お를 한자어에는 ご를 붙이는 것이 일반적이지만, 예외적으로 고유어에 ご를, 한자어나 외래어에 お를 붙이는 경우도 있다.

	お	ご
고유어	お金 お体 お米 お酒 おしぼり お寿司 お手紙 お寺 お友だち お願い お話 お冷や お水 お休み	ご立派 ごゆっくり
한자어	お化粧 お元氣 お歳暮 お宅 お誕生日 お中元 お電話 お返事 お盆 お礼 お役	ご挨拶 ご案内 ご意見 ご遠慮 ご家族 ご機嫌 ご兄弟 ご苦労 ご招待 ご心配 ご飯 ご両親

✔ お

例

この山の中には古いお寺があります。　이 산속에는 오래된 절이 있습니다.
三月二十五日は博士のお誕生日です。　3월 25일은 박사님의 생일입니다.
先生にちょっとお願いがあるんですが。　선생님에게 좀 부탁이 있습니다만.

✔ ご

例

ご案内しますから、遊びに来てください。　안내할 테니까, 놀러 오십시오.
ご心配なく今日一日ごゆっくりどうぞ。　걱정 마시고 오늘 하루 푹 쉬십시오.
彼女からご挨拶の電話がありました。　그녀로부터 인사전화가 있었습니다.

4. 형식명사

　명사에는 실질적인 의미가 희박하여 단독으로 사용되기보다, 연체절의 수식을 받아서 그 문장을 명사상당어구로 만드는데 사용되는 형식명사가 있다. 문법적 의미를 갖는 형식명사는 형식이 다양하고 형식 간의 의미 차도 많아 주의해야 한다. 또한 〈형식명사+だ〉로 구성되는 단정조동사는 용법이 다양하여 이해가 쉽지 않은 만큼 많은 예문을 통한 반복적인 학습이 요구된다.

(1) の

- 의미 : 것
- 용법 : の는 직접 파악되는 실체개념이나, 앞서 표현된 대상을 다시 파악하는 실체개념을 나타낸다. 앞 문장을 받아 그를 명사상당어구로 만들어 전체로서 문의 한 성분을 만드는 형식명사의 역할도 한다.

例

これよりもう少し長いのはありませんか。
이것보다 조금 더 긴 것은 없습니까?

箱の中にリンゴの腐ったのが入っていた。
상자 안에 사과 썩은 것이 들어 있었다.

日本語の勉強を始めたのは今年の春からです。
일본어공부를 시작한 것은 올 봄부터입니다.

大声で悪口を言っているのを社長に聞かれました。
큰 소리로 욕을 하고 있는 것을 사장님이 들었습니다.

彼が試合に負けたのは、体の調子が悪かったからです。
그가 시합에 진 것은 몸의 상태가 나빴기 때문입니다.

(2) こと

- 의미 : 것, 일, 적
- 용법 : こと는 구체적인 일이나 내용뿐만 아니라, 형식명사로서 こと를 수식하는 내용이 구체적인 일이나 사태, 동작이나 행위 등을 나타낸다.

例

私も彼女とあの島に行ったことがあります。
나도 그녀와 저 섬에 간 적이 있습니다.

私の趣味は映画や演劇などを見ることです。
내 취미는 영화나 연극 등을 보는 것입니다.

社長が会議で言ったことをちゃんと覚えています。
사장이 회의에서 말한 것을 정확히 기억하고 있습니다.

今日が彼女の誕生日だということを忘れていました。

오늘이 그녀의 생일이란 것을 잊고 있었습니다.

一番よかったのは大勢の中国人と友達になれたことだ。

가장 좋았던 것은 많은 중국인과 친구가 될 수 있었던 것이다.

(3) もの

- 의미 : 것
- 용법 : もの는 어떤 구체적이거나 추상적인 것(물건)이나, もの를 수식하는 내용이 구체적 또는 추상적으로 파악되는 대상을 나타낸다.

例

きのう古本屋で面白いものを見つけました。

어제 헌책방에서 재미있는 것을 발견했습니다.

この報告書は彼によって書かれたものです。

이 보고서는 그에 의해 쓰여진 것입니다.

これは日本から私が直接持ってきたものです。

이것은 일본에서 내가 직접 가지고 온 것입니다.

金というものはなくても困るし、ありすぎても困ります。

돈이란 것은 없어도 곤란하고, 너무 있어도 곤란합니다.

幸せというものは続きすぎると感じられなくなります。

행복이란 너무 오래 계속되면 못 느끼게 됩니다.

(4) わけ

- 의미 : 사정, 이유, 의미
- 용법 : わけ는 도리나 이유, 사정 및 의미 등을 나타낸다.

例

大学の勉強と大学院の勉強とは全然わけが違う。

대학 공부와 대학원 공부는 전혀 사정이 다르다.

いつも明るい友達が突然泣き出したので、わけを聞いた。

언제나 밝은 친구가 갑자기 울기 시작해서 이유를 물었습니다.

妹は時々わけの分からないことを言っては、だだをこねる。

여동생은 때때로 영문도 모르는 말을 하고는 떼를 쓴다.

自動車の仕組みをよく見て、車輪が動くわけを考えてみよう。

자동차의 구조를 잘 보고, 바퀴가 움직이는 이치를 생각해 보자.

求人広告を出したら、何かわけのありそうな人がやってきた。

구인 광고를 내자 뭔가 사정이 있는 듯한 사람이 찾아 왔다.

(5) ところ

- 의미 : 곳, ~바, ~데, ~상황
- 용법 : ところ는 장소나 형식명사로서 상황이나 정황, 그리고 어떤 추상적인 부분 등을 나타낸다.

例

現在のところ応募者は約百人ほどです。

현재 상황 응모자는 약 백 명 정도입니다.

時間内にやれるところまでやってみましょう。

시간 내에 할 수 있는 데까지 해 봅시다.

これはいつもよく見えるところに置いてください。

이것은 언제나 잘 보이는 곳에 놓아두십시오.

聞くところによると、情勢はさらに悪化しているらしい。

듣는 바에 의하면, 정세는 더욱더 악화되고 있는 듯하다.

彼女の小説には人の心を暖かくするところがあります。

그녀의 소설에는 사람의 마음을 따뜻하게 하는 데가 있습니다.

5. 형식명사 + だ

(1) ～のだ

- 의미 : ~것이다, ~이다
- 용법 : のだ는 객관적 사실을 나타내는 것이 아니라, 기존 사실을 확인하는 경우에 사용한다.

☑ 화자의 주장이나 결의 등을 나타낸다.
> 例
> 回りから反対されてもぼくはやるのだ。　주위로부터 반대를 당해도 나는 한다.
> どう考えても彼が犯人に違いないのだ。　아무리 생각해도 그가 범인임에 틀림없다.
> 一週間前に引いた風邪が治らないんです。　일주일 전에 걸린 감기가 낫지 않습니다.

☑ 결론 도출에 이르는 전제사항 또는 전제사항에서 도출되는 결론 등을 나타낸다.
> 例
> 彼女でもできたのだから、君にもできるはずだ。
> 　그녀도 할 수 있었으니, 너도 할 수 있을 것이다.
> 途中で渋滞に巻き込まれて遅れてしまったのだ。
> 　도중에 교통체증에 휘말려들어 늦어버렸다.
> 台風が近づいているから天気がぐずついているのだ。
> 　태풍이 다가오고 있어서 날씨가 우중충한 것이다.

☑ 사실인지에 대해 독백하거나 납득함을 나타낸다.
> 例
> そうだ、今日は彼の誕生日だったんだ。
> 　그래, 오늘은 그의 생일이었어.
> 彼のアイデアには面白いものがあるんだ。
> 　그의 아이디어에는 재미있는 것이 있다.
> よく考えてみると何でもないことだったのだ。
> 　잘 생각해 보니 아무 일도 아니었던 것이다.

✔ 의문문의 형태로서 상대행위에 대한 관심, 놀람, 의외, 비난의 감정 등을 나타낸다.

例

彼はなぜ先に帰ってしまったのか。　그는 왜 먼저 가버린 거니?
先生もこの映画を見に来たんですか。　선생님도 이 영화를 보러 온 겁니까?
あなたはこの会社に入りたいのですか。　당신은 이 회사에 들어가고 싶은 겁니까?

✔ ~のだった의 형태로 사용되어 후회 등의 의미를 나타낸다.

例

こんなにつまらない仕事なら、断るのだった。
　이렇게 시시한 일이라면 거절하는 것이었다.
こんな結果ならもっとしっかり勉強しておくのだった。
　이런 결과라면 좀 더 확실히 공부해두는 것이었다.
彼はそれが贈賄であると知りながら、金を渡したのだった。
　그는 그것이 뇌물임을 알면서, 돈을 건넨 것이었다.

(2) ~ことだ

- 의미 : ~것이다, ~것이 좋다, ~해야 한다.
- 용법 : 어떤 상황에서 그렇게 하는 것이 바람직하거나 필요하다고 권고 또는 요구할 때 사용하며, 또한 어떤 일에 대해 놀라거나 감탄 또는 유감 등을 나타낼 때도 사용한다.

✔ 권고, 요구

例

機械を長持ちさせたければ手入れをよくすることだ。
　기계를 오래 가게 하고 싶으면 손질을 잘 해야 한다.
健康を取り戻すには何も考えずによく休むことです。
　건강을 회복하는 데에는 아무것도 생각지 않고 쉬는 게 좋다.
薬などは最初から子供の手に届かないところにおくことだ。
　약 등은 처음부터 어린이 손에 닿지 않는 곳에 두어야 한다.

✔ 감탄, 유감

> 例
> 学生みんな無事でけっこうなことだ。
> 학생 모두 무사해서 다행스러운 일이다.
> 社長はいつまでも若くて羨ましいことです。
> 사장님은 언제까지나 젊어서 부럽습니다.
> 子供を学校まで送り迎えするんだなって、ご苦労なことだね。
> 아이를 학교까지 데려다주고 데려온다니, 고생이로군.

(3) ～ものだ

- 의미 : ~법이다, ~했었다, ~것이다.
- 용법 : ものだ는 어떤 사항이 지극히 자연적임을 나타내거나 감탄이나 과거를 회상하여 말할 때 사용한다.

✔ 어떤 사항을 사회의 관습이나 일반적 경향으로 나타낸다.

> 例
> 人に会ったら挨拶ぐらいするものだ。
> 사람을 만나면 인사 정도는 하는 법이다.
> 外出から帰ってきたら手を洗うものだ。
> 외출에서 돌아오면 손을 씻는 법이다.
> 電車の中では携帯電話を使うものではない。
> 전철 안에서는 휴대전화를 사용하는 것이 아니다.

✔ 어떤 사항에 대해 놀람 감탄 개탄함을 나타낸다.

> 例
> 娘の我がままには困ったものだ。 딸의 제멋대로 하는 데에는 질렸다.
> これだけの論文をよくも書き上げたものだ。 이 정도의 논문을 잘도 썼구나.
> 若い女の子がよくもあんなに飲めるものだ。 젊은 여자가 저렇게 잘도 마시는구나.

✔ ~たものだ의 형태로 과거의 회상을 나타낸다.

> 例
>
> 家に帰って母がいないと、泣いたものだ。
> 　집에 돌아가 어머니가 없으면 울었었다.
>
> 昔は、悪いことをすれば、知らない大人に叱られたものだ。
> 　옛날에는 나쁜 짓을 하면 모르는 어른에게 혼났었다.
>
> 私が若い頃は、意見を求められればきちんと答えたものだ。
> 　내가 젊을 때는 의견을 물어오면 똑바로 대답하곤 했다.

(4) ~わけだ

- 의미 : ~것이다
- 용법 : わけだ는 어떤 사실, 정황으로부터 논리적으로 귀결되는 결론을 나타낸다.

✔ 이유를 명시하고 거기에서 얻어지는 결론을 나타낸다.

> 例
>
> 車が多いから事故が多いわけです。
> 　차가 많아서 사고가 많은 것입니다.
>
> 彼はお父さんが画家だから、絵が上手なわけです。
> 　그는 아버지가 화가라서 그림을 잘 그리는 겁니다.
>
> 団体割引があるから、20人になれば入場料が安くなるわけだ。
> 　단체할인이 있어서 20명이 되면 입장료가 싸지는 것이다.

✔ 화자가 어떤 결론에 이른 사항을 당연한 것으로 받아들여 납득하거나 하는 경우에 사용한다.

> 例
>
> 先生の長年の夢がとうとう実現したわけですね。
> 　선생님의 오랜 꿈이 드디어 실현된 것이로군요.
>
> 色々、意見を聞いたが、みんなこの計画に反対というわけだね。
> 　여러 가지로 의견을 들었는데 모두 이 계획에 반대란 말이군.
>
> 秋になって気温が10度以下になると、木の葉が紅葉するわけだ。
> 　가을이 되어 기온이 10도 이하가 되면 나뭇잎이 물드는 것이다.

✔ 결론을 말하기 위해, 기정사실화 되어 있는 사항을 원인이나 이유로 나타낼 때 사용한다.

> 例
>
> そのドラマは八時に始まるわけだから、今なら間に合う。
> 　그 드라마는 8시에 시작되니 지금이라면 충분하다.
> 九時に出発するわけですから、八時までに集まってください。
> 　9시에 출발하는 것이니 8시까지 모여 주십시오.
> いつかはみんな年を取るわけだから、年寄りは大事にすべきだよ。
> 　언젠가는 모두 나이를 먹는 것이니 노인은 소중히 해야 한다.

(5) ~ところだ

- 의미 : ~바이다, ~참이다, ~중이다, ~상황이다.
- 용법 : ところだ는 어떤 사태가 어떤 단계에 이르렀는가 하는 상황을 나타낸다.

✔ 무언가가 시작되거나 또는 시작하기 직전의 상태임을 나타낸다.

> 例
>
> これからみんなで食事に行くところです。
> 　지금부터 모두 식사하러 가려는 참입니다.
> いま帰るところですから、少し待ってください。
> 　지금 막 돌아가는 중이니 조금 기다려 주십시오.
> 彼が助けに来てくれなかったら、ぼくは死ぬところでした。
> 　그가 도와주러 오지 않았으면 나는 죽을 뻔했습니다.

✔ 무언가가 끝났거나 또는 끝난 직후의 상태임을 나타낸다.

> 例
>
> 今ちょうど東京へ行く電車に乗ったところです。
> 　지금 막 동경으로 가는 전철에 탔습니다.
> 彼女から少し遅れるとの連絡があったところです。

그녀로부터 조금 늦는다는 연락이 막 있은 터입니다.

事故(じこ)のことを今(いま)聞(き)いたところなので、詳(くわ)しいことは分(わ)かりません。

사고에 대해 지금 막 들은 터라 자세한 것은 모릅니다.

✔ 무언가가 한참 행해지고 있는 도중임을 나타낸다.

例

政府(せいふ)は事故(じこ)の善後策(ぜんごさく)を協議(きょうぎ)しているところです。

정부는 사고의 뒷수습을 협의하고 있는 중입니다.

卒業後(そつぎょうご)の進路(しんろ)について慎重(しんちょう)に考(かんが)えているところです。

졸업 후의 진로에 대하여 신중하게 생각하고 있는 중 입니다.

今(いま)資料(しりょう)を調(しら)べているところですから、少々(しょうしょう)お待(ま)ち下(くだ)さい。

지금 자료를 조사하고 있는 중이니 조금 기다려 주십시오.

4.2 형용사

1. 형용사의 명사형
- 형태 : ① 형용사 어간 + さ
  ② 형용사 어간 + み
- 용법 : 형용사는 어간에 さ나 み를 붙이면 명사형이 된다. さ의 명사형은 거의 모든 형용사에 사용되는 일반적인 형태이지만, み의 명사형은 몇몇 형용사에 사용되는 제한적인 형태이다. 하나의 형용사에 さ와 み의 두 형태의 명사형이 있는 경우, 두 형태가 서로 다른 의미로 사용되는 경우도 있으며 서로 같은 의미로 사용되는 경우도 있다.

(1) ~さ : 형용사 그 자체의 명사적 의미

例

ここに長(なが)さ10メートル、重(おも)さ5トンの鉄板(てっぱん)がある。

여기에 길이 10미터, 무게 5톤의 철판이 있다.

もう外国でもキムチのおいしさをよく知っている。
　이미 외국에서도 김치의 맛있음을 잘 알고 있다.
まわりの男たちはみんな彼女の美しさに惚れている。
　주변의 남자들은 모두 그녀의 아름다움에 반해 있다.
新しい体育館の建物の高さとコートの広さは日本一だ。
　새 체육관 건물의 높이와 코트의 넓이는 일본제일이다.
今では日本にいた頃のつらさ、苦しさも懐かしく思い出される。
　지금은 일본에 있었을 때의 힘듦, 괴로움도 그립게 생각난다.

(2) ~み : 형용사의 속성 개념 중 상태나 느낌, 또는 장소, 부분 등의 명사적 의미

例

頭はいいが暖かみが感じられない人は嫌です。
　머리는 좋지만 따뜻함이 느껴지지 않는 사람은 싫습니다.
歌舞伎の面白みが分かるようになるには年月がいる。
　歌舞伎의 재미를 알게 되는 데에는 세월이 필요하다.
花や果物などを描いた彼の作品には独特の深みがある。
　꽃이나 과일 등을 그린 그의 작품에는 독특한 깊이가 있다.
試験紙の色は時間がたつにつれて赤みを帯びていった。
　시험지의 색은 시간이 지남에 따라 붉은 기를 띠어 갔다.
自分がこの世界に飛込んでみて、改めて伝統の重みを実感した。
　자신이 이 세계에 뛰어들어 와보고 새삼 전통의 무게를 실감했다.

참고

強さ : 강함　　　強み : (1)강도, 세기　　(2)강점, 이점
弱さ : 약함　　　弱み : (1)약한 마음　　(2)약점
君の精神力の強さには感心している。 자네 정신력의 강함에는 감탄하고 있다.
日本語ができるのが彼女の強みだ。 일본어를 할 줄 아는 것이 그녀의 강점이다.

2. 형용사 + がる

- 형태 : 형용사 어간 + がる
- 의미 : ~어 하다
- 용법 : 주로 감정을 나타내는 형용사를 동사 화하여 그와 같이 생각하거나 느끼거나 행동함을 나타낸다. 대상에 대한 화자의 생각을 표현하는 것이기에 본인의 일에 대해서는 사용하지 않는다.

  例

  彼(かれ)は非常(ひじょう)に手術(しゅじゅつ)を怖(こわ)がっています。
   그는 굉장히 수술을 무서워하고 있습니다.
  外国語(がいこくご)は下手(へた)なのを恥(は)ずかしがってはいけない。
   외국어는 서툰 것을 부끄러워해서는 안 됩니다.
  先生(せんせい)はいつも強(つよ)がっているが、実(じつ)はそうでもない。
   선생님은 늘 강한 체하고 있지만 실은 그렇지도 않다.
  彼女(かのじょ)の死(し)をいつまでも悲(かな)しがってばかりはいられない。
   그녀의 죽음을 언제까지나 슬퍼하고만 있을 수는 없다.
  子供(こども)がおもちゃを欲(ほ)しがって地(じ)べたに座(すわ)り込(こ)んで泣(な)いている。
   아이가 장난감을 갖고 싶어 해 땅바닥에 주저앉아 울고 있다.

3. 형용사의 音便(おんびん)

ございますは 형용사의 く형에 접속하여 정중한 의미로 사용하는데, 이 때 く가 う로 바뀌는 音便현상이 일어난다.

  例

  よい(좋다)
    よい + ございます → (よく + ございます) → よう + ございます

  さむい(춥다)
    さむい + ございます → (さむく + ございます) → さむう + ございます

  しろい(희다)
    しろい + ございます → (しろく + ございます) → しろう + ございます

> **참고**
>
> 歴史的仮名遣い
> 이전의 仮名遣い는 現代仮名遣い와 달라 그 표기와 읽기가 달랐다. 이를 歴史的仮名遣い라 하는데, 歴史的仮名遣い에서는 あ段이나 い段에 う모음이 이어지는 경우, 'あう' 'いう'로 읽지 않고 'おう' 'ゆう(요음+う)'와 같은 장음으로 읽는다. 이것이 現代仮名遣い에서는 소리 나는 대로 표기하여 지금에 이른다.

(1) あ단 + う → お단 + う

例

はやい　　　　　　　　はやい + ございます
　音便　　　　　　　　はやく + ございます → はやう + ございます
　歴史的仮名遣い　　　はやう + ございます → はよう + ございます
　　　　　　　　　　　おはようございます (お + はやい + ございます)
　　　　　　　　　　　안녕하십니까?

めでたい　　　　　　　めでたい + ございます
　音便　　　　　　　　めでたく + ございます → めでたう + ございます
　歴史的仮名遣い　　　めでたう + ございます → めでとう + ございます
　　　　　　　　　　　おめでとうございます (お + めでたい + ございます)
　　　　　　　　　　　축하합니다

ありがたい　　　　　　ありがたい + ございます
　音便　　　　　　　　ありがたく + ございます → ありがたう + ございます
　歴史的仮名遣い　　　ありがたう + ございます → ありがとう + ございます
　　　　　　　　　　　ありがとうございます (ありがたい + ございます)
　　　　　　　　　　　고맙습니다.

(2) い단 + う → い단 요음 + う

> **例**
>
> **うれしい**　　　　　　　　うれしい + ございます
>   音便　　　　　　　　　うれしく + ございます → うれしう + ございます
>   歴史的仮名遣い　　　　うれしう + ございます → うれしゅう + ございます
>
> **うつくしい**　　　　　　　うつくしい + ございます
>   音便　　　　　　　　　うつくしく + ございます → うつくしう + ございます
>   歴史的仮名遣い　　　　うつくしう + ございます → うつくしゅう + ございます

4. 형용사의 경어

(1) 존경표현

- 형태 : お + 형용사
- 용법 : 형용사 앞에 접두어 お를 붙이면 존경표현이 되어 정중한 의미를 나타낸다.

> **例**
>
> 社長はまだお若いですね。　사장님은 아직 젊으시군요.
> お忙しいところをお邪魔しました。　바쁘신데 폐를 끼쳤습니다.
> お小さいお子さんはお膝に願います。　작은 아이는 무릎에 부탁드립니다.
> お美しい方にお会いできて嬉しいです。　아름다우신 분을 만나게 되어 기쁩니다.

(2) 겸양표현

- 형태 : 형용사 + ございます(音便)
- 용법 : 형용사에 ございます를 붙이면 겸양표현이 되어 です보다 더욱 정중한 의미를 나타낸다.

> **例**
>
> まだ外は寒うございます。　아직 밖은 춥습니다.
> 本当に嬉しゅうございます。　정말로 기쁩니다.
> ご説明ありがとうございます　설명 감사합니다.
> お誕生日おめでとうございます。　생일 축하합니다.

4.3 형용동사

1. 형용동사의 명사형
- 형태 : 형용동사 어간 ＋ さ
- 용법 : 형용동사의 명사형은 형용사와 마찬가지로 어간에 さ를 붙이며, 드물게 み를 붙여 사용하기도 한다. 어간자체에 명사성이 강한 것은 어간의 형태가 명사로 사용되기도 한다. さ의 명사형은 '~함'과 같이 상태적인 것으로 제시할 때 사용한다.

(1) ～さ

> 例
>
> パスの正確さにおいてあの選手にかなうものはいない。
> 패스의 정확성에 있어서 그 선수에게 필적할 자는 없다.
> 田舎では今も人々の心の豊かさを感じることができる。
> 시골에서는 지금도 사람들 마음의 풍요로움을 느낄 수 있다.
> 会社の倒産を救ったのは彼の大胆さだと言ってもいい。
> 회사의 도산을 구한 것은 그의 대담함이라고 해도 좋다.
> 他人の生活を尊重する生き方の大切さを理解できますか。
> 타인의 생활을 존중하는 삶의 중요함을 이해할 수 있습니까?
> 彼はすばらしい人だが、もっと謙虚さが欲しい気がする。
> 그는 훌륭한 사람이지만, 좀 더 겸손함이 필요하다는 생각이 든다.

(2) ～み

> 例
>
> この小説は滑稽みをねらって、手際よくまとめた短編です。
> 이 소설은 해학을 노려 솜씨 있게 정리한 단편입니다.
> 彼の今度の作品は、今までのものと変わらず新鮮みがない。
> 그의 이번 작품은 지금까지의 것과 다르지 않아 신선함이 없다.
> 君の話し方には真剣みがないから、人に信用されないんだ。
> 너의 말투는 진지함이 없어서 사람들에게 신용 받지 못하는 거다.

> 참고
>
> **'명사'와 '형용동사'**
> 外国に行って嬉しかったのはその国の人々の親切だった。
> 　외국에 가서 기뻤던 것은 그 나라 사람들의 친절이었다.
> 現場に行って従業員の親切さを直接見習う必要がある。
> 　현장에 가서 종업원의 친절함을 직접 보고배울 필요가 있다.

2. '～と ‖ ～たる'의 형용동사

일반적으로 형용동사는 어간에 '～だ' '～な' '～に' '～で'등이 접속하여 활용을 한다. 그런데 형용동사에는 '연체형'이나 '연용형(부사적)'으로만 사용되며, 그 어미도 형태가 다른 형용동사가 있다. 몇몇 한자어의 형용동사에 있는데 사용빈도가 높은 편은 아니다. '静かだ' '有名だ'등이 '静かな/静かに' '有名な/有名に'처럼 활용하는 것과 달리, 이들은 명사를 수식할 때 な가 아닌 たる를, 부사적으로 사용할 때 に가 아닌 と를 사용한다. と는 する와 결합할 수 있기 때문에, とする의 여러 활용된 형태가 사용 된다.

- 堂々 당당　　　堂々と 당당히　　　　　堂々として 당당히
　　　　　　　　堂々たる 당당한　　　　　堂々とした 당당한
　　　　　　　　堂々としている 당당하다

- 整然 정연　　　整然と 정연히　　　　　整然として 정연히
　　　　　　　　整然たる 정연한　　　　　整然とした 정연한
　　　　　　　　整然としている 정연하다

- 毅然 의연　　　毅然と 의연히　　　　　毅然として 의연히
　　　　　　　　毅然たる 의연한　　　　　毅然とした 의연한
　　　　　　　　毅然としている 의연하다

- 暗澹 암담　　　暗澹と 암담히　　　　　暗澹として 암담히
　　　　　　　　暗澹たる 암담한　　　　　暗澹とした 암담한
　　　　　　　　暗澹としている 암담하다

- 惨澹 참담　　　惨澹と 참담히　　　　　惨澹として 참담히
　　　　　　　　惨澹たる 참담한　　　　　惨澹とした 참담한
　　　　　　　　惨憺としている 참담하다

(1) ～と/～として

✔ ～と

　例
　園児たちに整然と並べという方が無理です。
　　원아들에게 정연하게 줄서라고 하는 쪽이 무리입니다.
　津波の後の惨澹たる光景にただ茫然と立ち尽くす。
　　해일 후의 참담한 광경에 그저 망연자실 우두커니 서 있다.
　彼は最後まで堂々と戦い、観客の大きな拍手を受けた。
　　그는 마지막까지 당당히 싸워 관객의 커다란 박수를 받았다.
　とうとうと流れるこの川が、流域の平野に豊かな恵みを与えている。
　　도도히 흐르는 이 강이 유역의 평야에 풍성한 혜택을 주고 있다.

✔ ～として

　例
　彼は不当な迫害にも毅然として耐えた。
　　그는 부당한 박해에도 의연히 참아냈다.
　台風で村全体が惨澹として破壊されていた。
　　태풍으로 마을 전체가 참담하게 파괴되어 있었다.
　目撃者が厳然として存在しているからごまかしようがない。
　　목격자가 엄연히 존재하고 있기 때문에 속일 방법이 없다.
　踊り狂う若者を大人たちはしばらく茫然として眺めていた。
　　미친 듯 춤추는 젊은이를 어른들은 잠시 멍하니 바라보고 있었다.

(2) ～とした/～とする/～としている

✔ ～とした/～とする

　例
　母親は子供の将来を思うたびに暗然とした気分になった。
　　어머니는 아이의 장래를 생각할 때마다 암울한 기분이 되었다.

92 •〈上〉名詞・形容詞・形容動詞文

家族の将来を思うと、男は暗澹とした気分に陥っていった。
　가족의 장래를 생각하자 남자는 암담한 기분에 빠져들어 갔다.
男の突拍子もない行動に人々はただ唖然とするばかりだった。
　남자의 엉뚱한 행동에 사람들은 그저 아연해 할 뿐이었다.
教師は愛情を持ち、毅然とした態度で生徒に臨んでください。
　교사는 애정을 가지고 의연한 태도로 학생에게 임해주십시오.

✔ ～としている

【例】

最後の望みを断たれて彼の気持は暗澹としていた。
　마지막 희망이 사라져 그의 기분은 암담해 있었다.
彼の意見は問題の核心をつき、しかも理路整然としている。
　그의 의견은 문제의 핵심을 찌르고, 더구나 조리가 정연하다.
この町の実力者である彼の家は門構えも実に堂々としている。
　이 마을의 실력자인 그의 집은 대문의 자태도 실로 당당하다.
恋人の乗った飛行機を見送った後、彼はしばらく茫然としていた。
　연인이 탄 비행기를 지켜본 후 그는 잠시 멍하니 하고 있었다.

(3) ～たる

【例】

そちらが手を出したのは厳然たる事実です。
　그쪽이 손을 댄 것은 엄연한 사실입니다.
彼女は意地悪な質問に堂々たる態度で答えた。
　그녀는 심술궂은 질문에 당당한 태도로 대답했다.
茫々たる大平原は、空と解け合ってその限りを知らない。
　망망한 대평원은 하늘과 서로 합쳐져 그 한계를 모른다.
いくつもの流れが合わさって一本のとうとうたる大河となる。
　여러 개의 물길이 합쳐져서 하나의 도도한 큰 강이 된다.

4.4 가정/조건표현

〈~하면/~하니〉등의 의미를 나타내는 가정/조건표현에는 〈ば〉〈と〉〈たら〉〈なら〉의 네 형태가 있다. 가정/조건표현에 대한 용법에 대해서는 동사문에서 자세히 기술하기로 한다.

1. ~ば

(1) 명사 : 명사 + であれば

> **例**
> これが政治であれば国の将来が心配です。
> 이것이 정치라면 나라의 장래가 걱정입니다.
> 先生のご推薦であれば何の心配もありません。
> 선생님의 추천이라면 아무런 걱정도 없습니다.
> こういう事情であれば会社としても仕方がないであろう。
> 이런 사정이라면 회사로서도 방법이 없을 것이다.
> 予算が問題であれば計画の縮小も避けられないであろう。
> 예산이 문제라면 계획 축소도 피할 수 없을 것이다.

(2) 형용사 : 형용사 어간 + ければ

> **例**
> 最近はお金がなければ勉強もできません。
> 최근에는 돈이 없으면 공부도 못합니다.
> よければ私は土曜日の午後にしたいです。
> 괜찮으면 나는 토요일 오후로 하고 싶습니다.
> 希望者が多くなければ可能性は高いです。
> 희망자가 많지 않으면 가능성은 높습니다.
> 足が痛くなければジョギングも悪くないです。
> 다리가 아프지 않으면 조깅도 나쁘지 않습니다.

> 참고
> ~ば는〈Aも ~ば, Bも ~〉의 형태로 같은 내용의 사항들을 열거하는 경우에도 사용한다.
> 　その店は値段も安ければ、品物もいい方です。
> 　그 가게는 값도 싸고 물건도 좋은 편입니다.
> 　大学までは近くもなければ、交通の便もよくない。
> 　대학까지는 가깝지도 않으며 교통편도 좋지 않다.

(3) 형용동사 : 형용동사 어간 + であれば

例
成績が優秀であれば就職の心配はありません。
　성적이 우수하면 취직 걱정은 없습니다.
危険であれば時期を調整する必要があります。
　위험하다면 시기를 조정할 필요가 있습니다.
安全であれば派兵を反対する理由はありません
　안전하다면 파병을 반대할 이유는 없습니다.
可能であれば日本との協力関係を保ちたいです。
　가능하다면 일본과의 협력관계를 유지하고 싶습니다.

2. ~と

(1) 명사 : 명사 + だ/です + と

例
夏だと暑いし雨も多くて過ごしにくいです。
　여름이라면 덥고 비도 많아 지내기 어렵습니다.
携帯電話だと韓国製品の人気が一番高いです。
　휴대전화라면 한국제품의 인기가 가장 높습니다.
日本旅行ですと夏より冬の方がいいと思います。
　일본여행이라면 여름보다 겨울이 좋으리라 생각합니다.
日本のスポーツですと何といってもプロ野球ですね。
　일본의 스포츠라면 뭐니뭐니해도 프로야구죠.

(2) 형용사 : 형용사 종지형 + と

> **例**
> 景気(けいき)が悪(わる)いと就職(しゅうしょく)も難(むずか)しくなります。　경기가 나쁘면 취직도 어려워집니다.
> 顔(かお)が白(しろ)いとこの色(いろ)がいいと思(おも)います。　얼굴이 희면 이 색이 좋을 것입니다.
> 湿気(しっけ)が多(おお)いともっと暑(あつ)く感(かん)じられます。　습기가 많으면 더욱 덥게 느껴집니다.
> キムチがおいしいとご飯(はん)もたくさん食(た)べます。　김치가 맛있으면 밥도 많이 먹습니다.

(3) 형용동사 : 형용동사 어간 + だ/です + と

> **例**
> 使(つか)い方(かた)が便利(べんり)だと値段(ねだん)は関係(かんけい)ありません。
> 　사용법이 편리하면 가격은 관계없습니다.
> 心配(しんぱい)だともう一度(いちど)確認(かくにん)してみてください。
> 　걱정이라면 다시 한 번 확인해 보십시오.
> 無事(ぶじ)だといつか会(あ)える日(ひ)があるでしょう。
> 　무사하다면 언젠가 만날 수 있는 날이 있겠지요.
> 政局(せいきょく)が不安定(ふあんてい)だと安心(あんしん)して生活(せいかつ)できません。
> 　정국이 불안정하면 안심하고 생활할 수 없습니다.

3. ～たら

(1) 명사 : 명사 + だったら/でしたら

> **例**
> 工事(こうじ)だったらたぶん道(みち)は混雑(こんざつ)するだろう。
> 　공사라면 아마 길은 혼잡할 것이다.
> 来週(らいしゅう)の水曜日(すいようび)だったら時間(じかん)はだいじょうぶです。
> 　다음 주 수요일이라면 시간은 괜찮습니다.
> 台風(たいふう)でしたら明日(あした)の試合(しあい)は順延(じゅんえん)されると思(おも)います。
> 　태풍이라면 내일 시합은 순연되리라 생각합니다.
> 私(わたし)が男(おとこ)でしたらあんな美人(びじん)を放(ほう)ってはおかないでしょう。
> 　내가 남자라면 저런 미인을 내버려두지는 않을 것입니다.

(2) 형용사 : 형용사 어간 + かったら

> 例
>
> 寒かったら窓を閉めてください。　추우면 창문을 닫아 주세요.
> 遅かったら私が送って帰ります。　늦으면 내가 데려다주고 가겠습니다.
> 忙しかったら後でまたお伺いします。　바쁘면 나중에 다시 찾아뵙겠습니다.
> 私でよかったらいつでも呼んでください。　나로 괜찮다면 언제라도 불러 주십시오.

(3) 형용동사 : 형용동사 어간 + だったら/でしたら

> 例
>
> 静かだったら場所はどこでもかまいません。
> 　조용하다면 장소는 어디라도 상관없습니다.
> 部屋が清潔でしたら病気にならないはずだ。
> 　방이 청결하면 병에는 걸리지 않을 것이다.
> そんなに勉強が嫌だったら大学なんかやめなさい。
> 　그렇게 공부가 싫으면 대학 따위는 그만두어라.
> 英語が上手だったらいい会社に就職できると思う。
> 　영어를 잘하면, 좋은 회사에 취직할 수 있으리라 생각한다.

4. ～なら

(1) 명사 : 명사 + なら

> **例**
> 雪(ゆき)なら明日(あした)の登山(とざん)は中止(ちゅうし)です。
> 눈이 오면 내일 등산은 중지입니다.
> 私(わたし)が俳優(はいゆう)ならあの映画(えいが)の主人公(しゅじんこう)になってみたい。
> 내가 배우라면 저 영화의 주인공이 되어보고 싶다.
> やりがいのない仕事(しごと)ならもうやりたくありません。
> 보람이 없는 일이라면 더 이상 하고 싶지 않습니다.
> 今度(こんど)の台風(たいふう)が大型(おおがた)なら大雨(おおあめ)で川(かわ)の水(みず)があふれるだろう。
> 이번 태풍이 대형이라면 큰비로 강물이 넘칠 것이다.

(2) 형용사 : 형용사 연체형 + なら

> **例**
> 才能(さいのう)がないなら努力(どりょく)しかないです。 재능이 없다면 노력밖에 없습니다.
> 健康(けんこう)に悪(わる)いならタバコは止(や)めます。 건강에 나쁘다면 담배는 끊겠습니다.
> 渋滞(じゅうたい)がひどいなら電車(でんしゃ)に乗(の)りましょう。 교통체증이 심하다면 전철을 탑시다.
> 彼(かれ)の意見(いけん)が正(ただ)しいなら問題(もんだい)はないです。 그의 의견이 바르다면 문제는 없습니다.

(3) 형용동사 : 형용동사 어간 + なら

> **例**
> 二人(ふたり)が幸(しあわ)せなら私(わたし)はかまいません。
> 두 사람이 행복하다면 나는 상관없습니다.
> 家(いえ)が裕福(ゆうふく)なら大学院(だいがくいん)に進学(しんがく)するはずだ。
> 집이 유복하다면 대학원에 진학할 것이다.
> 台所(だいどころ)が便利(べんり)なら料理(りょうり)が楽(たの)しみになるでしょう。
> 부엌이 편리하면 요리가 재미있을 것이다.
> 先生(せんせい)がそんなにすてきなら私(わたし)も授業(じゅぎょう)を受(う)けたいな。
> 선생님이 그렇게 멋지다면 나도 수업을 받고 싶은데!

5. 가정/조건표현 요약

가정조건형	～と	명사	私だと 나라면	鳥だと 새라면
		형용사	暑いと 더우면	寒いと 추우면
		형용동사	綺麗だと 깨끗하면	安全だと 안전하면
	～ば	명사	私であれば 나라면	鳥であれば 새라면
		형용사	暑ければ 더우면	寒ければ 추우면
		형용동사	綺麗であれば 깨끗하면	安全であれば 안전하면
	～たら	명사	私だったら 나라면	鳥だったら 새라면
		형용사	暑かったら 더우면	寒かったら 추우면
		형용동사	綺麗だったら 깨끗하면	安全だったら 안전하면
	～なら	명사	私なら 나라면	鳥なら 새라면
		형용사	暑いなら 더우면	寒いなら 추우면
		형용동사	綺麗なら 깨끗하면	安全なら 안전하면

〈下〉動詞文

제1장
동사문

1.1 동사문

1. 동사문
문장을 마치는 술어가 동사인 문.

- 구성

    주부 : 명사 + 조사

    술부 : 형용사(＋조동사)

    例

    子供が ‖ テレビを ‖ 見る。 아이가 텔레비전을 본다.
    명사 조사   명사 조사   동사

    子供が ‖ テレビを ‖ 見ます。 아이가 텔레비전을 봅니다.
    명사 조사   명사 조사   동사

2. 동사문의 구조
(1) 주격 + 동사

例

雨が降る。 비가 내린다.
人は歩く。 사람은 걷는다.

(2) 주격 + 목적격 + 동사

例

私は運動をする。 나는 운동을 한다.
彼は小説を読む。 그는 소설을 읽는다.

(3) 주격 + 여격 + 목적격 + 동사

例

彼は彼女に花束を送る。 그는 그녀에게 꽃다발을 보낸다.
彼は会社に報告書を出す。 그는 회사에 보고서를 낸다.

(4) 주격 + 시간 + 장소 + 목적격 + 동사

例

彼女(かのじょ)は 最近(さいきん) 会社(かいしゃ)で 残業(ざんぎょう)をする。   그녀는 최근 회사에서 잔업을 한다.
私(わたし)は 明日(あした) 学校(がっこう)で 試験(しけん)を 受(う)ける。   나는 내일 학교에서 시험을 본다.

1.2 동사

1. 형태

동사의 기본형은 어미가 〈う・く・ぐ・す・つ・ぬ・ぶ・む・る〉의 아홉 개로 자음은 다르나 모음이 같다. 즉 동사는 어미가 う段으로 되어 있다.

2. 분류와 종류

(1) 활용

동사는 활용에 따라 규칙활용을 하는 5단동사와 1단동사, 불규칙활용을 하는 변격동사 くる와 する가 있다.

5단동사는 어미가 5단에 걸쳐 활용을 하고, 1단동사는 어미를 떼고 어간 1단에 머무른 채 활용을 하는데 명칭은 이에 유래한다. 변격동사 くる와 する는 활용 시 어간과 어미가 모두 변화하여 동사 원래의 형태를 남기지 않는다.

동사의 분류		형태	예	
규칙동사	5단동사	~う	あう・いう	
		~く	いく・かく	
		~ぐ	かぐ・つぐ	
		~す	おす・だす	
		~つ	まつ・もつ	
		~ぬ	しぬ	하나뿐
		~ぶ	とぶ・よぶ	
		~む	のむ・よむ	
		~る	ある・のる	
	상1단동사	~い段る	いる・みる	
	하1단동사	~え段る	でる・ねる	
불규칙동사	か행변격동사	くる	くる	하나뿐
	さ행변격동사	する	する	(漢字語)する

(2) 의미

동사는 의미를 어떤 관점에서 보느냐에 따라 다양한 분류가 가능하다. 동사는 문 구성면에서 보면 '자동사'와 '타동사'로 분류할 수도 있으며, 기능면에서 보면 '상태동사'와 '동작동사' 또는 '의지동사'와 '무의지동사' 등으로 분류할 수도 있다. 동사는 문법의 다양한 측면으로부터 여러 종류로 분류할 수 있다.

3. 활용
(1) 활용

일본어와 한국어는 술어의 형태변화에 의해 다양한 의미를 나타내는데, 이와 같은 다양한 의미표현을 위한 술어의 형태변화를 활용이라고 한다.

특히 다양한 의미를 나타내는 동사문에서 활용에 대한 이해는 문법학습의 출발점이라 할 수 있다.

동사의 활용은 어미가 5단에 걸쳐 변화하는 5단동사와 어미가 삭제만 되고 변화하지 않는 1단동사가 서로 다르다. 활용형이 일정한 1단동사와 달리, 각각의 활용형이 다른 5단동사는 형태에 유의해야 한다.

(2) 활용표

동사	5단동사		상1단동사		하1단동사		くる		する	
기본형	かく		みる		ねる		くる		する	
미연형	かか かこ	かかない かこう	み	みない みよう	ね	ねない ねよう	こ	こない こよう	し さ	しない される
연용형	かき	かきます	み	みます	ね	ねます	き	きます	し	します
종지형	かく	かく	みる	みる	ねる	ねる	くる	くる	する	する
연체형	かく	かく人	みる	みる人	ねる	ねる人	くる	くる人	する	する人
가정형	かけ	かけば	みれ	みれば	ねれ	ねれば	くれ	くれば	すれ	すれば
명령형	かけ	かけ	み	みろ みよ	ね	ねろ ねよ	こ	こい	し せ	しろ せよ

(3) 활용형

✔ 미연형
부정의 〈~ない〉, 수동의 〈~(さ)れる〉, 사역의 〈~(さ)せる〉, 권유나 의지의 〈~よう〉에 접속하는 형태로, 5단동사는 어미 う단을 あ단과 お단으로 바꾼 두 가지 형태가 있다.

✔ 연용형
〈~ます〉〈~たい〉 등과 音便形인 〈~て〉〈~た〉에 접속하는 형태로, 5단동사는 어미 う단을 い단으로 바꾼 형태이다. 복합동사나 대부분의 조동사가 연용형에 접속하며, 연용형은 동사의 명사형으로도 사용된다.

✔ 종지형
문을 마치는 형태로 기본형과 같은 う단의 형태를 갖는다.

✔ 연체형
체언(명사)에 접속하는 형태로 종지형과 같은 う단의 형태를 갖는다.

✔ 가정형
가정, 조건을 나타내는 〈~ば〉에 접속하는 형태로, 5단동사는 어미 う단을 え단으로 바꾼 형태이다. 1단동사의 가정표현은 어간에 〈~れば〉를 접속시킨다.

✔ 명령형
명령을 나타내는 형태로 5단동사는 어미 う단을 え단으로 바꾼 형태이다. 1단동사의 명령표현은 어간에 〈~ろ〉〈~よ〉를 접속시킨다.

제2장
종지형과 관련표현

2.1 종지형

- 형태 : ~う단
- 의미 : ① ~한다
  ② ~하겠다
- 용법 : 동사의 보통체 종지형은 원형(기본형)과 같으며, 9개의 어미를 대표하여 'る'형으로 제시하는 것이 일반적이다. 한국어로 보면 기본형은 〈~하다〉에 대응하고, 종지형은 〈~한다〉 또는 〈~하겠다〉에 대응한다. 종지형은 〈①미래의 동작, ②화자의 의지, ③현재의 상태, ④일반적 사실〉을 나타내는데, 한국어와 달리 진행중인 현재표현에는 사용하지 않는다.

✔ **미래의 동작**

> 例
> 明日アメリカに行く。　내일 미국에 간다.
> 来年大学に進学する。　내년에 대학에 진학한다.

✔ **화자의 의지**

> 例
> 後でまた来る。　나중에 또 오겠다.
> 君の返事を待つ。　너의 답을 기다리겠다.

✔ **현재의 상태**

> 例
> 資料は図書館にある。　자료는 도서관에 있다.
> 彼女は日本語ができる。　그녀는 일본어를 할 줄 안다.

✔ **일반적 사실**

> 例
> 夏は雨が降る。　여름에는 비가 내린다.
> 新聞はあさ家で読む。　신문은 아침에 집에서 읽는다.

2.2 조사(2)

1. ~を

- 의미 : ~을/를
- 용법 : を는 한국어의 〈을/를〉에 해당하는 조사이다.

  例

  私は韓国の自然を愛する。　나는 한국의 자연을 사랑한다.
  電車の中では音楽を聞く。　전철 안에서는 음악을 듣는다.
  週末は家でテレビを見る。　주말에는 집에서 텔레비전을 본다.
  彼女の誕生日には花を送る。　그녀의 생일에는 꽃을 보낸다.
  日本の友達にも連絡を取る。　일본의 친구에게도 연락을 취한다.

2. ~に

- 의미 : ① ~에
  　　　② ~에게
- 용법 : に는 시간, 장소, 대상 등을 나타내는 조사이다.

✔ 시간

  例

  田舎は週末に行く。　시골은 주말에 간다.
  会議は十時に始まる。　회의는 10시에 시작된다.
  試験は水曜日に終わる。　시험은 수요일에 끝난다.

✔ 장소

  例

  書類は会社にある。　서류는 회사에 있다.
  彼女はここに来る。　그녀는 여기에 온다.
  幸せは心の中にある。　행복은 마음속에 있다.

제2장 종지형과 관련표현 • 109

✔ 대상

> **例**
>
> 毎日友達に電話する。　매일 친구에게 전화한다.
>
> 報告書は先生に出す。　보고서는 선생님에게 낸다.
>
> 問題は会社に報告する。　문제는 회사에 보고한다.

참고

복합조사 ～には와 ～にも

に는 조사 は나 も와 결합하여 には(~에는)나 にも(~에도)로도 사용된다.

　彼には日本人の友達がいる。　그에게는 일본인 친구가 있다.

　最近は週末にも仕事が多い。　최근에는 주말에도 일이 많다.

명사 + に

に는 명사에 접속하여 〈명사 + に〉의 명사구로서 용언을 수식하는 부사적 의미로 사용되는 경우도 있다.

　以前は字を縦に書いたが、今は横に書く。
　　이전에는 글자를 세로로 썼지만, 지금은 가로로 쓴다.

　韓国は南北に長い国ですが、日本は東西に長い国だ。
　　한국은 남북으로 긴 나라인데, 일본은 동서로 긴 나라이다.

---

3. ～へ

- 의미 : ① ~으로

　　　　② ~에

- 용법 : へ는 방향을 나타내는 조사이다. 조사인 へ는 에로 읽는다.

> **例**
>
> 社長はたまにこの店へ来る。　사장님은 간혹 이 가게에 온다.
>
> 週末に友達とデパートへ行く。　주말에 친구와 백화점에 간다.
>
> 飛行機が雲の向こうへ消える。　비행기가 구름 저편으로 사라진다.

台風はこれから南のほうへ進む。　태풍은 앞으로 남쪽으로 진행한다.
息子は毎週日曜日にソウルへ出かける。　아들은 매주 일요일에 서울로 나갑니다.

> **참고**
>
> **へ와 に**
>
> 조사 へ와 に는 의미가 비슷하지만, へ는 방향을, に는 귀착점을 나타내는 점에 그 차이가 있다. 하지만 함께 사용하는 경우가 많다. 명사를 잇는 조사 の와 접속하는 경우에는 にの는 사용하지 않고 への를 사용한다.
>
> 彼は来年日本へ行く。　그는 내년에 일본으로 간다.
> 彼は来年日本に行く。　그는 내년에 일본에 간다.
> 統一への道は険しいです。　통일로 가는 길은 험합니다.
> 熱海方面への電車はこちらです。　熱海방면으로 가는 전철은 이쪽입니다.

4. ~で

(1) ~で⁽¹⁾

- 의미 : ~에서 (장소)
- 용법 : で는 행위가 이루어지는 장소를 나타내는 조사이다.

例

新聞はいつも家で読む。　신문은 언제나 집에서 본다.
週末は外で友達と遊ぶ。　주말에는 밖에서 친구와 논다.
退職後は田舎でのんびり暮らす。　퇴직 후에는 시골에서 한가롭게 살겠다.
明日はホテルでパーティーがある。　내일은 호텔에서 파티가 있다.
国会の前で派兵反対の集会がある。　국회 앞에서 파병반대 집회가 있다.

(2) ~で⁽²⁾

- 의미 : ~으로 (수단·방법·재료‖원인·이유)
- 용법 : で는 수단·방법·재료나, 원인·이유 등을 나타내는 조사이다.

- ✔ 수단・방법・재료

  例

  手は必ず石鹸で洗う。　손은 반드시 비누로 씻는다.
  途中まではバスで行く。　도중까지는 버스로 간다.
  会社はいつも電車で通う。　회사는 언제나 전철로 다닌다.
  体は毎日の運動で鍛える。　몸은 매일의 운동으로 단련한다.
  この方法で問題を解決する。　이 방법으로 문제를 해결한다.

- ✔ 원인・이유

  例

  今日の試合は雨で中止する。　오늘 시합은 비로 중지한다.
  風邪で欠席する学生が多い。　감기로 결석하는 학생이 많다.
  競技場の建設でみんな忙しい。　경기장 건설로 모두 바쁘다.
  毎年台風で大きな被害が出る。　매년 태풍으로 큰 피해가 난다.
  戦争で罪のない多くの人が死ぬ。　전쟁으로 죄 없는 많은 사람이 죽는다.

5. ～と

(1) ～と⁽²⁾

- 의미 : ~와/과(대상)

- 용법 : と는 동작의 상대가 되는 사람이나 사물, 또는 행동을 같이 하거나 비교하는 대상을 나타낼 때 사용하는 조사이다.

  例

  夏休みには友達と日本に行く。　여름방학에는 친구와 일본에 간다.
  昔と今のシステムは全然違う。　옛날과 지금의 시스템은 전혀 다르다.
  社長の娘が会社の人と結婚する。　사장 딸이 회사 사람과 결혼한다.
  彼女とは幼い時からの友達です。　그녀와는 어릴 때부터의 친구입니다.
  学校ではいつも彼と食事をする。　학교에서는 언제나 그와 식사를 한다.

(2) ～と⁽³⁾

- 의미 : ~라고 (인용)
- 용법 : と는 인용을 나타내는 조사로, 〈思う・言う・聞く〉 등의 동사와 많이 사용된다.

  > 例
  > 兵隊の生活は厳しいと聞いている。　군대 생활은 힘들다고 듣고 있다.
  > 全員無事に帰ってくると信じている。　전원 무사히 돌아오리라 믿고 있다.
  > 今度の試験には必ず合格すると思う。　이번 시험에는 반드시 합격하리라 생각한다.
  > 締め切りまでには問題ないと言っている。　마감까지는 문제없다고 말하고 있다.
  > 彼は政府の対応が遅かったと考えている。　그는 정부의 대응이 늦었다고 생각하고 있다.

(3) ～って⁽¹⁾

- 접속 : 명사/용언 ＋ って
- 의미 : ① ~라고 : ~と (인용)

　　　　② ~라고 하는 : ~という

　　　　③ ~라고 하는 것은 : ~というのは (주제)
- 용법 : って는 と와 같은 인용과, ~という(のは)와 같은 주제 등을 나타내는데, 주로 스스럼없는 회화체에 많이 사용한다. っていう(のは)의 형태로 사용되는 경우도 있으며, 의문사 何의 경우에는 何ての 형태로 사용한다.

 ～と

  > 例
  > 社長が直接来るって言います。　사장이 직접 온다고 합니다.
  > 彼は日本に行くって聞きました。　그는 일본에 간다고 들었습니다.

☑ ～という

> **例**
>
> この記録はミジって選手が作りました。
> 이 기록은 미지라고 하는 선수가 만들었습니다.
>
> 留守の間に田中って人から電話がありました。
> 부재중에 田中라는 사람한테 전화가 있었습니다.

☑ ～というのは

> **例**
>
> 発表って、やはり難しいですね。　발표라는 것은 역시 어렵군요.
> 戦争って、ほんとうに恐いですね。　전쟁이란 것은 정말로 무섭습니다.

6. ～や

- 의미 : ~(이)나/ ~(이)랑
- 용법 : や는 사물을 열거하는 데에 사용하는 조사이다.

> **例**
>
> 漫画や雑誌も一種の本です。　만화나 잡지도 일종의 책입니다.
> ドラマやスポーツなどを見る。　드라마나 스포츠 등을 본다.
> 私は趣味で切手や葉書も集める。　나는 취미로 우표나 엽서도 모은다.
> 彼女とは電話や手紙で連絡する。　그녀와는 전화나 편지로 연락한다.
> 映画や演劇などを見る暇はない。　영화나 연극 등을 볼 여유는 없다.

> **참고**
>
> **や와 と**
>
> や는 여러 가지 중에서 대표적인 몇몇만을 들어 열거하기 때문에, 열거하는 대상 외에도 다른 것이 있을 수 있다. など와 함께 사용하는 것은 그런 이유에서이다.
> 이에 대해 と는 필요한 대상만을 열거할 때 사용한다.
>
> 歌や踊りなどは下手です。　노래나 춤 등은 잘 못합니다.
> 果物や野菜などが多いです。　과일이나 야채 등이 많습니다.
> 今週と来週は大丈夫です。　이번 주와 다음 주는 괜찮습니다.
> 今回は映画と歌が入ります。　이번에는 영화와 노래가 들어옵니다.

7. ~やら

- 접속 : ① 명사 + やら

  ② 동사·형용사 연체형 + やら

- 의미 : ~이랑(이며/이나), ~하고

- 용법 : やら는 같은 종류의 사물을 열거할 때 전체 중에서 몇 개만을 제시하여 나타내는 조사로, や와 비슷한 의미를 나타낸다. 일반적으로 〈~やら ~やら〉의 형태로 사용된다.

  例

  寂しいやら悲しいやらで胸が一杯です。
  　쓸쓸하고 구슬퍼서 가슴이 멥니다.
  友だちやら先輩やら後輩やらがやってきました。
  　친구며 선배며 후배가 왔습니다.
  ピザやらケーキやらをごちそうになりました。
  　피자랑 케이크를 사주어서 맛있게 먹었습니다.
  彼は葡萄やら桃やらいろんな果物を持って来ました。
  　그는 포도며 복숭아며 여러 가지 과일을 가지고 왔습니다.
  仕事やら何やらで、最近彼には一度も会えませんでした。
  　일이며 뭐며로, 최근에 그와는 한 번도 못 만났습니다.

8. ~とか

- 접속 : ① 명사 + とか

  ② 동사 종지형 + とか

- 의미 : ~라든가/라든지, ~(하/한다)거나

- 용법 : とか는 사람이나 물건 또는 동작을 나타내는 동사를 받아, 같은 예를 몇 개인가 열거하는데 사용하는 조사이다.

  例

  大雨とか強風などで大きな被害が出る。
  　큰비라든가 강풍 등으로 큰 피해가 난다.
  病気のお見舞いには果物とかお花が好まれる。
  　병문안에는 과일이라든가 꽃이 환영받는다.

休日はテレビを見るとか買い物をするとかして過ごす。

 휴일은 TV를 보거나 쇼핑을 하거나 하며 보낸다.

二次会ではお酒を飲むとか歌を歌うとかしながら遊ぶ。

 2차에서는 술을 마시거나 노래를 부르거나 하며 논다.

食糧危機が来るとか戦争が起こるとかといった議論がある。

 식량위기가 온다든지 전쟁이 일어난다든지 하는 논쟁이 있다.

9. ~し

- 접속: 술어 종지형 ＋ し
- 의미: ~하고/이고
- 용법: し는 두 개 이상의 사건·사태 등을 열거할 때 쓰는 조사이다.

例

先生は能力もあるし、実力もあります。

＝ 先生は能力もありますし、実力もあります。

 선생님은 능력도 있고 실력도 있습니다.

この部屋は広いし、日あたりもいいです。

＝ この部屋は広いですし、日あたりもいいです。

 이 방은 넓고 햇볕도 잘 들어옵니다.

彼女は顔もきれいだし、心もやさしいです。

＝ 彼女は顔もきれいですし、心もやさしいです。

 그녀는 얼굴도 예쁘고 마음씨도 상냥하다.

彼は、昼間、仕事もするし、夜、勉強もします。

＝ 彼は、昼間、仕事もしますし、夜、勉強もします。

 그는 낮에 일도 하고 밤에 공부도 합니다.

10. ~か

(1) ~か

- 접속 : 명사·용언 연체형·의문사 + か
- 의미 : ① ~이나/인지 (명사 + か)
  ② ~든지 (용언 + か)
  ③ ~가/지 (의문사 + か)
  ④ ~지(는) (용언 + か + 조사)
- 용법 : かは〈~か〉 또는〈~か ~か〉의 형태로 사용되어 선택을 나타내거나, 의문사 등에 붙어 그 내용을 구체적이지 않거나 정해져 있지 않은 불확실한 상태로 제시할 때 사용한다. 또한 문 뒤에 부정어를 수반하여 か문을 불확실한 것으로 제시하는 경우에도 사용한다.

✔ 선택

> 例
>
> 外国語は日本語か中国語を選ぶ。　외국어는 일본어나 중국어를 선택한다.
> 私は部屋で休むか寝るかしている。　나는 방에서 쉬든지 자든지 하고 있겠다.
> 寿司か天婦羅かどちらがいいですか。　초밥이나 튀김이나 어느 쪽이 좋습니까?

✔ 불확실

> 例
>
> いつかいい日が来ると思います。　언젠가 좋은 날이 오리라 생각합니다.
> なぜか彼は会議にも来ませんでした。　웬일인지 그는 회의에도 오지 않았습니다.
> たぶん彼女は何かを隠していると思う。　아마 그녀는 무언가를 숨기고 있다고 생각한다.

✔ 의문사 + ……동사 + か(+ 조사)……부정문

> 例
>
> 彼が将来どうなるかは誰も知りません。
> 　그가 장래 어떻게 될지는 아무도 모릅니다.

犯人が何をするかは予想がつきません。
  범인이 무엇을 할지는 예상이 안 됩니다.
いつ台風が発生するかは気象庁も分かりません。
  언제 태풍이 발생할지는 기상청도 모릅니다.

(2) ～かどうか

- 접속 : ① 명사/용언 연체형 + かどうか　　　② 명사/용언 연체형 + か(どうか)
- 의미 : ① ~(할/일)지 어떨지, ~(한/인)지 어떤지　② ~(할/일)지 + (어떨지)
- 용법 : ~かどうか는 어떤 명제에 대해 그것이 긍정적인지 부정적인지를 나타내는 표현으로, 〈知らない〉〈分からない〉〈怪しい〉〈自信がない〉 등의 말이 이어지는 경우가 많다. どうか는 생략할 수도 있다.

✔ ～かどうか

例

この料理が彼の口に合うかどうか心配だ。
  이 요리가 그의 입에 맞을지 어떨지 걱정이다.
この方向でいいかどうか聞いてみましょう。
  이 방향으로 좋은지 어떤지 물어봅시다.
普通の人はこれが本物かどうか分からない。
  보통 사람들은 이것이 진짜인지 어떤지 알 수 없다.
柔道でメダルが取れるかどうかは分からない。
  유도에서 메달을 딸 수 있을지 어떨지는 모른다.

✔ ～か(どうか) + (조사)

例

犯人がここに現れるかははっきりしません。
  범인이 여기에 나타날지는 확실하지 않습니다.
試合でうちのチームが勝つかは分かりません。
  시합에서 우리 팀이 이길지는 모릅니다.
速達にしてもちゃんと遅れずに着くかはわからない。
  속달이라 하더라도 정확히 늦지 않고 도착할지는 모른다.

2.3 관련표현

1. ~が

- 접속 : 술어 종지형 + が
- 의미 : ~(이지)만, ~인데
- 용법 : が는 두개의 문장을 접속해 주는 조사로, 두 문장이 반대의 내용이거나, 대비·대조의 관계임을 나타낸다. 또한 단순히 앞 문장을 제시하여 이에 대해 설명하는 표현에도 사용된다.

✔ 역접

例

背は高いですが、体重は軽いです。
  키는 큽니다만, 체중은 가볍습니다.
社長は女性ですが、専務は男性です。
  사장은 여자입니다만, 전무는 남자입니다.
テレビは大きいですが、部屋は狭いですね。
  텔레비전은 큽니다만, 방은 좁군요.
会社に会議室はありますが、休憩室はありません。
  회사에 회의실은 있습니다만, 휴게실은 없습니다.

✔ 제시

例

彼は私の友達ですが、今留学中です。
  그는 내 친구인데, 지금 유학중입니다.
会社は銀座にありますが、駅から近いです。
  회사는 銀座에 있습니다만, 역에서 가깝습니다.
これは日本のお茶ですが、とてもおいしいです。
  이것은 일본의 차입니다만, 매우 맛있습니다.

故郷は田舎ですが、山と川が美しいところです。
고향은 시골입니다만, 산과 강이 아름다운 곳입니다.

2. ～けれども

- 접속 : 술어 종지형 + けれども
- 의미 : ~(이지)만, ~인데
- 용법 : けれども는 が와 같이 두 문장을 역접이나, 대비·대조의 관계로 연결할 때를 사용하는 표현으로, 회의나 공식석상 등의 격식 있는 문체에 많이 사용된다. けれど나 けど의 형태로 줄여 쓸 수 있다.

✔ ～けれども

例

キムチは美味しいけれども、少し辛いです。 김치는 맛있습니다만, 조금 맵습니다.
内容は面白いけれども、ちょっと長いです。 내용은 재미있습니다만, 좀 깁니다.
頑張りましたけれども、試合には負けました。 분발했습니다만, 시합에는 졌습니다.

✔ ～けど/けれど

例

三時間を待ちましたけど、先生は来ませんでした。
  세 시간을 기다렸지만, 선생님은 오지 않았습니다.
結果はまだですけど、たぶん大丈夫だと思います。
  결과는 아직입니다만, 아마 괜찮으리라 생각합니다.
あのアルバイトは給料はいいけれど、仕事はきついです。
  그 아르바이트는 급여는 좋지만, 일은 힘듭니다.

3. ~にもかかわらず

- 접속 : ① 명사 + にもかかわらず
  ② 동사/형용사 연체형 + にもかかわらず
  ③ 명사・형용동사 어간 + (である)にもかかわらず
- 의미 : ~에도 불구하고
- 용법 : にもかかわらず는 어떤 상태임을 제시하고, 그럼에도 예상과 다른 사태가 이어짐을 나타내는 경우에 사용하는 표현이다. にもかかわらず는 명사에 직접 붙는 경우도 있지만, 형용동사처럼 술어가 될 수 있는 경우에는 である/なの에 붙는 경우도 있다. 또한 にもかかわらず는 한국어와 달리 단독으로도 사용된다.

✔ 명사

> **例**
>
> 努力にもかかわらず、実験は失敗に終わった。
> 　노력에도 불구하고 실험은 실패로 끝났다.
> 国民の応援にもかかわらず、試合には負けた。
> 　국민의 응원에도 불구하고 시합에는 졌다.
> 親の反対にもかかわらず、二人の交際は続いた。
> 　부모의 반대에도 불구하고 둘의 교제는 계속되었다.

✔ 동사/형용사

> **例**
>
> 努力したにもかかわらず、試験に落ちてしまった。
> 　노력했음에도 불구하고 시험에 떨어져 버렸다.
> 母が止めたにもかかわらず、息子は出かけていった。
> 　어머니가 말렸음에도 불구하고 아들은 나갔다.
> 台風が近づいているにもかかわらず、船は出向した。
> 　태풍이 다가오고 있음에도 불구하고 배는 출항했다.

規則が厳しいにもかかわらず、守る人はあまりいない。

　규칙이 엄격함에도 불구하고 지키는 사람은 별로 없다.

雨が激しかったにもかかわらず、多くの人が参加した。

　비가 심했음에도 불구하고 많은 사람이 참가했다.

✔ 명사・형용동사 어간

例

悪条件であるにもかかわらず、無事登頂に成功した。
＝悪条件なのにもかかわらず、無事登頂に成功した。

　악조건임에도 불구하고 무사히 등정에 성공했다.

病気であるにもかかわらず、彼は仕事を休まなかった。

　병임에도 불구하고 그는 일을 쉬지 않았다.

成績が優秀であるにもかかわらず、就職はできなかった。
＝成績が優秀なのにもかかわらず、就職はできなかった。

　성적이 우수함에도 불구하고 취직은 되지 않았다.

仕事が危険であるにもかかわらず、続けざるを得なかった。

　일이 위험함에도 불구하고 계속하지 않을 수 없었다.

제3장
연용형과 音便形

3.1 연용형

- 형태 : 5단동사 어미 い단
- 의미 : ~하고, ~하며, ~해서
- 용법 : 동사의 연용형은 활용형 중에서 가장 많이 사용 되는 형태인데, 5단동사는 어미를 い단으로 바꾼 형태가, 1단동사는 る를 뗀 어간이, くる는 き, する는 し가 연용형이다. 문장을 일시 중지시켜 다음으로 이어주는 역할을 하기 때문에 다양한 의미를 나타내는데, 주로 문장체에 많이 사용된다. 동사의 명사형이기도 하며 수많은 동사와 조동사에 접속하는 형태이기도 하다.

동사의 종류	기본형		연용형
5단동사	かう	사다	かい
	さく	피다	さき
	つぐ	잇다	つぎ
	だす	내다	だし
	かつ	이기다	かち
	しぬ	죽다	しに
	よぶ	부르다	よび
	のむ	마시다	のみ
	わる	나누다	わり
상1단동사	みる	보다	み
하1단동사	ねる	자다	ね
か행변격동사	くる	오다	き
さ행변격동사	する	하다	し

3.2 ~ます類

1. ~ます
   - 접속 : 동사 연용형 + ます
   - 의미 : ① ~합니다
            ② ~하겠습니다
   - 용법 : ます형은 る형의 정중체로 る형에서와 같이 〈①미래의 동작, ②화자의 의지, ③현재의 상태, ④일반적 사실〉을 나타낸다. ます는 문을 마치는 종지형으로 사용하는 것이 일반적이지만, 드물게 회화체에서 정중한 형태의 명사를 수직하는 연체형으로 사용되는 경우도 있다.

동사의 종류	기본형		ます형	
5단동사	かう	사다	かい ます	삽니다
	さく	피다	さき ます	핍니다
	つぐ	잇다	つぎ ます	잇습니다
	だす	내다	だし ます	냅니다
	かつ	이기다	かち ます	이깁니다
	しぬ	죽다	しに ます	죽습니다
	よぶ	부르다	よび ます	부릅니다
	のむ	마시다	のみ ます	마십니다
	わる	나누다	わり ます	나눕니다
상1단동사	みる	보다	み ます	봅니다
하1단동사	ねる	자다	ね ます	잡니다
か행변격동사	くる	오다	き ます	옵니다
행변격동사	する	하다	し ます	합니다

✔ 미래의 동작

> **例**
>
> あした日本に行きます。　내일 일본에 갑니다.
> 来週入社試験を受けます。　다음 주에 입사시험을 봅니다.

✔ 회지의 의지

> **例**
>
> 明日また電話します。　내일 또 전화하겠습니다.
> 品物は後で送ります。　물건은 나중에 보내겠습니다.

✔ 현재의 상태

> **例**
>
> 工場は郊外にあります。　공장은 교외에 있습니다.
> 日本と中国は違います。　일본과 중국은 다릅니다.

✔ 일반적 사실

> **例**
>
> 寒い冬は雪が降ります。　추운 겨울에는 눈이 내립니다.
> いつも七時ごろに起きます。　언제나 7시경에 일어납니다.

2. ~ません

- 접속 : 동사 연용형 + ません
- 의미 : ① ~하지 않습니다
  ② ~하지 않겠습니다
- 용법 : ません은 ます의 부정형으로 정중한 의미를 나타낸다. ません은 단순한 부정이나 부정의 의지를 나타내며, 문을 마치는 종지형으로 사용하는 것이 일반적이다.

동사의 종류	기본형		~ません	
5단동사	かう	사다	かい ません	사지 않습니다
	きく	듣다	きき ません	듣지 않습니다
	つぐ	잇다	つぎ ません	잇지 않습니다
	おす	밀다	おし ません	밀지 않습니다
	たつ	서다	たち ません	서지 않습니다
	しぬ	죽다	しに ません	죽지 않습니다
	よぶ	부르다	よび ません	부르지 않습니다
	のむ	마시다	のみ ません	마시지 않습니다
	ふる	내리다	ふり ません	내리지 않습니다
상1단동사	きる	입다	き ません	입지 않습니다
하1단동사	ねる	자다	ね ません	자지 않습니다
か행변격동사	くる	오다	き ません	오지 않습니다
さ행변격동사	する	하다	し ません	하지 않습니다

✔ 단순부정

例

最近(さいきん)はなかなか雪(ゆき)が降(ふ)りません。 최근에는 좀처럼 눈이 내리지 않습니다.
外来語(がいらいご)をひらがなでは書(か)きません。 외래어를 히라가나로는 쓰지 않습니다.
刺激的(しげきてき)なものはあまり食(た)べません。 자극적인 것은 그다지 먹지 않습니다.
テレビの芸能番組(げいのうばんぐみ)は全然(ぜんぜん)見(み)ません。 텔레비전 예능프로는 전혀 보지 않습니다.

✔ 부정의지

例

当分(とうぶん)はお酒(さけ)を飲(の)みません。 당분간은 술을 먹지 않겠습니다.
二度(にど)と彼女(かのじょ)とは会(あ)いません。 두 번 다시 그녀와는 안 만나겠습니다.
今回(こんかい)はぜったい失敗(しっぱい)しません。 이번에는 절대로 실패하지 않겠습니다.
これからは夜遅(よるおそ)く出(で)かけません。 앞으로는 밤늦게 나가지 않겠습니다.

참고

1단동사 형태의 5단동사

1. 상1단동사(~い단 + る) 형태

   要る(필요하다)　　　切る(자르다)　　　知る(알다)
   入る(들어가다)　　　走る(달리다)　　　散る(지다)

   先にここを短く切る(切ります)。　먼저 이곳을 짧게 자른다(자릅니다).
   来年は娘が大学に入る(入ります)。　내년에는 딸이 대학에 들어간다(들어갑니다).
   戦争がいつ終わるかだれも知りません。　전쟁이 언제 끝날지 아무도 모릅니다.
   事業にはお金がたくさん要る(要ります)。　사업에는 돈이 많이 필요하다(필요합니다).
   ここは車がすごいスピードで走る(走ります)。
   　여기는 차가 굉장한 속도로 달린다(달립니다).

2. 하1단동사(~え단 + る) 형태

   帰る(돌아가다)　　　蹴る(차다)　　　喋る(말하다)
   滑る(미끄러지다)　　　減る(줄다)　　　照る(비치다)

   冬は雪で道が滑る(滑ります)。　겨울에는 눈으로 길이 미끄럽다(미끄럽습니다).
   彼は人の前でよく喋る(喋ります)。　그는 사람들 앞에서 말을 잘 한다(합니다).
   冬は授業の時間が少し減る(減ります)。　겨울에는 수업 시간이 조금 준다(줍니다).
   家にはだいたい八時頃に帰る(帰ります)。　집에는 대게 8시경에 돌아간다(돌아갑니다).
   黒い雲が切れてまぶしい日が照る(照ります)。
   　검은 구름이 갈리고 눈부신 해가 비친다(비칩니다).

3. ~ましょう

- 접속 : 동사의 연용형 + ましょう
- 의미 : ① ~(합)시다
  ② ~(하)겠습니다
- 용법 : ましょう는 ます의 활용형으로 권유를 나타내며, 드물게 말하는 이의 의지를 나타내기도 한다.

✔ 권유(청유)

例

みんな彼女の成功を祈りましょう。　모두 그녀의 성공을 기원합시다.
最後の試験ですから、頑張りましょう。　마지막 시험이니, 분발합시다.
私たちが彼の引っ越しを手伝いましょう。　우리들이 그의 이사를 도웁시다.
危険ですから、使い方に気をつけましょう。　위험하니, 사용법에 주의를 합시다.

✔ 의지

例

その質問には私が答えましょう。　그 질문에는 내가 대답하겠습니다.
この仕事は私が引き受けましょう。　이 일은 제가 떠맡겠습니다.

참고

~ましょうか

ましょうか는 무언가를 함께 하자고 제안하거나, 화자가 무언가를 해도 좋을지의 여부를 상대방에게 묻는 경우에 사용한다.

いっしょに日本に行きましょうか。　함께 일본에 갈까요?
ビールでも一杯飲みましょうか。　맥주라도 한잔 마실까요?
彼の会社に連絡してみましょうか。　그의 회사에 연락해 볼까요?
遅いから駅まで私が送りましょうか。　늦었으니 역까지 제가 데려다 줄까요?

4. ～ました

- 접속 : 동사 연용형 + ました
- 의미 : ~했습니다
- 용법 : ましたは ますの 과거형으로 동사의 정중한 형태의 과거형으로 사용된다.

  例

  彼女は先週旅行に出ました。　그녀는 지난주 여행을 떠났습니다.
  これは彼が一人で決めました。　이것은 그가 혼자서 결정했습니다.
  昨日は田舎に手紙を書きました。　어제는 시골에 편지를 썼습니다.
  ゆうべは家でサッカーを見ました。　지난밤에는 집에서 축구를 보았습니다.
  会社で楽しいパーティーがありました。　회사에서 즐거운 파티가 있었습니다.

5. ～ませんでした

- 접속 : 동사 연용형 + ません + でした
- 의미 : ~(하)지 않았습니다
- 용법 : ませんでしたは 조동사 ますの 부정형 ません과 です의 과거형 でした가 결합한 형태로, 동사의 정중한 형태의 과거를 나타낼 때 사용한다.

  例

  きのうは会社へ行きませんでした。　어제는 회사에 가지 않았습니다.
  その時はまだ電話がありませんでした。　그때는 아직 전화가 없었습니다.
  以前は土地の値段が上がりませんでした。　이전에는 땅값이 오르지 않았습니다.
  今度の学会にはほとんど来ませんでした。　이번 학회에는 거의 오지 않았습니다.
  子供の時は刺身を全然食べませんでした。　어릴 때는 생선회를 전혀 먹지 않았습니다.

3.3 音便形

1. ~て

(1) ~て

- 형태 : 동사 연용형 + て
- 의미 : ~하고, ~하며, ~해서
- 용법 : て형은 동사와 동사를 대등 또는 수식의 관계로 연결하는 의미를 갖는 것으로, 문의 중지시키는 많은 한국어에 대응한다. て형은 音便이라는 불규칙활용을 갖는다.

동사 종류	기본형	활용		의 미
		연용형 + て	音便	
5단동사	あう	あい + て	あって	만나고/만나
	きく	きき + て	きいて	듣고/들어
	つぐ	つぎ + て	ついで	잇고/이어
	けす	けし + て	けして	지우고/지워
	もつ	もち + て	もって	들고/들어
	しぬ	しに + て	しんで	죽고/죽어
	よぶ	よび + て	よんで	부르고/불러
	のむ	のみ + て	のんで	마시고/마셔
	わる	わり + て	わって	나누고/나누어
상1단동사	みる	み + て	みて	보고/보아
하1단동사	ねる	ね + て	ねて	자고/자
か変 동사	くる	き + て	きて	오고/와
さ変 동사	する	し + て	して	하고/하여

- 音便 : 용언이 활용하여 새로운 어미와 접속하는 경우, 그 연속되는 음이 발음하기 쉽게 변화하는 현상을 말한다. 동사에는 5단동사의 연용형에 〈~て〉나 〈~た(과거)〉가 접속할 때 일어나는데, 〈イ音便〉〈促音便〉〈撥音便〉의 세 형태가 있다.

> 참고
>
> | イ音便 | さく | さきて→さいて | さきた→さいた |
> | | かぐ | かぎて→かいで | かぎた→かいだ |
> | 促音便 | あう | あいて→あって | あいた→あった |
> | | もつ | もちて→もって | もちた→もった |
> | | のる | のりて→のって | のりた→のった |
> | 撥音便 | しぬ | しにて→しんで | しにた→しんだ |
> | | とぶ | とびて→とんで | とびた→とんだ |
> | | のむ | のみて→のんで | のみた→のんだ |

✔ **イ音便(~く, ~ぐ)**

> 例
>
> 博士を招いて講演を聞きました。(招く) 박사님을 초대해 강연을 들었습니다.
> 彼は泳いでこの海を渡りました。(泳ぐ) 그는 헤엄쳐서 이 바다를 건넜습니다.

✔ **促音便(~う, ~つ, ~る)**

> 例
>
> 韓国で日本語を習って来ました。(習う) 한국에서 일본어를 배우고 왔습니다.
> 一時間待って社長に会いました。(待つ) 한 시간 기다려 사장을 만났습니다.
> 彼は花を売ってお金を稼ぎました。(売る) 그는 꽃을 팔아서 돈을 벌었습니다.

> 참고
>
> **行く의 音便**
> 동사 〈行く : 가다〉는 예외적으로 〈行いて〉가 아니라 〈行って〉로 변화한다.
> 行く → 行って(가고/가서) ∥ 行った(갔다)
> デパートに行って買物をしました。 백화점에 가서 쇼핑을 했습니다.

- ✔ 撥音便(~ぬ, ~ぶ, ~む)

  例

  親戚の人が死んで会社を休みました。(死ぬ) 친척이 죽어 회사를 쉬었습니다.
  お友だちを呼んで楽しく遊びました。(呼ぶ) 친구를 불러 즐겁게 놀았습니다.
  本を読んですぐ感想文を書きました。(読む) 책을 읽고 바로 감상문을 썼습니다.

- ✔ 기타(~す, 1단동사, 来る, する)

  例

  彼に話して許可をもらいました。(話す) 그에게 말하고 허가를 받았습니다.
  あさ起きてまず新聞を読みます。(起きる) 아침에 일어나 우선 신문을 봅니다.
  会議は昼ご飯を食べて始めます。(食べる) 회의는 점심을 먹고 시작합니다.
  台風が来て風も強くなりました。(来る) 태풍이 와서 바람도 강해졌습니다.
  私は図書館で勉強をして帰ります。(する) 나는 도서관에서 공부를 하고 가겠습니다.

(2) ~ては

- 접속 : 동사 て형 + は
- 의미 : ① ~(하)고는
  　　　② ~(해)서는
- 용법 : ては(では)는 용언에 붙어 뒷문에 대한 조건을 나타낸다.

- ✔ ~(하)고는

  例

  電車に乗っては本を読み始めた。　전철을 타고는 책을 읽기 시작했다.
  彼はコーヒーを飲んではすぐ帰った。　그는 커피를 마시고는 바로 돌아갔다.
  新聞を読んでは畳んで持って行った。　신문을 읽고는 접어서 가지고 갔다.
  電話を切ってはすぐどこかへ出かけた。　전화를 끊고는 바로 어딘가로 나갔다.

- ☑ ~(해)서는

  > 例

  そんなに食べては太りますよ。 그렇게 먹어서는 살찝니다.
  毎日のように遅刻しては困りますよ。 매일같이 지각해서는 곤란합니다.
  室内ではタバコを吸ってはいけません。 실내에서는 담배를 피워서는 안 됩니다.
  彼が欠場しては勝つ見込みはありません。 그가 결장해서는 이길 가망성은 없습니다.

(3) ~ても

- 접속 : 동사 て형 + も
- 의미 : ~(해)도
- 용법 : ても(でも)는 용언에 붙어 역접을 나타낸다.

  > 例

  雨が降っても試合は中止できません。
   비가 내려도 시합은 중지할 수 없습니다.
  時間があってもゲームなどはしません。
   시간이 있어도 게임 등은 하지 않습니다.
  彼女は酒を飲んでもなかなか酔いません。
   그녀는 술을 마셔도 좀처럼 취하지 않습니다.
  いま出しても締め切りには間に合いません。
   지금 내도 마감에는 맞출 수 없습니다.
  いくら頼んでも彼は聞いてくれませんでした。
   아무리 부탁해도 그는 들어주지 않았습니다.

(4) ~てから

- 접속 : 동사 て형 + から
- 의미 : ~(하)고 나서
- 용법 : てから는 두 가지 이상의 일이나 사건 등이 시간적인 간격을 두지 않고 일어나는 경우에 사용한다. 어떤 행위가 있고 난 후 다음 행위가 뒤따라서 이루어짐을 나타낸다.

> **例**
>
> 日本に来てから体重が増えている。
>   일본에 오고 나서 체중이 늘고 있다.
> ドラマを見てから勉強を始めました。
>   드라마를 보고 나서 공부를 시작했습니다.
> 先に食事をしてから話を聞きましょう。
>   먼저 식사를 하고 나서 이야기를 들읍시다.
> 彼は電話を切ってからすぐ出かけました。
>   그녀는 전화를 끊고 나서 바로 나갔습니다.
> 社長が変わってから社内の雰囲気がよくなった。
>   사장이 바뀌고 나서 사내의 분위기가 좋아졌다.

2. ～ている

- 접속 : 동사 연용형 + ている
- 의미 : ① ~고 있다
         ② ~어 있다
- 용법 : ている는 기본적으로 어떤 동작이나 행위, 또는 어떤 변화로 인해 나타난 결과가 현재 시에 있어서 계속되고 있음을 나타내는 형식이다. 즉 ている는 현재의 상태를 나타내는 형식인데, 상태에는 진행과 같은 동적상태와 결과잔존과 같은 정적상태가 있다.

✔ 동작진행 : ～고 있다

> **例**
>
> 台風の影響で強い風が吹いている。   태풍의 영향으로 강한 바람이 불고 있다.
> みんな席に座って講演を聞いている。   모두 자리에 앉아 강연을 듣고 있다.
> 選手はみんな自分の部屋で休んでいる。   선수는 모두 자기 방에서 쉬고 있다.
> 日本でも韓国のドラマを放映している。   일본에서도 한국의 드라마를 방영하고 있다.
> 向うの会社でも新しい製品を作っている。   그쪽 회사에서도 새로운 제품을 만들고 있다.

✔ **결과상태 : ~어 있다**

例

重要な書類がなくなっている。　중요한 서류가 없어졌다.
台風で大きな木が倒れている。　태풍으로 큰 나무가 쓰러져 있다.
洪水で堤防の一部が壊れている。　홍수로 제방의 일부가 부서져 있다.
会場にはお客さんがおおぜい来ている。　회장에는 손님이 많이 와 있다.
開発で町の姿がすっかり変わっている。　개발로 마을의 모습이 완전히 변해 있다.

> **참고**
> **~ている와 ~했다**
> ている의 의미에는 경험이라고 하여 이전의 사실을 현재에 있어서 유효한 것으로 파악하는 용법이 있는데, 한국어에서는 〈~했다〉처럼 과거로 표현하는 것이 자연스러워 차이를 보이는 경우도 있다.
> 　彼は犯行前に現場を二回も来ている。그는 범행 전에 현장을 2번이나 왔었다.
> 　博士は三年前にノーベル賞を受賞している。박사님은 3년 전에 노벨상을 수상했다.

★ **주의**
일본어의 현재표현
현재의 구체적 행동을 나타내는 경우 한국어에서는 〈~한다/합니다〉로 표현할 수 있으나, 일본어에서는 〈~る/ます〉로 표현할 수 없다. 〈ある,いる,できる〉등 일부의 상태동사를 제외하고, 동작이나 변화를 나타내는 대다수 동사의 〈~る/ます〉는 앞으로 일어날 행위나 화자의 의지 또는 일반적 사실(습관·법칙·규칙) 등을 나타낸다. 현재 표현에는 반드시 ~ている를 사용한다.

- 지금 무엇을 합니까(하고 있습니까)?　→ いま 何を していますか。(○)
　　　　　　　　　　　　　　　　　　　いま 何を しますか。(×)

  - 집에서 TV를 봅니다(보고 있습니다).　→ 家で テレビを 見ています。(○)
　　　　　　　　　　　　　　　　　　　家で テレビを 見ます。(×)

  - 혼자서 밥을 먹습니다(먹고 있습니다).　→ 一人で ごはんを 食べています。(○)
　　　　　　　　　　　　　　　　　　　一人で ごはんを 食べます。(×)

  - 도서관에서 공부합니다(공부하고 있습니다).　→ 図書館で 勉強しています。(○)
　　　　　　　　　　　　　　　　　　　図書館で 勉強します。(×)

  - 술집에서 한 잔 마십니다(마시고 있습니다).　→ 飲み屋で 一杯 飲んでいます。(○)
　　　　　　　　　　　　　　　　　　　飲み屋で 一杯 飲みます。(×)

3. ~た

(1) ~た

- 접속 : 동사 연용형 + た
- 의미 : ~했다
- 용법 : 동사의 과거형은 て형과 같이 연용형(音便形)에 た를 붙이며, 명사를 수식하는 연체형도 동일하다.

동사 종류	기 본 형		활 용		의미
			연용형 + た	音便	
5단동사	かう	사다	かい + た	かった	샀다
	さく	피다	さき + た	さいた	폈다
	つぐ	잇다	つぎ + た	ついだ	이었다
	けす	끄다	けし + た	けした	껐다
	かつ	이기다	かち + た	かった	이겼다
	しぬ	죽다	しに + た	しんだ	죽었다
	よぶ	부르다	よび + た	よんだ	불렀다
	のむ	마시다	のみ + た	のんだ	마셨다
	ある	있다	あり + た	あった	있었다
상1단동사	みる	보다	み + た	みた	보았다
하1단동사	ねる	자다	ね + た	ねた	잤다
か変동사	くる	오다	き + た	きた	왔다
さ変동사	する	하다	し + た	した	했다

✔ 5단동사

例

選挙で学長が決まった。　선거에서 학장이 정해졌다.

久しぶりに彼女に会った。　오래간만에 그녀를 만났다.

旅行の計画を友達に話した。　여행 계획을 친구에게 이야기했다.

夜になってようやく雨が止んだ。　밤이 되어 드디어 비가 그쳤다.

カバンに書類を入れて席を立った。　가방에 서류를 넣고 자리를 떴다.

✔ 1단동사

> 例

その映画は日本で見た。　그 영화는 일본에서 봤다.
今回はいい成績が出た。　이번에는 좋은 성적이 나왔다.
今日は仕事が多くて疲れた。　오늘은 일이 많아서 피곤하다.
大事な書類はカバンの中に入れた。　중요한 서류는 가방 안에 넣었다.

✔ 변격동사

> 例

お金を稼ぐためにここまで来た。　돈을 벌기 위해 여기까지 왔다.
彼の代りにお客さんを案内した。　그이 대신에 손님을 안내했다.

(2) 과거표현종합

✔ 동사

	ル형(현재/미래)	タ형(과거)
보통체	동사종지형(~う段)	동사 연용형 + た
정중체	동사 연용형 + ます	동사 연용형 + ました

> 例

犯人は家の近くで捕まった。　범인은 집 근처에서 잡혔다.
旅行のために子供を実家に預けた。　여행 때문에 아이를 친정에 맡겼다.
ゆうべは友だちの家で遊びました。　어젯밤에는 친구 집에서 놀았습니다.
インターネットは早く普及しました。　인터넷은 빠르게 보급되었습니다.

✔ 형용사

	현재형	과거형
보통체	종지형(~い)	형용사 어간 + かった
정중체	종지형 + です	형용사 어간 + かった(ん)です

例
夕べの地震は本当に怖かった。　어젯밤 지진은 정말로 무서웠다.
田舎の自然はまだ美しかった。　시골의 자연은 아직 아름다웠다.
先生の講演はおもしろかったです。　선생님의 강연은 재미있었습니다.
会社の生活は楽しくなかったです。　회사 생활은 즐겁지 않았습니다.

✔ 형용동사

	현재형	과거형
보통체	형용동사어간 + だ	형용동사어간 + だった
정중체	형용동사어간 + です	형용동사어간 + でした 형용동사어간 + だった(ん)です

例
彼に会うのは死ぬよりいやだった。　그를 만나는 것은 죽기보다 싫었다.
二人の東京暮らしはとても幸せだった。　둘의 동경 생활은 매우 행복했다.
国の政策はめちゃくちゃだったんです。　국가의 정책은 엉터리였습니다.
さっきから彼女の様子が少し変でした。　아까부터 그녀의 모습이 조금 이상했습니다.

✔ 명사술어

		현재형	과거형
보통체	회화/문장체	명사 + だ	명사 + だった
	문장체	명사 + である	명사 + であった
정중체	회화/문장체	명사 + です	명사 + でした 명사 + だった(ん)です
	문장체	명사 + であります	명사 + でありました

例

彼も昔はうちの会員だった。　그도 옛날에는 우리 회원이었다.

それは工場を移転する計画だった。　그것은 공장을 이전하는 계획이었다.

お金を貸した私が馬鹿だったんです。　돈을 빌려준 제가 바보였습니다.

韓国の優勝は予想外の結果でした。　한국의 우승은 예상외의 결과였습니다.

(3) ～たり, ～たりする

- 형태 : 동사 연용형 + たり(音便), 동사 연용형 + たりする
- 의미 : ~(하)기도 하고, ~(하)기도 하다.
- 용법 : たり는 복수의 행동이나 상반되는 상황을 열거하여 제시할 때 사용한다.

例

あの子は人を騙したり物を盗んだりしました。

　그 아이는 사람을 속이기도 물건을 훔치기도 했습니다.

これは直したり壊したりしながら作ったものです。

　이것은 고치기도 부수기도 하면서 만든 것입니다.

休み中は旅行したり趣味生活をしたりしました。

　휴가 중에는 여행을 하기도 취미생활을 하기도 했습니다.

日曜日は洗濯したり掃除したり買物に行ったりします。

　일요일은 빨래하거나, 청소하거나, 쇼핑하러 가거나 합니다.

友人からの親切な手紙に励まされたり勇気づけられたりした。

　친구로부터의 친절한 편지에 격려되기도 용기를 얻기도 했다.

참고

～たり의 단독표현

たり는 단독으로 사용되는 경우도 있는데, 이는 말하지 않은 다른 내용이 있음을 암시하는 표현이다.

彼は友達を虐めたりもしました。　그는 친구를 괴롭히기도 했습니다.

彼女は他の男とも会ったりしました。　그녀는 다른 남자와도 만나곤 했습니다.

夜は日本のドラマを見たりしています。　저녁에는 일본드라마를 보거나 하고 있습니다.

3.4 관련표현

1. ~ながら
   - 접속 : ① 동사 연용형 + ながら
     ② 연체형 + ながら
     ③ 형용동사 어간/명사 + ながら
   - 의미 : ① ~(하/이)면서
     ② ~(하/이)지만
     ③ ~(인) 상태로
   - 용법 : ながら는 두개의 동작이 동시에 진행되는 동시동작이나, 어떤 사항이 서로의 상반되는 역접 등의 의미를 나타내며, 다소 제한적이긴 하지만 그대로 변화하지 않고 계속되는 상태나 모습을 나타내기도 한다. 역접의 경우에는 ながらも의 형태를 사용하기도 한다.

✔ 동시동작

  例

  アルバイトしながら勉強しています。
   아르바이트를 하면서 공부하고 있습니다.
  運転しながら電話をするのはいけません。
   운전하면서 전화를 하는 것은 안 됩니다.
  子供というのは喧嘩しながら育つものです。
   어린이란 싸우면서 자라는 법입니다.
  音楽などを聞きながら仕事をする人も多いです。
   음악 등을 들으면서 일하는 사람도 많습니다.

✔ 역접(=ながらも)

> 例

歌がうまいながらも人気のない歌手です。
노래를 잘 하면서도 인기가 없는 가수입니다.
ゆっくりながら工事は着実に進んでいる。
천천히 이지만 공사는 진행되고 있다.
子供でありながら大人の仕事までしている。
어린이이면서 어른의 일까지 하고 있다.
情報を持っていながら全然教えてくれない。
정보를 갖고 있으면서 전혀 가르쳐주지 않는다.

✔ 양태

> 例

生まれながら優れた才能に恵まれている。
태어나면서부터 뛰어난 재능을 가지고 있다.
彼は敵ながら最後まで立派な態度であった。
그는 적이지만 최후까지 훌륭한 태도였다.
遺憾ながら相手国との交渉は決裂しました。
유감스럽게도 상대국과의 교섭은 결렬되었습니다.
被害者は涙ながらに事件の状況を話しました。
피해자는 눈물지으며 사건의 상황을 말했습니다.

2. ～に
 - 접속 : ① 동사 연용형 + に
   ② 동작성 명사 + に
 - 의미 : ~(하)러 (목적)
 - 용법 : に는 동작을 나타내는 동사의 연용형에 붙어 목적을 나타내는데 사용한다. 행위를 나타내는 한어동사(한자어 + する)의 한자어나, 동작성 명사 등은 する의 연용형이 아닌, 명사에 직접 に를 붙여 목적의 의미로 사용한다.

✔ 동사 연용형 + に

例

久しぶりに海でも見に行きましょう。　오랜만에 바다라도 보러 갑시다.

キムチを食べにここまで来たのです。　김치를 먹으러 여기까지 온 것입니다.

お客さんを迎えに空港へ出かけました。　손님을 맞이하러 공항에 나갔습니다.

これを伝えに彼女の家まで行きました。　이것을 전하러 그녀 집까지 갔습니다.

新切手を買いに行ったが、売り切れだった。　새 우표를 사러 갔는데 매진이었다.

✔ 명사 + に

例

彼は日曜日も勉強に学校へ行きます。　그는 일요일도 공부하러 학교에 갑니다.

→ 彼は日曜日も勉強しに学校へ行きます。

→ 彼は日曜日も勉強をしに学校へ行きます。

先生の案内にお寺の方へ行っております。　선생님을 안내하러 절 쪽으로 가 있습니다.

→ 先生を案内しにお寺の方へ行っております。

→ 先生の案内をしにお寺の方へ行っております。

友達も買い物にデパートへ来ていました。

　친구도 물건 사러 백화점에 와 있었습니다.

これから市内の見物に出かけるつもりです。

　지금부터 시내구경하러 나갈 생각입니다.

来週の土曜日か日曜日に釣りに行きませんか。

　다음 주 토요일이나 일요일에 낚시하러 가지 않겠습니까?

3.5 동사와 명사

1. 동사의 명사형
- 형태 : 동사 연용형
- 용법 : 동사는 〈~하는 것〉처럼 형식명사의 도움을 얻거나, 〈~하기, ~함〉처럼 동사의 명사형을 가지고 명사처럼 사용한다. 일본어 동사의 명사형은 연용형이 담당한다. 복합동사나 복합어 등의 경우에도 연용형이 사용된다.

例

先生の教えは間違っていませんでした。
　선생님의 가르침은 틀리지 않았습니다.

横浜方面は三つ目の駅で乗り換えです。
　横浜방면은 세 번째 역에서 갈아탑니다.

彼女との付き合いは長く続きませんでした。
　그녀와의 교제는 오래 계속되지 않았습니다.

入会の申し込みは事務所で受け付けています。
　입회 신청은 사무소에서 접수하고 있습니다.

娘の帰りが遅くて家族みんなが心配しています。
　딸의 귀가가 늦어서 가족 모두가 걱정하고 있습니다.

✔ 명사1

동 사		명 사	
償う	보상하다	償い	보상
関わる	관계하다	関わり	관계
支払う	지불하다	支払い	지불
締め切る	마감하다	締め切り	마감
振り込む	입금하다	振り込み	입금
呼び出す	호출하다	呼び出し	호출
取り扱う	취급하다	取り扱い	취급

☑ 명사2

동사		복합어	
帰る	귀가하다	日帰り	당일치기
着る	입다	下着	내의
下る	내려가다	天下り	낙하산 인사
寝る	자다	昼寝	낮잠
振る	흔들다	空振り	헛 스윙
飲む	마시다	一気飲み	원샷
働く	일하다	共働き	맞벌이
惚れる	반하다	一目惚れ	첫 눈에 반함

2. ~かた
- 형태 : 동사 연용형 + かた
- 의미 : ~(하)기, ~(하)는 방법
- 용법 : かた는 동사 연용형에 접속하여 동사가 나타내고 있는 동작의 방법이나 상태의 모습 등을 나타낸다. かた는 아주 많이 사용되는데, 단어에 따라서는 한국어로 번역하기 힘든 경우도 있어, 어의 구성을 잘 파악하여 문맥에 잘 맞추어 자연스러운 표현이 되도록 주의해야 한다.

例

私は恩師の生き方を手本としている。　나는 은사의 삶을 본보기로 하고 있다.
印刷の仕方によって値段は全然違う。　인쇄 방법에 따라서 가격은 전혀 다르다.
日本語の漢字の読み方は一通りではない。　일본어의 한자의 읽는 방법은 한 가지가 아니다.
あの歌手の歌い方には個性があふれている。　그 가수의 노래에는 개성이 넘쳐흐른다.
手紙の書き方は話し言葉とは違うところが多い。　편지 쓰기는 회화체와는 다른 점이 많다.

する	しかた	하는 방법·처사	書く	書き方	쓰는 법·쓰기
やる	やりかた	하는 방법·처사	飲む	飲み方	마시는 법·마시기
見る	見方	보는 방식·견해	読む	読み方	읽는 법·읽기
考える	考え方	사고 방식·견해	食べる	食べ方	먹는 법·먹기

3.6 조사(3)

1. ~ね

- 접속 : 술어 종지형 + ね
- 의미 : ~군, ~네, ~지
- 용법 : ね는 서로 같은 의견으로 동의를 구하거나 해주는 경우, 상대방도 알고 있을 사항을 확인하듯 표현하거나 하는 경우에 사용한다. 종지형에 ね를 붙이면 좀 더 부드러운 표현이 된다.

  例

  彼の行動はとても早いですね。 그의 행동은 매우 빠르군요.
  韓国の春はとても暖かいですね。 한국의 봄은 매우 따뜻하네요.
  朝の空気はかなり冷たいですね。 아침 공기는 제법 차갑군요.
  今日の試合の内容は悪くないですね。 오늘 시합 내용은 나쁘지 않은데요.
  子供へのプレゼントは絵本がいいと思うね。 어린이에게 주는 선물은 그림책이 좋을 거야.

2. ~よ

- 접속 : 술어 종지형 + よ
- 의미 : ~이다
- 용법 : よ는 문장 끝에 위치하여 그 의미를 강조할 때 사용하는 종조사로, 문의 내용을 단정 또는 주장을 하거나, 무언가 타이르는 듯한 어조로 표현하는 경우 등에 사용한다. 따라서 정중한 표현 등에는 그다지 사용하지 않는다.

> **例**

喫煙は体によくないですよ。
　흡연은 몸에 좋지 않습니다.
今度の旅行は横浜に行こうよ。
　이번 여행은 요꼬하마로 가자.
弱いものをいじめると罰が当たるよ。
　약한 자를 괴롭히면 벌을 받는다.
あの店で買ったカメラはよく故障しますよ。
　저 가게에서 산 카메라는 자주 고장이 납니다.
海水浴なら水のきれいな東海の方がいいですよ。
　해수욕이라면 물이 깨끗한 동해 쪽이 좋습니다.

3. ～よね

- 접속 : 술어 종지형 + よね
- 의미 : ~지?
- 용법 : よね는 말하는 이의 주장이나 판단을 나타내는 よ와, 상대방의 동의를 구하거나 할 때 사용하는 ね가 결합된 조사로, 상대방이 알고 있거나 그렇게 생각하고 있을 사항을 확인하듯 표현할 때 사용한다.

> **例**

彼女が着ている服が着物ですよね。
　그녀가 입고 있는 옷이 기모노지요?
明日の向うとの約束は三時でしたよね。
　내일 상대편과의 약속은 3시였지요?
今回の海外旅行は君も一緒に行くよね。
　이번 해외여행은 너도 함께 가지?
この報告書はあなたが提出したんですよね。
　이 보고서는 당신이 제출한 것이지요?
これは高麗青磁ですよね。素晴らしいですね。
　이것은 고려청자지요? 훌륭하군요.

4. ~な(あ)

- 접속 : 술어 종지형 ＋ な(あ)
- 의미 : ~(이)구나!, ~인데!, ~일까?
- 용법 : な(あ)는 문 말에 접속하여 감동이나 영탄 또는 가벼운 단정이나 주장 등을 나타낸다.

  例

  大地震になったらいやだな。
  　대지진이 난다면 끔찍하다.
  早起きするととても気持がいいなあ。
  　일찍 일어나니 기분이 좋은데!
  いつごろから足を縛っているのかなあ。
  　언제부터 다리를 묶고 있는 것일까?
  今勉強しないと後で後悔すると思うなあ。
  　지금 공부 안 하면 나중에 후회하리라 생각하는데!
  もうそろそろ返事が来てもいいころなのになあ。
  　이제 슬슬 답이 와도 될 무렵인데!

5. ~さ

- 접속 : ① 술어 종지형 ＋ さ
  　　　② 명사 ＋ さ
- 의미 : ~이다
- 용법 : さ는 문 끝에 위치하여 문을 단정 지어 말함으로서 듣는 이의 주의를 끄는데 사용하는 조사이다.

  例

  食べたくなきゃ食べなくたっていいさ。
  　먹고 싶지 않으면 먹지 않아도 좋다.
  人間せっぱ詰まれば何だって食べるさ。
  　인간 극한상황이 되면 뭐든지 먹는다.

ことわざ通りにはいかないときだってあるさ。
　속담대로는 되지 않을 때도 있는 거야.
これくらいの傷、そんなに心配しなくても大丈夫さ。
　이 정도의 상처, 그렇게 걱정하지 않아도 괜찮아.
ずっと遊んでいたので、いま慌てて宿題してるのさ。
　쭉 놀았었기에 지금 부랴부랴 숙제하고 있는 거다.

6. ～ぜ‖ぞ

- 접속 : 술어 종지형 + ぜ/ぞ
- 의미 : ~한다, ~하겠다
- 용법 : ぜ와 ぞ는 자신의 발언내용을 듣는 이에게 다짐하거나 주장하는데 사용하는 표현이다. 주장의 강도는 ぞ가 ぜ보다 강하다. ぞ는 주로 남성이 사용한다.

(1) ～ぞ

例

この野郎、ぶん殴るぞ。　이 녀석, 혼내 주겠다.
絶対あの会社に入るぞ。　반드시 저 회사에 들어가겠다.
今日中にこの本を読み終えるぞ。　오늘 중으로 이 책을 다 읽겠어.
彼女の話はどうもうますぎるぞ。　그녀의 이야기는 아무래도 너무 잘 맞는데.
さあ、時間だぞ。そろそろ出かけるぞ。　자, 시간이 되었다. 슬슬 나간다.

(2) ～ぜ

例

これから一緒に六本木に行こうぜ。
　지금부터 함께 六本木에 가자.
ほら、今度は君の鉛筆を無断で使ってるぜ。
　봐, 이번에는 너의 연필을 무단으로 쓰고 있어.

見ろよ、この車。先週買ったばかりなんだぜ。

봐봐 이 차. 지난주에 막 새로 산 거야.

馬鹿にするな。山椒は小粒でもぴりりと辛いぜ。

깔보지 마. 작은 고추가 더 맵다니까.

次の回で決着がつかなかったら、引き分けにしようぜ。

다음 회에 결말이 나지 않으면 무승부로 하자.

7. ~わ

- 접속 : 술어 종지형 + わ
- 의미 : ~이다, ~야
- 용법 : わ는 문말에 위치하여 문을 부드럽게 단정 지어 제시 하는데 사용하는 조사로 주로 여성체에 많다.

例

暑くて仕事どころじゃないわ。

더워서 일이 문제가 아니야.

勉強を始めたと思ったらもう眠ってるわ。

공부를 시작했나 했더니 벌써 자고 있어.

こんな夜中じゃ歯医者さんもしまってるわ。

이런 한밤중이라면 치과도 닫혀 있을 거야.

のこぎりの歯が下りてくるときはヒヤッとしたわ。

톱날이 내려올 때는 오싹했어.

やっと私たち一家も人並みの生活ができるようになったわ。

겨우 우리 일가도 남과 같은 생활을 할 수 있게 되었어.

8. ~かしら

- 접속 : 용언 연체형 + (の) + かしら
- 의미 : ~(할/했을/하는 걸)까?, ~(하지 않)나!
- 용법 : かしら는 문 말에 위치하여 부드러운 형태로 의문을 나타내는 조사로 주로 여성체에 많으며 혼잣말에도 많이 사용한다.

> **例**
>
> 白髪だわ。私も年を取ったのかしら。
>> 흰머리네. 나도 나이를 먹은 걸까!
>
> ロミオは今ごろ何をしているのかしら。
>> 로미오는 지금쯤 무엇을 하고 있는 걸까!
>
> どうしたのかしら。呼んでも返事がないわ。
>> 어찌된 일일까! 불러도 대답이 없어.
>
> 早く八月にならないかしら。山に行きたいわ。
>> 빨리 8월이 되지 않나! 산에 가고 싶은데.
>
> あしたのパーティーには何人ぐらい出席するかしら。
>> 내일 파티에는 몇 명 정도 출석할까!

9. ~の

- 접속 : 용언 연체형 + の
- 의미 : ~하니?
- 용법 : の는 의문조사 か와 같이 의문을 나타내는 조사로, 정중체의 의문문에는 ですか를 많이 사용하지만, 보통체의 의문문에는 の를 많이 사용한다. 여성체로도 많이 사용한다.

> **例**
>
> スポーツは何が得意なの? 스포츠는 무얼 잘해?
>
> 君たちは何をして遊びたいの? 너희들은 뭘 하고 놀고 싶니?
>
> 忘年會の件、彼女にも連絡したの? 망년회 건, 그녀한테도 연락했니?
>
> 鈴木さんは明日のパーティーに行かないの? 鈴木씨는 내일 파티에 안가?
>
> 遊んでばかりいて、試験、本当に大丈夫なの? 놀고만 있는데, 시험 정말 괜찮아?

10. ~っけ

- 접속 : 술어 과거형 + っけ
- 의미 : ~였었지? ~였었나?

- 용법 : っけ는 확실히 기억하고 있지 않거나 희미하게 기억하고 있던 사실을 확인하는 경우에 사용한다.

例

社長のお宅はどこだったっけ。
사장님 댁은 어디였었지?

彼女の友だちの名前は何でしたっけ。
그녀의 친구 이름은 무엇이었죠?

締め切り日は今日だったっけ、とんと忘れてた。
마감 일이 오늘이었었나? 완전히 잊고 있었다.

小さいころ、ぼくも紙飛行機を飛ばして遊んだっけ。
어렸을 때 나도 종이비행기를 날리며 놀았던가?

友だちといっしょに牧場を経営するとか言ってたっけ。
친구와 함께 목장을 경영한다던가 했었던가?

11. ~って(2)

- 접속 : 술어 종지형 ＋ って
- 의미 : ~(한)대, ~(이)래, ~(한)답니다, ~(이)랍니다
- 용법 : って는 문말에 위치하여 타인의 말을 전달하여 나타내는 회화체 표현이다.

例

歌が下手なくせに歌手になりたいんだって。
노래를 못하는 주제에 가수가 되고 싶대.

彼女は日本語を習うために塾に通うんですって。
그녀는 일본어를 배우기 위해 학원에 다닌대요.

彼はアメリカ旅行中にカメラを盗まれたんだって。
그는 미국여행 중에 카메라를 도둑맞았대.

あの選手は世界選手権に出たこともあるんですって。
저 선수는 세계선수권에 나간 적도 있답니다.

私もまだ行ってないが、北海道はとてもいいところだって。
나도 아직 가지 않았는데, 北海道는 아주 좋은 곳이래.

제4장
연용형 접속표현

4.1 희망표현

1. ~たい

- 접속 : 동사 연용형 + たい
- 의미 : ① ~하고 싶다
  ② ~하겠다, ~하려고 한다
  ③ ~했으면 한다, ~하기 바란다
- 용법 : たい는 희망을 나타내는 표현이지만, 일반인을 대상으로 하는 たい는 〈~하고 싶다〉라는 화자의 희망뿐만이 아니라, 〈~했으면 한다. 하기 바란다〉와 같이 일반인에게 바라는 마음을 완곡하게 나타내기도 한다. 또한 자신의 의지나 의도 등을 나타내는 경우도 있다.

동사 종류	기본형	동사 연용형 + たい
5단동사	かう 사다	かい たい 사고 싶다
	きく 듣다	きき たい 듣고 싶다
	つぐ 잇다	つぎ たい 잇고 싶다
	だす 내다	だし たい 내고 싶다
	うつ 치다	うち たい 치고 싶다
	しぬ 죽다	しに たい 죽고 싶다
	とぶ 날다	とび たい 날고 싶다
	よむ 읽다	よみ たい 읽고 싶다
	うる 팔다	うり たい 팔고 싶다
상1단동사	みる 보다	み たい 보고 싶다
하1단동사	ねる 자다	ね たい 자고 싶다
か変동사	くる 오다	き たい 오고 싶다
さ変동사	する 하다	し たい 하고 싶다

例

一日でも早く家族に会いたい。　하루라도 빨리 가족과 만나고 싶다.

君と二人だけでどこかへ行きたい。　당신과 둘 만이서 어딘가에 가고 싶다.

しばらく会社を離れたいと思います。　잠시 회사를 떠나고 싶습니다.

病気を治して早く仕事に戻りたいです。　병을 고쳐 빨리 일에 복귀하고 싶습니다.

改めて私たちの使命を胸に刻みたいです。　새삼 우리의 사명을 가슴에 새겼으면 합니다.

● 활용 : 형용사 활용

종지형	보통체	~たい	~싶다
	정중체	~たいです	~싶습니다
연체형		~たい + 체언	~싶은 + 체언
연용형		~たく(て)	~싶어/싶고
부정형		~たくない	~싶지 않다
과거형		~たかった	~싶었다

例

当時はやってみたい仕事が多かったんです。
당시는 해보고 싶은 일이 많았습니다.

韓国に行って本場のキムチを味わいたかった。
한국에 가서 본고장의 김치를 맛보고 싶었다.

いい会社に入りたくて一生懸命勉強しました。
좋은 대학에 들어가고 싶어서 열심히 공부했습니다.

何があっても会社には迷惑をかけたくないです。
무슨 일이 있어도 회사에는 폐를 끼치고 싶지 않습니다.

2. ～たがる
- 접속 : 동사 연용형 ＋ たがる
- 의미 : ~하고 싶어 하다
- 용법 : たがる는 たい의 어간에 がる가 접속한 형태로 그와 같이 생각하거나, 느끼거나, 행동함을 나타내는 데 사용한다. 희망을 객관적으로 묘사하는데 사용하기 때문에 주로 삼인칭의 표현에 사용하며 일인칭에는 과거 등의 표현에만 사용한다.

例

友だちも旅行に行きたがっています。
친구도 여행을 가고 싶어 하고 있습니다.
その時は私も先生に会いたがっていた。
그 때는 나도 선생님을 만나고 싶어 했었다.
彼は本気で彼女と付き合いたがっている。
그는 진심으로 그녀와 사귀고 싶어 하고 있다.
いま話題のあの本をみんな読みたがっている。
지금 화제인 그 책을 모두 읽고 싶어 하고 있다.
生徒たちは体育祭で縄跳びをやりたがっている。
학생들은 체육대회에서 줄넘기를 하고 싶어 하고 있다.

3. ～てほしい
- 접속 : 동사 て형 ＋ ほしい
- 의미 : ~(해)주었으면 좋겠다, ~(했)으면 한다, ~(하)기 바란다
- 용법 : てほしい는 자신 이외의 사람에 대한 말하는 사람의 희망이나 요구를 나타내는 표현으로 てもらいたい와 같은 의미이다. 부정형에는 ないでほしい와 てほしくない가 있는데 ないでほしい는 〈~하지 않았으면 한다〉라는 의뢰의 표현이며, てほしくない는 자신의 희망을 타인에 관계없이 기술하거나 타인의 행동에 대한 비난의 표현으로 사용한다.

(1) ～てほしい

> 例

この子を信じてもう少し待ってほしい。
　이 아이를 믿고 조금 더 기다렸으면 좋겠다.
この仕事は僕の代わりに君にやってほしい。
　이 일은 내 대신 네가 했으면 좋겠다.
どんなことがあっても無事に帰ってほしい。
　어떤 일이 있어도 무사히 돌아왔으면 한다.
戸棚はなるべく頑丈なのを探してきてほしい。
　선반은 되도록 튼튼한 것을 찾아왔으면 좋겠다.
もったいないから残さないで全部食べてほしい。
　아까우니 남기지 말고 전부 먹기 바란다.

(2) ～ないでほしい

> 例

人の物を勝手に使わないでほしい。
　남의 물건을 함부로 사용하지 않았으면 좋겠다.
もう二度と会社には顔を出さないでほしい。
　이제 두 번 다시 회사에는 얼굴을 내밀지 않았으면 한다.
専門家にのみわかるような話はしないでほしい。
　전문가만 알 수 있는 그런 이야기는 하지 않았으면 좋겠다.

(3) ～てほしくない

> 例

この試合にだけは負けてほしくない。
　이 시합에만큼은 지지 않았으면 좋겠다.
あの人にはこの会に入ってほしくない。
　그 사람은 이 모임에 들어오지 않았으면 좋겠다.
何があっても彼には辞めてほしくない。
　무슨 일이 있어도 그는 그만두지 않았으면 좋겠다.

4. ～てもらいたい

- 접속 : 동사 て형 + もらいたい
- 의미 : ~(했)으면 하다, ~(하)면 좋겠다
- 용법 : てもらいたい는 제삼자에게 무언가를 했으면 하는 화자의 희망을 나타내는 표현으로 てほしい와 그 의미가 비슷하다. ていただきたい를 사용하면 보다 정중한 겸양표현이 된다.

例

皆さんにはこの点を注意してもらいたい。
　모두 이 점을 주의해 주면 좋겠다.

ヨーロッパの展示会には君に行ってもらいたい。
　유럽 전시회에는 자네가 갔으면 한다.

公的資金の使い道について厳しく監視してもらいたい。
　공적자금의 용도에 대해 엄격하게 감시해 주었으면 한다.

うちの学生にはいつもおいしいものを食べてもらいたい。
　우리 학생들에게는 늘 맛있는 것을 먹게 해주고 싶다.

国民にはなぜ市民活動が重要なのかを考えてもらいたい。
　국민은 왜 시민활동이 중요한지를 생각해 주길 바란다.

4.2 국면동사 표현

1. 개시

(1) ~はじめる

- 접속 : 동사 연용형 + はじめる
- 의미 : ~(하)기 시작하다
- 용법 : 始める는 어떤 동작이나 변화가 시작되는 국면을 나타내는 가장 일반적인 복합동사이다.

  例

  春になったら池の氷が溶け始めた。
   봄이 되자 연못의 얼음이 녹기 시작했다.
  この街が変わり始めたのは去年からだった。
   이 거리가 변하기 시작한 것은 작년부터였다.
  大学を卒業してすぐに貿易会社で働き始めた。
   대학을 졸업하고 바로 무역회사에서 일하기 시작했다.
  一応読み始めたけど、難しくて意味はよく分からない。
   일단 읽기 시작했지만 어려워서 의미는 잘 모른다.
  私が日本語を習い始めたのは大学に入ってからだ。
   내가 일본어를 배우기 시작한 것은 대학에 들어오고 나서다.

(2) ~だす

- 접속 : 동사 연용형 + だす
- 의미 : ~(하)기 시작하다
- 용법 : 出す는 始める와 같이 어떤 동작이나 변화가 시작되는 국면을 나타내는 복합동사인데, 始める보다 사용이 제한적이다.

> **例**

この時計は最近遅れ出した。
　이 시계는 최근에 늦어지기 시작했다.
人々がポツポツ席を立ち出した。
　사람들이 조금씩 자리를 뜨기 시작했다.
彼の作品が批評家たちに注目され出した。
　그의 작품이 비평가들에게 주목받기 시작했다.
私がそう言うと、先生は急に笑い出した。
　내가 그렇게 말하자 선생님은 갑자기 웃기 시작했다.
いきなり雨が降り出して服が全部濡れてしまった。
　갑자기 비가 내려서 옷이 전부 젖어 버렸다.

(3) ～かける/～かかる

- 접속 : 동사 연용형 + かける/かかる
- 의미 : ~(하)려고 하다
- 용법 : かける는 어떤 동작이나 변화가 이루어지려고 하는 직전 또는 직후의 국면을 나타내는 복합동사이다. 방향을 나타내기도 한다.

> **例**

本を少し読みかけた時、人が来た。
　책을 조금 읽었을 때 사람이 왔다.
箸を持って食べかけた時、ベルがなった。
　젓가락을 들고 먹으려 했을 때 벨이 울렸다.
車にはねられて、死にかけたことがある。
　차에 치어 죽을 뻔한 적이 있다.
ちょうど彼女が通りかかったので、たずねてみた。
　마침 그녀가 지나가서 물어 보았다.
ボートが引っ繰り返りかけたが、すぐ元に戻った。
　보트가 뒤집히려 했지만 바로 원상태로 돌아왔다.

2. 진행

(1) ～つづける/～つづく

- 접속 : 동사 연용형 + つづける
- 의미 : 계속해서 ~(하)다
- 용법 : 続ける는 어떤 상황이 계속되는 국면을 나타내는 복합동사이다. 한국어로는 〈계속하여 ~(하)다〉의 의미가 되기 때문에, 자칫 〈続けて~する〉로 표현하기 쉽지만, 続ける를 쓰는 것이 자연스럽다.

例

電車の中で赤ちゃんが泣きつづけた。
전철 안에서 아기가 계속 울었다.

次から次へといやな事件が起こり続けた。
계속해서 안 좋은 사건이 계속 일어났다.

こんな状況では良心的であり続けるのは難しい。
이런 상황에서는 계속 양심적이기는 어렵다.

朝まで飲み続けたので、一日中頭が痛くて苦労した。
아침까지 계속 마셔서 하루 종일 머리가 아파서 고생했다.

私はショックに打ち拉がれ、肩を落としてとぼとぼ歩き続ける。
나는 쇼크에 풀이 죽어 어깨를 떨구고 터벅터벅 계속 걸었다.

> **참고**
>
> **～つづく**
> 계속의 국면을 나타내는 경우 つづける를 사용하는 것이 일반적으로, つづく는 잘 사용하지 않는다. 하지만, 降る의 경우에는 つづける와 つづく가 함께 사용된다.
>
> 三日も雨が降り続いて、洗濯物がよく乾きません。
> 3일이나 비가 계속 내려서 빨래가 잘 마르지 않습니다.
>
> 降り続ける激しい雨の中で消えていく彼女の後ろ姿が見えた。
> 계속해서 내리는 거센 비 속에서 사라져 가는 그녀의 뒷모습이 보였다.

(2) ～つつある

- 접속 : 동사 연용형 ＋ つつある
- 의미 : ~(하)고 있다
- 용법 : つつある는 동작이나 작용이 계속되고 있거나, 어떤 동작의 성립을 향해 나아가고 있는 상태를 나타내는 문장체의 국면동사라 할 수 있다.

例

地球は温暖化しつつある。
　지구는 온난화되고 있다.

状況が悪化しつつあることはよくわかる。
　상황이 악화되고 있는 것은 잘 알 수 있다.

企業再建に取り組む下地はできつつある。
　기업재건에 임할 준비는 되어가고 있다.

手術以来、彼の体は順調に回復しつつある。
　수술 이래 그의 몸은 순조롭게 회복하고 있다.

酒は気持ちや判断を迷わすものになりつつあった。
　술은 마음과 판단을 흐리게 하는 것이 되고 있었다.

참고

~つつある는, 동사의 종류에 따라 진행이나 상태를 나타내는 ている와 달리, 순간동사에 접속해도 결과상태가 아니라, 그 순간적 변화를 향해 진행하고 있음을 나타낸다. 예를 들면 〈死んでいる〉는 죽은 상태를 나타내지만, 〈死につつある〉는 죽어가고 있는 상태를 나타낸다. 또한 변화를 향해 진행되고 있는 과정을 상정하기 어려운 경우에는 사용하기 어렵기 때문에, 〈泣きつつある〉와 같은 표현은 잘 성립하지 않는다.

3. 종료

(1) ～おわる/～おえる

- 접속 : 동사 연용형 + おわる/おえる
- 의미 : 다(끝까지) ~(하)다
- 용법 : 終わる/終える는 어떤 상황이 끝난 국면을 나타내는 복합동사이다. 〈~하는 것이 끝나다〉의 의미로, 한국어로는 〈다 ~하다〉에 대응하기 때문에, 〈부사(全部) + ~する〉로 쓰기 쉽지만, 이런 의미에는 終わる/終える를 쓰는 것이 자연스럽다.

例

宿題をし終えてから遊びました。 숙제를 다 하고 나서 놀았습니다.
一人で10キロコースを走り終えた。 혼자서 10킬로 코스를 끝까지 달렸다.
ベルが鳴り終わってから、部屋を出た。 벨이 다 울리고 나서 방을 나왔다.
薬が溶け終わったら、別の液を加えます。 약이 다 녹았으면 다른 액을 첨가합니다.
読み終わったら、もとに戻してください。 다 읽으면 원래장소에 돌려놓으십시오.

(2) ～きる

- 접속 : 동사 연용형 + きる
- 의미 : 완전히(다/끝까지) ~(하)다
- 용법 : 切る는 어떤 행위 내용을 완전한 정도까지 끝까지, 혹은 충분히 완료, 소화함을 나타내는 것으로, 어떤 행위자체를 끝낸다고 하는 終わる/終える와는 다른 점이 있다.

例

信じきっていた人に裏切られた。 완전히 믿고 있던 사람에게 배반당했다.
旅行の時はバスを一台貸し切った。 여행 때는 버스를 1대 전세 냈다.
夕食は食べきれないほどご馳走が出た。 저녁은 다 먹을 수 없을 정도로 성찬이 나왔다.
大会の出場者は全員最後まで走りきった。 대회 출전자는 전원 끝까지 완주했다.
ちょっと習ったくらいで覚えきれるものではない。
 조금 배운 정도로 다 외울 수 있는 것이 아니다.

4.3 경향/정도 표현

1. ～やすい

- 접속 : 동사 연용형 + やすい
- 의미 : ~(하)기 쉽다
- 용법 : やすい는 동사 연용형에 접속하여, 그 행위나 변화 등의 실현이 간단히 이루어지거나 일어날 수 있음을 나타내는 표현으로, にくい/づらい/がたい와 반대 의미를 나타낸다.

例

運動不足のためか、このごろつかれやすい。
　운동부족 때문인지 요즘 쉽게 피곤하다.
そのおもちゃは壊れやすくてとても危ないです。
　그 장난감은 부서지기 쉬워 매우 위험합니다.
錠剤は飲みやすいですが、粉薬は飲にくいです。
　정제는 먹기 쉬운데 가루약은 먹기 어렵습니다.
最近のコンピュータはとても使いやすく作られている。
　최근의 컴퓨터는 아주 쓰기 쉽게 만들어져 있다.
その町は物価が安く、人も親切で住みやすいところだ。
　그 마을은 물가가 싸고 사람도 친절해 살기 좋은 곳이다.

2. ～がちだ

- 접속 : ① 명사 + がち
  ② 동사 연용형 + がち
- 의미 : ~(하)기 쉬움
- 용법 : がち는 주로 동사에 붙어, 의도하지 않아도 그만 그렇게 되어 버리기 쉬움을 나타내는 표현으로, 마이너스로 평가되는 동작에 대해 사용한다. 제한적으로 몇몇 명사에 붙어, 그 명사가 나타내는 상태가 되기 쉽거나, 그런 성질이 상당히 있음을 나타낸다.

✔ 명사 + がち

  例
  妹は子供のころ、病気がちで、両親に心配をかけていた。
    여동생은 어릴 때 자주 아파 부모님에게 걱정을 끼쳤었다.
  ここ数年、病気がちでなかなかまとまった仕事ができない。
    요 몇 년, 쉽게 아파서 좀처럼 큰일을 할 수가 없다.

✔ 동사 연용형 + がち

  例
  アマチュア役者は得てして自己満足に陥りがちだ。
    아마추어 배우는 자칫 자기만족에 빠지기 쉽다.
  裁判所はとかく市民から遠い存在に感じられがちだ。
    법원은 자칫 시민으로부터 먼 존재로 느껴지기 쉽다.
  報告書は形式的になりがちな協議会の機能強化を求めた。
    보고서는 형식적이 되기 쉬운 협의회의 기능강화를 요구했다.
  他人の過ちはよく目につくが、自分の過ちは見過ごしがちだ。
    타인의 과실은 눈에 잘 띄지만, 자신의 과실은 간과하기 쉽다.
  寒い季節は家の中にこもりがちだが、たまには外に出た方がいい。
    추운 계절은 집안에 틀어박히기 쉽지만, 때론 밖에 나가는 게 좋다.

3. ~にくい

- 접속 : 동사 연용형 + にくい
- 의미 : ~(하)기 힘들다, ~(하)기 어렵다
- 용법 : にくい는 동사의 연용형과 접속하여 그렇게 하는 것이 어렵고, 간단하게는 될 수 없음을 나타내는 표현이다.

  例
  この道は舗装されていないので歩きにくい。
    이 길은 포장되어 있지 않아서 걷기 어렵다.
  あの人の話は発音が不明瞭で分かりにくい。
    그 사람의 말은 발음이 명확하지 않아 이해하기 어렵다.

あの先生のところにはなかなか相談に行きにくい。
그 선생님한테는 좀처럼 상담하러 가기 어렵다.

横書きは読みやすいですが、縦書きは読みにくいです。
가로쓰기는 읽기 쉬운데 세로쓰기는 읽기 어렵습니다.

4. ~づらい

- 접속 : 동사 연용형 + づらい
- 의미 : ~(하)기 어렵다, ~(하)기 힘들다
- 용법 : づらい는 にくい와 비슷한 의미로, 그렇게 하는 것이 어렵고, 간단하게는 될 수 없음을 나타내는 표현이다.

例

足に怪我をしているので、歩きづらい。
다리를 다쳐서 걷기 어렵다.

この小説は文章がむずかしくて読みづらいです。
이 소설은 문장이 어려워 읽기 어렵습니다.

店のためによく働いてくれる彼女には言いづらい。
가게를 위해 열심히 일해 주는 그녀에게는 말하기 어렵다.

歯の治療を受けていて硬い料理は食べづらいです。
이 치료를 받고 있어 단단한 요리는 먹기 어렵습니다.

5. ~がたい

- 접속 : 동사 연용형 + がたい
- 의미 : ~(하)기 어렵다
- 용법 : がたい는 にくい, づらい와 같은 의미를 나타내는데 주로 문장체나 격식을 차리는 경우 등에 사용한다. 일상회화체에서는 にくい나 づらい 등을 많이 사용한다.

例

他人には言いがたい事情があります。
　타인에게는 말하기 어려운 사정이 있습니다.
その時は抑えがたい衝動にかられました。
　그때는 억누르기 어려운 충동에 휩싸였습니다.
軍隊の生活には忘れがたい思い出がいっぱいです。
　군대 생활에는 잊기 어려운 추억이 많습니다.
信じがたいことですが、それは間違いのない事実です。
　믿기 어려운 일입니다만, 그것은 틀림없는 사실입니다.

★ 주의
~にくい/~づらい/~がたい

にくい는 행위나 변화 등의 실현이 물리적 또는 생리적 이유에 의해 곤란함을 나타내는데, づらい는 행위를 실현하려고 하면 그 행위의 주체가 정신적으로 고통을 느끼게 됨을 나타낸다. 즉 にくい는 객관적 표현으로 곤란한 이유가 대상에 있음을 나타내는데 비해, づらい는 주관적 표현으로 곤란한 이유가 주체에 있음을 나타낸다. がたい는 행위를 바래도 그것이 실현되는 일은 거의 없음을 나타낸다.

彼の話は理解しにくい(づらい/がたい)。　그의 이야기는 이해하기 어렵다.
この木は湿っているから燃えにくい。　이 나무는 젖어 있어서 타기 어렵다.
その光景は筆舌に尽くしがたいです。　그 광경은 필설로는 다하기 어렵습니다.
彼女の声は風邪声で聞きづらかった。
　그녀의 목소리는 감기 들린 목소리여서 듣기 힘들었다.

4.4 보조동사 표현

1. ~てある
- 접속 : 동사 て형 + ある
- 의미 : ~(어) 있다, ~(해) 두다
- 용법 : てある는 타동사의 て형에 ある를 연결하여 결과의 상태를 나타내는 표현이다. 결과의 상태를 나타내는 표현에는 자동사의 て형에 いる를 연결하는 방법도 있지만 문장상의 동작을 하는 주체가 있음을 함축하고 있는지 없는지에 따라 의미가 구분되며 てある는 동작의 주체가 있음을 함축하고 있는 문장에 사용된다.

例

花瓶に花がさしてある。 꽃병에 꽃이 꽂혀 있다.

部屋の窓が開けてあります。 방의 창문이 열려 있습니다.

パソコンの電源が切ってある。 컴퓨터의 전원이 꺼져 있다.

起きてみると、朝ご飯が作ってあった。 일어나 보니 아침식사가 차려져 있었다.

それはいざというときのために入れてあるんです。
  그것은 만일의 경우를 위해 넣어둔 것입니다.

2. ~ていく‖~てくる

(1) ~ていく

- 접속 : 동사 て형 + いく
- 의미 : ① 본동사 : ~(하)고 가다, ~(해) 가다
        ② 보조동사 : ~(하)게 되다, ~(해) 지다
- 용법 : ていく는 てくる와 마찬가지로 구체적인 동작을 나타내는 본동사로 사용될 때와 추상적인 의미로 나타내는 보조동사로 사용되는 경우가 있다. 본동사로 사용되는 ていく는 어떤 행위를 마치고 가는 것을 나타내고, 보조동사로 사용되는 ていく는 행위의 계속 또는 상태의 변화를 나타내거나, 무언가가 사라지거나 소멸되어 감을 나타낸다.

✔ 본동사(이동)

> 例

船はどんどん遠くに離れて行く。

　배는 점점 멀리 떠나간다.

後始末は私がちゃんとやっていきます。

　뒤처리는 내가 잘 하고 가겠습니다.

久しぶりに彼女にでも会って行きましょうか。

　오랜만에 그녀라도 만나고 갈까요?

トラックは急な坂道をゆっくり登って行った。

　트럭은 급한 경사진 길을 천천히 올라갔다.

時間がないからタクシーに乗って行きましょう。

　시간이 없으니 택시를 타고 갑시다.

✔ 보조동사(계속/소멸)

> 例

交通事故で多くの人が死んでいく。

　교통사고로 많은 사람이 죽어 간다.

小さなボートは渦の中に沈んでいった。

　작은 보트는 소용돌이 속에 가라앉아 갔다.

何も考えずにこのままやっていきたい。

　아무것도 생각하지 않고 이대로 해 나가고 싶다.

彼の病気はますます重くなっていきました。

　그의 병은 점점 악화되어 갔습니다.

見ている間にもどんどん雪が積もっていく。

　보고 있는 사이에도 계속해서 눈이 쌓여 간다.

(2) ～てくる

- 접속 : 동사 て형 + くる
- 의미 : ① 본동사 : ~(하)고 오다, ~(해) 오다
         ② 보조동사 : ~(하)게 되다, ~(해) 지다, ~(해) 오다.
- 용법 : てくる는 구체적인 동작을 나타내는 본동사로 사용될 때와 추상적인 의미로 나타내는 보조동사로 사용될 때 가 있다. 본동사로 사용되는 경우는 주로 동작동사와 함께 사용되어 〈무언가를 하고 오다〉의 의미를 나타낸다. 보조동사로도 사용되는 てくる는 〈~(해)오다 ~(하)기 시작하다 ~(하)게 되다, ~(해)지다〉 등과 같은 의미로, 변화나 동작이 계속되어 오거나, 없었던 것이 나타나 오거나, 상태가 변화하기 시작함 등을 나타낸다.

✔ 본동사(이동)

例

歩いてきたので、汗をかきました。　걸어서 와서, 땀을 흘렸습니다.
友達とコンサートに行って来ました。　친구와 콘서트에 갔다 왔습니다.
今度の休みには少し遊んで来ました。　이번 휴가에는 조금 놀다 왔습니다.
その物体はどんどん近づいてきました。　그 물체는 점점 접근해 왔습니다.
現地に行ってちゃんと調べて来ました。　현지에 가서 정확히 조사해 왔습니다.

✔ 보조동사(계속/출현/개시/대상을 향한 동작)

例

霧が晴れて山が見えてきました。　안개가 걷히고 산이 보이기 시작했습니다.
夕方は電車もかなり混んできます。　저녁에는 전철도 상당히 밀리게 됩니다.
この伝統は五百年も続いてきました。　이 전통은 오백년이나 계속되어 왔습니다.
化粧品を買った客が苦情を言ってきました。　화장품을 산 손님이 불만을 말해 왔습니다.
やっとキムチの味が少し分かってきました。　겨우 김치의 맛을 조금 알게 되었습니다.

3. ～ておく

- 접속 : 동사 て형 + おく
- 의미 : ~(해) 두다, (해) 놓다
- 용법 : ておく는 어떤 행동을 행하여 그 결과의 상태를 지속시키는 의미를 나타낸다. 문맥에 따라 일시적인 조치를 나타내기도 하며 장래에 대한 준비를 나타내기도 한다. 회화체에서는 ておく가 とく의 형태로도 사용한다. てある와 같은 의미로 사용되기도 한다.

例

資料は前もって用意しておきました。　자료는 미리 준비해 두었습니다.
彼に会ったらちゃんと伝えておきます。　그를 만나면 확실히 전해 두겠습니다.
この仕事は今日中に片付けておきます。　이 일은 오늘 중으로 처리해두겠습니다.
貴重品はカウンターに預けておいてください。　귀중품은 카운터에 맡겨 두십시오.
＝ 貴重品はカウンターに預けといてください。
今のうちに遊んでおかないと時間がない。　지금 놀아두지 않으면 시간이 없다.
＝ 今のうちに遊んどかないと時間がない。

4. ～てしまう

- 접속 : 동사 て형 + しまう
- 의미 : ~(해) 버리다, ~(하)고 말다
- 용법 : てしまう는 완료된 동작이나 어떤 일에 대한 유감이나 후회 등을 나타낸다. 〈~해 버리다〉가 아니라 〈~하다〉로 번역해야 하는 경우도 있는데, 이런 경우는 동사의 의미를 매우 강하게 나타낸 표현이다. 회화체에서는 주로 ちまう, ちゃう의 형태로 사용한다.

例

時計の電池が切れてしまった。　시계 전지가 다 되어버렸다.
古い書類を全部燃やしてしまった。　오래된 서류를 전부 태워버렸다.
会議中にあくびをしてしまいました。　회의 중에 하품을 해버렸습니다.

> ● 참고
> てしまう의 축약형(ちまう/ ちゃう)
>
> 1. る형
>
> | やる | やってしまう | → やっちまう | → やっちゃう | 해 버리다 |
> | 死ぬ | 死んでしまう | → 死んじまう | → 死んじゃう | 죽어 버리다 |
>
> 2. た형
>
> | やった | やってしまった | → やっちまった | → やっちゃった | 해 버렸다 |
> | 死んだ | 死んでしまった | → 死んじまった | → 死んじゃった | 죽어 버렸다 |
>
> 機械の使い方を忘れてしまって困った。 기계의 사용법을 잊어버려 고생했다.
> = 機械の使い方を忘れちまって困った。
> = 機械の使い方を忘れちゃって困った。
> やってはいけないことをやってしまった。 해서는 안 될 일을 해 버렸다.
> = やってはいけないことをやっちまった。
> = やってはいけないことをやっちゃった。

5. 〜てみる ‖ 〜てみせる

(1) 〜てみる

- 접속 : 동사 て형 + みる
- 의미 : ~(해) 보다
- 용법 : てみる는 어떤 것인지, 어떤 곳인지 하는 것을 알기 위해, 실제로 행위를 함을 나타내는데 사용하는 표현이다.

> 例
>
> 彼女に電話してみましたが、留守でした。
>   그녀에게 전화해 보았습니다만, 없었습니다.
> 電車をやめて自転車通勤をしてみました。
>   전철을 그만두고 자전거 통근을 해 보았습니다.
> ズボンのすそを直したので、はいてみました。
>   바지의 단을 고쳤기에 입어 보았습니다.

私もそれに応募してみましたが、だめでした。

　나도 그에 응모해 보았습니다만, 안됐습니다.

彼の居場所を聞いてみたが、教えてくれなかった。

　그가 있는 곳을 물어 보았지만, 가르쳐주지 않았다.

(2) ～てみせる

- 접속 : 동사 て형 + みせる
- 의미 : ～(해) 보이다
- 용법 : てみせる는 소개, 이해촉구, 과시, 주장 등을 실제의 동작으로 보여줌을 나타내는 표현이다.

例

今度こそよい成績を取って見せる。

　이번에야말로 좋은 성적을 따 보이겠다.

彼は難しい問題をうまく解決してみせた。

　그는 어려운 문제를 잘 해결해 보였다.

今度の入社試験には必ず合格して見せる。

　이번 입사시험에는 반드시 합격해 보이겠다.

彼女はビール一本を一気に飲んで見せた。

　그녀는 한 병의 맥주를 단숨에 마셔 보였다.

実験はどんなことがあっても完成してみせる。

　실험은 어떤 일이 있어도 완성해 보이겠다.

4.5 수수표현

1. ～てやる ∥ ～てあげる

- 구문 : ~が(~가), ~に(~에게), ~を(~을/를), ~てやる(~(해) 주다)
- 의미 : ~(해) 주다
- 용법 : てやる는 화자나 화자 쪽 사람이 누군가에게 무언가의 행위를 하는 경우에 사용하는 표현이다.
  てやる를 정중하게 나타낼 때에는 やる의 겸양어 あげる를 사용하여 てあげる로 표현한다.

(1) ～てやる

> 例
>
> 子供に漫画を買ってやりました。
> 아이에게 만화를 사 주었습니다.
> 友だちにお金を貸してやりました。
> 친구에게 돈을 빌려 주었습니다.
> 学生に貴重な本を見せてやりました。
> 학생에게 귀중한 책을 보여 주었습니다.

(2) ～てあげる

> 例
>
> 先輩の引っ越しを手伝ってあげました。
> 선배님의 이사를 도와 드렸습니다.
> 彼の話を最後まで聞いてあげましょう。
> 그의 이야기를 마지막까지 들어 드립시다.
> 困っている彼の相談にのってあげました。
> 곤란해 하던 그의 상담에 응해드렸습니다.

> **참고**
>
> **~てさしあげる**
>
> てあげる를 더욱 겸손하게 표현할 때는 てさしあげる를 사용한다.
>
> お客様を空港まで送ってさしあげた。　손님을 공항까지 배웅해 드렸다.
> 日本から来たというので案内してさしあげた。
> 　일본에서 왔다고 해서 안내해 드렸다.
> 私はアメリカ人の先生に箸の使い方を教えてさしあげた。
> 　나는 미국인 선생님에게 젓가락 사용법을 가르쳐 드렸다.

2. ~てくれる ‖ ~てくださる

- 구문 : ~が(~가), ~に(~에게), ~を(~을/를), ~てくれる(~(해) 주다)
- 의미 : ~(해) 주다
- 용법 : てくれる는 화자나 화자 쪽 사람을 위해 누군가가 무언가의 행위를 한다고 하는 것을, 행위자를 주격으로 하여 나타내는 표현이다.

  くれる를 정중하게 나타낼 때에는 くれる의 존경어 くださる를 사용하여 てくださる로 표현한다.

(1) ~てくれる

例

彼が自分のものを少し分けてくれた。　그가 자기 것을 조금 나누어 주었다.
彼女が私におみやげを買ってくれました。　그녀가 나에게 선물을 사 주었습니다.
先輩がコンピューターを修理してくれました。　선배가 컴퓨터를 수리해 주었습니다.

(2) ~てくださる

例

彼女がわざわざ家まで来てくださいました。　그녀가 일부러 집까지 와 주셨습니다.
私のカバンをみんなで探してくださいました。　내 가방을 모두 함께 찾아주셨습니다.
危ないところを彼が助けてくださいました。　위험한 상황을 그가 구해 주셨습니다.

> **주의**
>
> **~てくれる의 의미구조**
>
> くれる를 붙이지 않고 동사만으로 표현하게 되면 화자가 아닌 다른 사람을 위한 행위를 나타내게 된다.
>
> 友だちも内容を私に話してくれなかった。 친구도 나에게 내용을 말해주지 않았다.
> → 友だちも内容を私に話さなかった。（×）
> ここまで送ってくれて、ありがとう。 여기까지 데려다 주어 고맙다.
> → ここまで送って、ありがとう。（×）

3. ～てもらう ‖ ～ていただく

- 구문 : ～に(~에게/~가), ～を(을/를), ～てもらう(~(해)주다)
- 의미 : ~(해) 주다, ~(해) 받다(일본식 한국어?)
- 용법 : てもらう는 화자나 화자 쪽 사람을 위해 누군가가 무언가의 행위를 한다고 하는 것을, 화자 쪽의 입장에서 나타내는 표현이다. てもらう는 〈(~에게 ~을) ~해 받다〉의 구문으로 동작을 행하는 주체가 に격으로 나타난다. もらう는 받다 의 뜻을 가졌기 때문에 てもらう를 직역하면 ~을 해 받다 의 뜻이 되지만, 이를 한국어로 번역할 때는 〈(~이/가 ~을) ~해 주다〉로 옮겨야 한다. に격을 が격으로 바꾸어 てもらう를 てくれる로 표현할 수도 있다.

  てもらう를 정중하게 나타낼 때에는 もらう의 겸양어 いただく를 사용하여 ていただく로 표현한다.

(1) ～てもらう

> **例**
>
> お前のような悪党には死んでもらう。 너와 같은 악당은 죽어 줘야겠다.
> この時計は父に買ってもらいました。 이 시계는 아버지가 사 주었습니다.
> 司会は彼女にやってもらうつもりです。 사회는 그녀에게 부탁할 셈입니다.
> 論文の内容は先生に読んでもらいました。 논문 내용은 선생님이 읽어 주었습니다.
> いままでずっと親に面倒を見てもらった。 지금까지 쭉 부모에게 도움을 받아왔다.

(2) ～ていただく

例

この荷物を預かっていただけませんか。

　이 짐을 맡아 주시겠습니까?

先生に紹介状を書いていただきました。

　선생님이 소개장을 써 주셨습니다.

私は牟先生に日本語を教えていただいた。

　나는 모 선생님에게서 일본어를 배웠다.

来週の発表の順番、代わっていただけませんか。

　다음 주 발표순서, 바꿔주실 수 있습니까?

必ず返しますから、もう少し待っていただけませんか。

　반드시 돌려줄 테니, 조금만 더 기다려 주시겠습니까?

참고

～から …てもらう

물건이나 지식 등이 상대방으로부터 화자 쪽으로 이동하거나 전달되는 경우에는 ~から…てもらう의 형태도 사용한다.

先輩からいい案を出してもらった。 선배가 좋은 안을 내 주었다.

→ 先輩にいい案を出してもらった。

家内は先生から紹介してもらいました。 처는 선생님으로부터 소개받았습니다.

→ 家内は先生に紹介してもらいました。

연구

~てくれる와 ~てもらう

〈~가 ~을 ~해 주다〉의 표현에는 てくれる와 てもらう의 두 가지가 있다. てくれる는 화자나 화자 쪽 사람을 위해 누군가가 무언가의 행위를 한다고 하는 것을, 행위를 하는 사람을 주격으로 하여 나타내는 표현으로, 그 사람이 스스로 자진하여 행위를 했을 때에 많이 사용한다. てもらう는 화자나 화자 쪽 사람을 위해 누군가가 무언가의 행위를 한다고 하는 것을, 화자 쪽의 입장에서 나타내는 표현이다. 화자가 행위를 하도록 부탁했을 때에는 てもらう를 사용하는 경우가 많지만, 상대가 자진하여 행위를 했을 때에는 てくれる를 사용하는 경우가 많다.

구문 : Aが Bを 동사 + てくれる 행위자의 입장에서
　　　 Aに Bを 동사 + てもらう 화자의 입장에서

いつも先生は私を庇ってくれました。　언제나 선생님은 나를 감싸주었습니다.
後輩が引っ越しを手伝ってくれました。　후배가 이사를 도와주었습니다.
中国の友だちに料理を教えてもらった。　중국 친구가 요리를 가르쳐주었다.
徳川さんに日本の小説を貸してもらった。　徳川씨가 일본소설을 빌려주었다.

제5장
연체형

5.1 연체형

연체형은 동사가 체언(명사)을 수식하는 형태로 る형과 た형이 있다.

1. ~る형
- 형태 : ~る
- 의미 : ~하는, ~할
- 용법 : 보통체의 연체형은 る형으로 종지형과 같으며, 의미는 현재나 미래 또는 일반적 사실 등을 나타낸다.

동사 기본형		종 지 형		연 체 형	
聞く	듣다	歌を聞く	노래를 듣다	聞く歌	듣는/들을 노래
来る	오다	船が来る	배가 오다	来る船	오는/올 배
吹く	불다	風が吹く	바람이 불다	吹く風	부는/불 바람
飲む	마시다	酒を飲む	술을 마시다	飲む酒	마시는/마실 술

例

これは彼女に贈るプレゼントです。
　이것은 그녀에게 보낼 선물입니다.
中国に行く人はその発展に驚きます。
　중국에 가는 사람은 그 발전에 놀랍니다.
これは子供が読む本じゃありません。
　이것은 어린이가 읽을 책이 아닙니다.
一般家庭で食べるキムチはおいしいです。
　일반가정에서 먹는 김치는 맛있습니다.

2. ~た형

- 형태 : ~た
- 의미 : ~한
- 용법 : 보통체 과거형의 연체형은 た형으로 종지형과 같으며, 의미는 과거나 완료를 나타낸다.

동사 기본형	종 지 형	연 체 형
買う 사다	絵を買った 그림을 샀다	買った絵 산 그림
書く 쓰다	本を書いた 책을 썼다	書いた本 쓴 책
呼ぶ 부르다	彼を呼んだ 그를 불렀다	呼んだ彼 부른 그
降る 내리다	雨が降った 비가 내렸다	降った雨 내린 비

例

事件を目撃した人は一人もいません。
사건을 목격한 사람은 한 명도 없습니다.

会社を首になったのは本人のせいです。
회사를 해고당한 것은 본인의 탓입니다.

子供の教育に使ったお金も少なくない。
아이 교육에 사용한 돈도 적지 않다.

バスから降りた時にそれを思い出した。
버스에서 내렸을 때에 그것을 생각해냈다.

5.2 관련표현

1. 원인/이유

(1) ~から

- 접속 : ① だ/です + から
  ② 용언 종지형 + から
- 의미 : ~이니까, ~이기 때문에
- 용법 : から는 문과 문을 접속해 주는 조사로, から문은 뒷문에 대한 원인/이유/근거 등을 나타낸다. 한국어와 달리 から 앞에는 보통체와 정중체가 다 올 수 있다.

例

まだ冬ですから、風も冷たいです。
　아직 겨울이니까, 바람도 차갑습니다.

彼がいますから、もう心配はありません。
　그가 있으니까, 이제 걱정은 없습니다.

値段が安いですから、お客さんが多いです。
　가격이 싸니까, 손님이 많습니다.

明日から学校が始まるから、みんな忙しいんです。
　내일부터 학교가 시작되기 때문에 모두 바쁩니다.

あなたは痩せているから、ダイエットする必要はない。
　당신은 말랐기 때문에 다이어트 할 필요는 없다.

(2) ~ので

- 접속 : ① 용언 연체형 + ので
  ② 명사 + なので/であるので
- 의미 : ~이니까, ~이므로, ~이어서
- 용법 : ので는 から와 마찬가지로 원인이나 이유를 나타내는 형식으로, 앞문을 뒷 문에 대한 원인이나 이유로 제시하는 경우에 사용한다. ので는 から에 비해 정중한 문체에

사용한다. 형용동사는 어간에 なので나 であるので의 형태로 접속하여 사용한다. 형용동사의 연체형은 な이므로, 명사로 보나 형용동사의 연체형으로 보나 마찬가지이다.

✔ 동사・형용사

> 例
>
> 必ず連絡が来るので待っていてください。
> 반드시 연락이 오니까 기다리고 있으세요.
>
> キムチがおいしかったので買って来ました。
> 김치가 맛있어서 많이 사 왔습니다.
>
> この雑誌は面白いのでたくさん売れています。
> 이 잡지는 재미있어서 많이 팔리고 있습니다.
>
> ビールなら彼女も飲むので用意してください。
> 맥주라면 그녀도 마시므로 준비해 주십시오.
>
> 会社が遠いので朝早く家を出なければなりません。
> 회사가 멀어서 아침 일찍 집을 나서야 합니다.

✔ 형용동사・명사

> 例
>
> この色は地味なので若者には似合いません。
> 이 옷은 수수해서 젊은이에게는 어울리지 않습니다.
>
> ここは安全なので心配する必要はありません。
> 여기는 안전하므로 걱정할 필요는 없습니다.
>
> 賛成が多いようなのでこの議案は可決されました。
> 찬성이 많은 것 같으니 이 의안은 가결되었습니다.
>
> 彼は病気なので一ヶ月前から会社を休んでいます。
> 그는 병으로 한 달 전 부터 회사를 쉬고 있습니다.
>
> 明日から試験なので彼女と会う時間なんかないんだ。
> 내일부터 시험이어서 그녀와 만날 시간 따윈 없다.

(3) ～ため

- 접속 : ① 동사/형용사 연체형 ＋ ため
  ② 형용동사 어간 ＋ な/の ＋ ため
  ③ 체언 ＋ の ＋ ため
- 의미 : ① 원인 : ~(하기/이기) 때문에
  ② 목적 : ~(하기/을) 위하여
- 용법 : ため는 원인이나 목적을 나타내는 형식으로, 명사 등의 대상이 직접 원인이 되는 경우에 많이 사용한다. 부사적으로 사용되는 ために는 に를 생략하여 ため만으로 표현할 수 있다.

✔ 원인 : ～ 때문에

例

高い賃金のために利益は少ないです。
　높은 임금이기 때문에 이익이 적습니다.
休みが多いために仕事が片付きません。
　쉬는 날이 많아서 일이 정리되지 않습니다.
景気が悪いため、失業者が多くなりました。
　경기가 나쁘기 때문에 실업자가 많아졌습니다.
台風が近づいているために波が高くなっている。
　태풍이 다가오고 있기 때문에 파도가 높아져 있다.
石油價格が急騰したために市場が混乱している。
　석유가격이 급등했기 때문에 시장이 혼란해 있다.

✔ 목적 : ～위하여

例

人類の平和のために努めています。
　인류 평화를 위하여 힘쓰고 있습니다.
疲れをいやすためにサウナへ行った。
　피로를 풀기 위해 사우나에 갔다.

これは市民のために作られた施設です。

　이것은 시민을 위해 만들어진 시설입니다.

切符を手にいれるために朝早くから並んだ。

　표를 손에 넣기 위해 아침 일찍부터 줄을 섰다.

中国を自分の目で確かめるため、飛行機に乗った。

　중국을 본인의 눈으로 확인하기 위해 비행기에 탔다.

> **참고**
>
> **ために구문의 의미와 관련표현**
>
> 1. 일반적으로 목적을 나타내는 경우에는 앞뒤 절의 주체가 동일해야 하며, ために 앞에는 화자의 의지로 실현 가능한 사항이 온다. 앞 뒤 절의 주체가 다른 경우는 원인을 나타낸다.
>
>   · 동일한 주체 → 목적
>   息子を留学させるために大金を使った。　자식을 유학시키기 위해 큰돈을 썼다.
>
>   · 상이한 주체 → 원인
>   息子が留学するために大金を使った。　자식이 유학하기 때문에 큰돈을 썼다.
>
> 2. ~ためになる : 유익하다/도움이 되다
>
>   これは後できっとためになります。　이것은 나중에 틀림없이 도움이 될 것입니다.
>   みなさんのためになる本を書きたいです。　여러분에게 유익한 책을 쓰고 싶습니다.
>
> 3. ~のためを思う : ~을 위하다
>
>   これはあなたのためを思って言うのです。　이것은 당신을 위해서 말하는 것입니다.
>   彼の忠告はあなたのためを思うからです。　그의 충고는 당신을 위해서 때문입니다.

(4) ～せい

- 접속 : ① 체언 + の + せい

　　　　② 형용동사 어간 + な + せい

　　　　③ 용언의 연체형 + せい

- 의미 : ~탓, ~원인, ~이유

- 용법 : せい는 좋지 않은 일이 발생한 것에 대한 원인이나 책임의 소재를 나타내는데 사용한다.

> **例**

夜眠れないのは騒音のせいだ。

　밤에 잠을 못 자는 것은 소음 탓이다.

目が悪くなったのはテレビを見すぎたせいだ。

　눈이 나빠진 것은 TV를 지나치게 많이 본 탓이다.

あいつがミスしたせいで、試合に負けてしまった。

　그 녀석이 실수한 탓으로, 시합에 져 버렸다.

熱帯夜が続いているせいで、電気の消費量が急増している。

　열대야가 계속되고 있는 탓에 전기소비량이 급증하고 있다.

僕がうそをついたせいで、みんなに迷惑をかけてしまった。

　내가 거짓말을 한 탓으로, 모두에게 폐를 끼치고 말았다.

2. 목적

(1) ～には

- 접속 : 동사 연체형 ＋ には
- 의미 : ~(하)는 데에는
- 용법 : には는 목적을 나타내는 표현으로, ためには와 같은 의미를 나타낸다.

> **例**

家を買うにはお金がたくさん要ります。

　집을 사는 데에는 돈이 많이 필요합니다.

この部屋は二人で住むには少し狭いですね。

　이 방은 둘이서 사는 데에는 조금 좁군요.

交通事故を防ぐには何よりも安全運転ですね。

　교통사고를 막는 데에는 무엇보다도 안전운전이지요.

それを美味しく飲むにはこういう方法があります。

　그것을 맛있게 마시는 데에는 이런 방법이 있습니다.

いま電話するには少し時間が遅いように思われる。

　지금 전화를 하기에는 조금 시간이 늦었다고 생각된다.

(2) ~のに

☑ ~のに⁽¹⁾

- 접속 : 동사 연체형 + のに
- 의미 : ~(하)는 데
- 용법 : のに는 목적을 나타내는 표현에 사용되는데, 뒤에 이어지는 말은 〈使う, かかる, 必要だ, いい〉등과 같이 주로 목적에 대해 필요한 조건이나 결과를 제시하는 내용이 많다.

▶ 일반적 사항

例

この道具はパイプを切るのに使います。
　이 도구는 파이프를 자르는 데 사용합니다.
その説明書は構内に入るのに必要です。
　그 설명서는 구내에 들어가는데 필요합니다.
豆腐はたんぱく質を摂取するのにいいです。
　두부는 단백질을 섭취하는데 좋습니다.

▶ 구체적 사항

例

社長を説得するのに彼女が必要でした。
　사장님을 설득하는데 그녀가 필요했습니다.
病気を治療するのに全財産を使いました。
　병을 치료하는데 전 재산을 사용했습니다.
論文をまとめるのに先生の指導は不可欠でした。
　논문을 정리하는데 선생님의 지도는 불가결했습니다.

> **참고**
>
> **には와 のに**
> には는 주로 일반적 사항을 나타내는 경우에 사용하고, 구체적 사항을 나타내는 경우에는 사용하지 않는다. のに는 일반적 사항뿐만 아니라 구체적 사항을 나타내는 경우에도 사용한다. 문말에 과거형이 올 수도 있으며, 연체수식절 내에서도 사용된다.
>
> 1. 일반적 사항
>   許可をもらう(には/のに)たいへん苦労します。
>   허가를 받는 데에(는) 매우 힘듭니다.
>   普通映画を見る(には/のに)二時間ぐらいかかります。
>   보통 영화를 보는 데에는 두 시간 정도 걸립니다.
>
> 2. 구체적 사항
>   許可をもらうのにたいへん苦労しました。
>   허가를 받는 데에 매우 힘들었습니다.
>   →許可をもらうにはたいへん苦労しました。(×)
>
>   彼を探すのに一ヶ月以上もかかりました。
>   그를 찾는 데에 1개월 이상이나 걸렸습니다.
>   →彼を探すには一ヶ月以上もかかりました。(×)
>
> 3. 연체수식절
>   最近の学生は買い物をするのに必要なカードを持ち歩いている。
>   최근의 학생은 쇼핑하는데 필요한 카드를 갖고 다닌다.
>   →最近の学生は買い物をするには必要なカードを持ち歩いている。(×)

✔ ~のに⁽²⁾

- 접속 : 동사 연체형 + のに
- 의미 : ~(하)는데
- 용법 : のに는 앞문과 뒷문이 서로 상반되거나, 예측이나 기대에 못 미치는 내용을 나타내는 역접(대비/예상외)의 의미로도 사용된다.

  例

  私は掃除をしているのに彼は外で遊んでいる。
  나는 청소를 하고 있는데 그는 밖에서 놀고 있다.

彼には会ってくれるのに私には会ってくれない。
　그는 만나 주는데 나는 만나주지 않는다.
一生懸命お手伝いしたのにお小遣いをくれなかった。
　열심히 도와드렸는데 용돈을 주지 않았다.
二、三人は合格すると思っていたのに皆不合格だった。
　두세 명은 합격하리라 생각했었는데 모두 불합격이었다.
政権交替が行われたのに変わったことは何一つなかった。
　정권교체가 이루어졌는데 변한 것은 무엇 하나 없었다.

3. ~よう

(1) ~よう(に)

- 접속 : 동사 연체형 + よう(に)
- 의미 : ① 긍정문 : ~(하)도록
　　　　② 부정문 : ~(하)지 않도록
- 용법 : ように는 전후에 동사를 접속하여 목적이나 권고 또는 기원 등을 나타낸다. に를 생략한 よう의 형태로도 사용한다.

✔ 긍정문

例

時間内に終了するようにお願いします。 시간 내에 종료하도록 부탁했습니다.
対話に応じるよう、政府に要求しました。 대화에 응하도록 정부에 요구했습니다.
みんなに聞こえるように大きな声で話した。 모두에게 들리도록 큰소리로 말했다.
息子が大学に合格できるように祈りました。 아들이 대학에 합격되도록 기원했습니다.
戻ったら家に電話するようにお伝えください。 돌아오면 집에 전화하도록 전해주십시오.

✔ 부정문

例

試合に負けないようにがんばりました。　시합에 지지 않도록 분발했습니다.
秘密が漏れないように気をつけましょう。　비밀이 새지 않도록 주의합시다.

お口に入れないようにしまっておきましょう。

입에 넣지 않도록 넣어 둡시다.

歴史を忘れないようにちゃんと教育しています。

역사를 잊지 않도록 똑바로 교육하고 있습니다.

風邪を引かないようによく手を洗ってください。

감기에 걸리지 않도록 자주 손을 씻어 주십시오.

(2) ~ようにする ‖ ~ことにする

☑ ~ようにする

- 접속 : 동사 연체형 + ようにする
- 의미 : ~(하)도록 하다
- 용법 : ようにする는 어떤 행위나 상황이 성립하도록 노력하거나 배려함을 나타낸다. 특히 ようにしている는 어떤 행동 등을 습관처럼 하는 경우에 사용한다.

例

なるべく油ものは食べないようにしている。

되도록 기름기 있는 것은 먹지 않도록 하고 있다.

彼女の機嫌を損ねることは言わないようにした。

그녀의 비위를 상하게 하는 말은 안 하도록 했다.

できるだけ英会話のテレビを見るようにしている。

가능한 한 영어회화 TV를 보도록 하고 있다.

私は太りやすい体質なので、食べすぎないようにしている。

나는 살찌기 쉬운 체질이라, 과식하지 않도록 하고 있다.

試験日には目覚まし時計を二台セットして寝坊しないようにする。

시험 날에는 자명종시계를 두 대 세트하여 더 자는 일이 없도록 한다.

☑ ~ことにする

- 접속 : 동사 연체형 + ことにする
- 의미 : ~하기로 하다
- 용법 : ことにする는 어떤 사항에 대한 결정이나 결의 등을 나타낸다. 특히 ことにしている는 어떤 결정에 근거한 개별적인 습관이나 약속 등을 나타내는 경우에 사용한다.

例

明日（あした）また続（つづ）ける ことにしましょう。　내일 또 계속하기로 합시다.

毎日（まいにち）これを飲（の）む ことにしています。　매일 이것을 마시기로 하고 있습니다.

今回（こんかい）に限（かぎ）って許可（きょか）する ことにします。　이번에 한해서 허가하기로 하겠습니다.

三十分後（さんじっぷんご）再（ふたた）びここに集（あつ）まる ことにしました。　30분 후 재차 여기에 모이기로 했습니다.

恒例（こうれい）によって会議（かいぎ）の後（あと）に夕食会（ゆうしょくかい）を設（もう）ける ことにした。
관례에 따라 회의 후에 저녁모임을 두기로 했다.

참고

~ようにする와 ~ことにする의 차이

Ⓐ ようにする : 일반적인 경향 (되도록 ~하도록 하다)

Ⓑ ことにする : 결정적인 사태 (결심/결정하여 ~하기로 하다)

A : 海外旅行（かいがいりょこう）なら私（わたし）も行（い）くようにします。 해외여행이라면 나도 가도록 하겠습니다.

B : 海外旅行なら私も行くことにします。 해외여행이라면 나도 가기로 하겠습니다.

A : 当分（とうぶん）お酒（さけ）は飲（の）まないようにしている。 당분간 술은 안 마시도록 하고 있다.

B : 当分お酒は飲まないことにしている。 당분간 술은 안마시기로 하고 있다(했다).

A : 頑張（がんば）って試験（しけん）には落（お）ちないようにします。 → (○)
　분발하여 시험에는 떨어지지 않도록 하겠습니다.

B : 頑張って試験には落ちないことにします。 → (×)
　분발하여 시험에는 떨어지지 않기로 하겠습니다.

---

(3) ~ようになる ∥ ~ことになる

✔ **~ようになる**

- 접속 : 동사 연체형 + ようになる
- 의미 : ~(하)게 되다
- 용법 : ようになる는 불가능한 상태에서 가능한 상태로, 또는 실행되지 않은 상태에서 실행되는 상태로 변화됨을 나타낸다.

🈺
注意したら騒がないようになりました。
　주의를 주었더니 떠들지 않게 되었습니다.
日本語もある程度話せるようになりました。
　일본어도 어느 정도 말할 줄 알게 되었습니다.
中学に入ってから予習するようになりました。
　중학교에 들어가고 나서 예습하게 되었습니다.
最近はどんな野菜でも食べられるようになった。
　최근에는 어떤 야채라도 먹을 수 있게 되었다.
医者に勧められて毎朝ジョギングするようになった。
　의사의 권유를 받아 매일아침 조깅하게 되었다.

✔ ～ことになる

- 접속 : 동사 연체형 + ことになる
- 의미 : ~(하)게 되다
- 용법 : ことになる는 어떤 사항에 대해, 결정이나 합의가 이루어지거나, 어떤 결과가 됨을 나타낸다. 특히 ことになっている는 예정, 법률이나 규칙과 같이 사람을 구속하는 여러 가지 결정 사항을 나타내는 경우에 사용한다.

🈺
この度、自伝を出すことになりました。
　이번에 자서전을 내게 되었습니다.
あさって日本へ出張することになりました。
　모레 일본에 출장가게 되었습니다.
残業することになったら連絡してください。
　잔업 하게 되면 연락해 주십시오.
次の学会は中国で開催することになっている。
　다음 학회는 중국에서 개최하기로 되어 있다.
来年、社内の同僚と結婚することになりました。
　내년에 사내의 동료와 결혼하게 되었습니다.

5.3 조사⁽⁴⁾

1. ~だけ
   - 접속 : ① 명사 + だけ
           ② 용언 연체형 + だけ
   - 의미 : ~만, ~뿐, ~것 만 (뿐)
   - 용법 : だけ는 명사에 붙어 그것을 한정하는 의미를 나타내는 조사로 사용되는 것이 보통인데, 용언에 붙어 사용되기도 한다. 동사에 이어지는 だけ는 한국어로 해석하기에는 형식명사가 필요할 것처럼 보이지만, 한국어와 달리 형식명사를 넣지 않고 동사의 연체형에 だけ가 직접 연결되어 사용된다.

✔ 명사 + だけ

   例

   朝は牛乳だけで充分です。　아침은 우유만으로 충분합니다.
   薬だけで病気は治りません。　약만으로 병은 낫지 않습니다.
   まだ夢だけは持っています。　아직 꿈만은 가지고 있습니다.
   彼女と会うのは週末だけです。　그녀와 만나는 것은 주말뿐입니다.
   彼の住所だけは知っています。　그의 주소만은 알고 있습니다.

✔ 용언 + だけ

   例

   私は会員に連絡をするだけです。
   　나는 회원에게 연락을 할 뿐입니다.
   ただ封筒に切手を貼るだけです。
   　그저 봉투에 우표를 붙이는 것뿐입니다.
   聞くだけでもぞくぞくする話です。
   　듣는 것만으로도 오싹할 이야기입니다.

彼とはいっしょにいるだけでも幸せです。

　그와는 함께 있는 것만으로도 행복합니다.

私は彼女の誕生日に花束を送っただけです。

　나는 그녀의 생일에 꽃다발을 보냈을 뿐입니다.

2. ～のみ

- 접속 : ① 명사 + のみ
  ② 동사 연체형 + のみ
- 의미 : ~뿐, 만
- 용법 : のみ는 한정을 나타내는 조사로, 문장체적인 무거운 표현에 사용한다. 회화체에서는 だけ, ばかり 등을 사용한다.

✔ 명사 + のみ

例

口約束のみでは後でどうなるか心配だ。

　입으로 한 약속만으로는 나중에 어찌 될지 걱정이다.

今も現役で頑張っているのは彼女のみだ。

　지금도 현역에서 분발하고 있는 것은 그녀뿐이다.

彼のみが事件の真実をよく知っていると思う。

　그만이 사건의 진실을 잘 알고 있으리라 생각한다.

この髪型なら和服のみならず洋服でも大丈夫だ。

　이 머리모양이라면 일본 옷뿐만 아니라 양복이라도 괜찮다.

判断の誤りはその目的のみならず国益も損ないかねない。

　판단 미스는 그 목적뿐만 아니라 국익도 손상할지 모른다.

✔ 용언 + のみ

例

準備はできたから、後は実行するのみだ。

　준비는 되었으니, 이후로는 실행하는 것뿐이다.

試験も近づいたから、これからは勉強するのみだ。
시험도 다가왔으니, 지금부터는 공부하는 것뿐이다.

その時は焦るのみで、何も手に着かない状況だった。
그 때는 조급할 뿐으로, 아무것도 손에 안 잡히는 상황이었다.

首位打者も打点王もとったから、後はホームラン王のみだ。
수위타자도 타점왕도 땄기 때문에 남은 것은 홈런왕뿐이다.

3. ~ばかり

- 접속 : ① 명사 + ばかり
  ② 동사 る형 + ばかり
  ③ 동사 た형 + ばかり
- 의미 : ① ~만, ~뿐
  ② (る형)~뿐이다
  ③ (た형)막~했다
- 용법 : ばかり는 대상이나 행동을 그것뿐이라고 한정하여 나타낼 때 사용한다. 동사 た형에 접속하면 어떤 행동이 갓 이루어졌음을 나타낸다.

☑ 명사 + ばかり

例

うちの息子は漫画ばかり読んで勉強はしない。
우리 아들은 만화만 보고 공부는 하지 않는다.

この教室にはめがねをかけた学生ばかりいますね。
이 교실에는 안경을 쓴 학생만 있군요.

肉ばかりでなく野菜も食べるようにしてください。
고기뿐만 아니라 야채도 먹도록 하십시오.

あの家の主人は毎日酒ばかり飲んでいて、ちっとも働かない。
그 집 남편은 매일 술만 먹고 조금도 일하지 않는다.

近ごろの大学生は遊んでばかりいて全然勉強しようともしない。
요즘 대학생은 놀고만 있고 전혀 공부하려고도 하지 않는다.

✔ 용언 + ばかり

▶ る형+ばかり

例

この町も若い人が減って廃れていくばかりだ。
이 마을도 젊은 사람이 줄어 쇠퇴해 갈 뿐이다.

年を取るに連れ、望郷の思いはつのるばかりだ。
나이를 먹음에 따라, 망향의 생각은 심해질 뿐이다.

うちの息子は勉強はせず 毎日遊んでいるばかりだ。
우리 아들은 공부는 하지 않고 매일 놀고 있을 뿐이다.

▶ た형+ばかり

例

やっと山の頂上に着いたばかりです。
겨우 산 정상에 막 도착했습니다.

搾ったばかりの牛乳はとても美味しかった。
바로 짠 우유는 매우 맛있었다.

買ったばかりの傘を電車の中に忘れてきた。
산지 얼마 안 된 우산을 전철 속에 잊고 왔다.

참고

~ばかりか
ばかりに か가 접속한 ばかりか는 だけでなく와 같은 〈~뿐만 아니라〉의 의미를 나타낸다.

酢はやせるばかりかスタミナもつく。
식초는 살이 빠질 뿐만 아니라 스태미나도 붙는다.

山田さんは英語ばかりか韓国語も話せる。
山田씨는 영어뿐만 아니라 한국어도 할 줄 안다.

犯人は窃盗ばかりか殺人事件まで起こした。
범인은 절도뿐만 아니라 살인사건까지 벌였다.

4. ～しか ～ない

- 접속 : ① 명사 + (조사) + しか + 동사 부정형
  ② 동사 연체형 + しか + 동사 부정형
- 의미 : ~밖에 ~하지 않다
- 용법 : しか는 부정표현과 함께 사용되어 한 가지 일만을 들어 다른 것을 배제하고 있음을 나타내는 표현이다.

例

明日（あした）は一時間（いちじかん）しか授業（じゅぎょう）がありません。
　내일은 1시간밖에 수업이 없습니다.

朝（あさ）はだいたい牛乳（ぎゅうにゅう）ぐらいしか飲（の）みません。
　아침은 대개 우유정도밖에 마시지 않습니다.

彼（かれ）に任（まか）せるとお座（ざ）なりの仕事（しごと）しかしない。
　그에게 맡기면 즉흥적인 일밖에 하지 못한다.

決（き）められた場所（ばしょ）で家族五人（かぞくごにん）としか合（あ）えません。
　정해진 장소에서 가족 5인과 밖에 만날 수 없습니다.

燃料（ねんりょう）がなくなったら飛行機（ひこうき）は落（お）ちるしかない。
　연료가 없어지면 비행기는 떨어질 수밖에 없다.

연구

～しか와 ～だけ

〈しか + 부정형〉은 그 대상 이외에는 없음을 강조하거나, 말하는 이에 있어서 수량이 대수롭지 않거나 별 것 아닌 것으로 느꼈을 때 사용하는 것 같다. 〈だけ + 긍정형〉은 앞에 붙은 명사를 오직 그것뿐이라고 한정시킬 뿐이기 때문에, 〈しか + 부정형〉과 같은 의미로 사용할 수도 있다. 하지만, 〈だけ〉가 수량명사에 붙는 경우, 그 양의 많고 적음에 대한 화자의 감각은 나타내지 않기 때문에, 〈しか + 부정형〉과 그 의미가 같지 않은 경우도 있는 것 같다. 〈しか + 부정형〉의 구문을 〈だけ〉의 구문으로 사용하는 경우에는, 〈だけ + 조사 + 긍정형〉의 형태나 〈だけ + だ〉를 술어의 구문으로 하는 형태로 바꾸어 사용하는 것이 자연스럽다.

1) 事務室には彼女しかいません。 사무실에는 그녀 밖에 없습니다.
   → 事務室には彼女だけいます。(?)
   → 事務室には彼女だけがいます。 사무실에는 그녀만이 있습니다.
   → 事務室にいるのは彼女だけです。 사무실에 있는 것은 그녀뿐입니다.

2) 私は彼女の名前しか知りません。 나는 그녀의 이름밖에 모릅니다.
   → 私は彼女の名前だけ知っています。 나는 그녀의 이름만 알고 있습니다.
   → 私は彼女の名前だけを知っています。 나는 그녀의 이름만을 알고 있습니다.
   → 私が知っているのは彼女の名前だけです。
      내가 알고 있는 것은 그녀의 이름뿐입니다.

3) 会社から駅までは五分しかかかりません。
      회사에서 역까지는 5분밖에 걸리지 않습니다.
   → 会社から駅までは五分だけかかります。 (?)
   → 会社から駅までは五分だけがかかります。(?)
   → 会社から駅までかかるのは五分だけです。
      회사에서 역까지 걸리는 건 5분뿐입니다.

5. ～くらい/ぐらい

- 접속 : ① 명사 + ぐらい
         ② 동사 연체형 + くらい

- 의미 : ~정도(로)

- 용법 : ぐらいは 명사나 동사 등에 붙어 그와 같은 정도임을 나타낸다. 명사에는 ぐらい의 형태로 용언의 경우에는 くらい의 형태로 주로 사용한다. この, その 등의 지시어에는 くらい와 ぐらい를 함께 사용할 수 있다.

例

お金なら少しぐらい出せます。
　돈이라면 조금 정도는 낼 수 있습니다.

小豆はコーヒー豆ぐらいの大きさだ。
　팥은 커피 원두 정도의 크기이다.

これぐらいの漢字はほとんど読めます。
　이 정도의 한자는 거의 읽을 수 있습니다.

最近は仕事が多くて家にも帰れないくらい忙しい。
  최근에는 일이 많아서 집에도 돌아갈 수 없을 정도로 바쁘다.
一体名文とは何か、これくらい難解な問題はないだろう。
  도대체 명문이란게 무엇인지, 이처럼 난해한 문제는 없을 것이다.

6. ~ほど

- 접속 : ① 명사 + ほど
         ② 용언 연체형 + ほど
- 의미 : ~정도(로)
- 용법 : ほど는 수를 나타내는 말에 접속하여 그와 같은 정도임을 나타내거나, 비교의 기준을 나타내거나 한다.

✔ 명사 + ほど

例

天ぷらも高いが、寿司ほどじゃない。 튀김도 비싸지만, 생선회정도는 아니다.
彼の体重は普通の人のほぼ二倍ほどだ。 그의 체중은 보통사람의 거의 두 배 정도다.
これほど素晴らしい絵は見たことがない。 이 정도로 훌륭한 그림은 본적이 없다.
ここから東京までは約二時間ほどかかる。 여기에서 동경까지는 약 두 시간 정도 걸린다.

✔ 용언 연체형 + ほど

例

あの人はあなたが思うほどにえらい人ではない。
  저 사람은 당신이 생각하는 정도로 높은 사람이 아니다.
サイン会に長い列ができるほど彼は人気がある。
  사인회에 긴 열이 생길 정도로 그는 인기가 있다.
この子は犬が嫌いで見ただけでも泣いてしまうほどだ。
  이 아이는 개를 싫어하여 본 것만으로도 울어버릴 정도다.

> 참고
>
> **가정/조건문의 ~ほど**
> - 형태 : (~ば) ~ほど
> - 의미 : (~하면) ~(할)수록
> - 용법 : ほど는 어떤 상황이 더해 감을 가정하여 나타낼 때 사용하는데, 단독으로 사용하는 경우도 있지만, 주로 〈~ば ~ほど〉의 형태로 사용한다.
>
>   歌(うた)も歌(うた)えば歌(うた)うほど上手(じょうず)になります。
>   노래도 부르면 부를수록 잘하게 됩니다.
>   この件(けん)は長引(ながび)くほどこちらが不利(ふり)になります。
>   이 건은 오래 끌수록 이쪽이 불리해 집니다.

7. ~より

- 접속 : ① 명사 + より
  ② 동사 연체형 + より
- 의미 : ① ~보다
  ② ~것보다
- 용법 : より는 비교의 대상을 나타내는 조사로, 명사에 붙는 것이 보통이나 동사에 붙어 사용되는 경우도 있다. 동사에 접속하는 경우 형식명사 등이 없이 연체형에 직접 접속하여 사용된다. 이것은, 한국어가 〈~하기보다〉〈~하는 것보다〉과 같이 〈보다〉 앞에 명사형 어미나 형식명사를 취하는 것과 전혀 다르다. 〈보다 ~하다〉와 같이 단독 사용되는 부사어의 의미도 갖는다.

✔ 명사 + より

外国語(がいこくご)の勉強(べんきょう)は頭(あたま)より努力(どりょく)です。
외국어 공부는 머리보다 노력입니다.
会社員(かいしゃいん)より公務員(こうむいん)になりたいです。
회사원보다는 공무원이 되고 싶습니다.
旅行(りょこう)は海外(かいがい)より国内(こくない)のほうが先(さき)ですね。
여행은 해외보다 국내 쪽이 먼저지요.

ウイスキーよりはビールの方が好きです。

위스키보다는 맥주 쪽을 좋아합니다.

国際化時代には何よりも外国語が大事です。

국제화시대에는 무엇보다 외국어가 중요합니다.

✔ 동사 연체형 + より

例

私は聞くより歌う方が好きです。

듣는 것보다 부르는 쪽을 좋아합니다.

食べないより運動する方がいいです。

먹지 않는 것보다 운동하는 편이 좋습니다.

タクシーで行くより電車で行く方が速い。

택시로 가는 것 보다 전철로 가는 편이 빠르다.

映画館で見るとビデオで見るより面白い。

극장에서 보면 비디오로 보는 것보다 재미있다.

薬を飲むより少し寝た方がいいでしょう。

약을 먹는 것 보다 조금 자는 편이 좋을 것입니다.

8. ~さえ

- 접속 : ① 명사(+ 조사) + さえ
  ② 동사 て형 + さえ
- 의미 : ~조차, 마저, ~만
- 용법 : さえ는 보통이라면 당연하다고 생각되는 일이 그렇지 않다고 기술하여, 그 밖의 일은 말할 것도 없음을 나타내는 표현이다. 주격에 붙는 경우는 でさえ로도 사용한다.

✔ 명사(+ 조사) + さえ

例

そんなことは子供でさえ知っているよ。

그런 것은 어린이조차 알고 있다.

寒いだけでなく、雪さえも降ってきました。

　추울 뿐 아니라 눈까지도 내리기 시작했습니다.

病気でご飯どころか水さえのどを通りません。

　병으로 밥은커녕 물조차 넘어가지 않는다.

最近忙しくなって映画をみる暇さえありません。

　요즘 바빠져서 영화를 볼 여유조차 없습니다.

本人にさえ分からないものを、彼に分かるはずがない。

　본인조차 모르는 것을, 그가 알 리가 없다.

✔ 동사 て형 + さえ

　例

あなたがそばにいてさえくれれば、ほかには何も要らない。

　당신이 옆에 있어만 주면, 달리 아무것도 필요 없다.

≒あなたさえそばにいてくれれば、ほかには何も要らない。

　당신만 옆에 있어주면, 달리 아무것도 필요 없다.

大学を出てさえいれば、就職に困らなかっただろうに。

　대학을 나와만 있었더라면, 취직은 힘들지 않았을 텐데.

9. ～すら

- 접속 : 명사 + すら
- 의미 : ~조차
- 용법 : すら는 さえ와 마찬가지로 어떤 대상을 예로 들어 그 대상마저도 예상과 다르거나 부정됨을 나타내는 조사이다.

　例

この冬は南の地方ですら雪が降るほど寒い。

　이번 겨울은 남쪽지방에서조차 눈이 내릴 정도로 춥다.

仕事が忙しくて昼ごはんを食べる暇すらない。

　일이 바빠서 점심을 먹을 틈조차 없다.

社長は腰をうっていま立つことすらできない状態です。

　사장님은 허리를 삐 지금 설 수조차 없는 상태입니다.

勉強の仕方によっては平仮名すらなかなか覚えられない。

　공부 방법에 따라서는 히라가나조차 좀처럼 외울 수 없다.

赤ん坊ですら泳げるのだから、泳げない人なんていない。

　아기조차 수영할 수 있는 것이기에 수영 못할 사람 따윈 없다.

10. ～も⁽²⁾

- 접속 : 수량명사 + も
- 의미 : ~이나, ~도(부정)
- 용법 : も는 수량이 많거나 정도가 높음을 강조하여 나타내는 경우에 사용한다. も에 붙는 말의 실질적인 수량이나 정도의 의미에 관계없이, 말하는 이가 그것을 많거나 높은 것으로 인식할 때 사용한다. もの의 형태로 명사를 수식하여 사용하는 경우도 있다. 〈も ～ない〉와 같이 뒤에 부정의 표현이 오면, 반대로 수량이 적거나 정도가 낮음을 강조하여 나타내는 경우가 된다.

☑ ～も … (긍정표현)

例

ストライキが何日も続いている。

　스트라이크가 며칠간 계속되었습니다.

三人でウイスキーを三本も飲んだ。

　셋이서 위스키를 세 병이나 마셨다.

お金を稼ぐために工場で十年も働いた。

　돈을 벌기 위해 공장에서 십 년이나 일했다.

踏み切り事故によって電車は三時間も遅れた。

　건널목 사고에 의해 전철은 3시간이나 늦었다.

反戦デモには学生と市民が十万人も参加した。

　반전데모에는 학생과 시민이 10만 명이나 참가했다.

✔ ～も … (부정표현)

> 例
>
> 財布の中には千円も残っていない。
> 지갑 속에는 천 엔도 남아 있지 않다.
>
> 会社にはだれ一人も来ていなかった。
> 회사에는 누구 하나도 와 있지 않았다.
>
> 薬を飲んで一日も経たないうちによくなった。
> 약을 먹고 하루도 되지 않아 좋아졌다.
>
> ベットに入って十分も経たないうちに寝てしまった。
> 침대에 들어 10분도 되지 않아 잠들어 버렸다.

✔ ～もの + 명사

> 例
>
> 結婚式には三百人もの人が来ました。
> 결혼식에는 300명이나 되는 사람이 왔습니다.
>
> 二年もの時間を犯人探しに費やした。
> 2년이나 되는 시간을 범인 찾는데 소비했다.
>
> 百五十キロものスピードを出して走った。
> 150킬로나 되는 스피드를 내며 달렸다.
>
> 事故で数千人もの住民が不幸な目にあった。
> 사고로 수천 명이나 되는 주민이 불행한 상황에 처했다.

11. ～でも

- 접속 : 명사/의문사 + でも
- 의미 : ~(이)라도
- 용법 : でも는 여럿 중에서 하나의 예를 드는데 사용하는데, 실제로는 대상을 완곡하게 제시하는 경우가 많다.

> 例
>
> 静かな田舎にでも行ってきます。
> 조용한 시골이라도 다녀오겠습니다.

まずは行方でも探してみましょう。
  우선은 행방이라도 찾아봅시다.
コーヒーでも飲みながら話しませんか。
  커피라도 마시면서 이야기하지 않겠습니까?
彼が来るまでこの資料でも見ておきましょう。
  그가 올 때까지 이 자료라도 보아 둡시다.
夏休み中は運転免許でも取りたいと思います。
  여름방학 중에는 운전면허라도 따려고 생각합니다.

12. ~だって

- 접속 : 명사/의문사 + (조사) + だって
- 의미 : ~(이)라도
- 용법 : だって는 でも와 같이 여럿 중에서 하나의 예를 드는데 사용하는 것으로, 주로 회화체에서와 같이 스스럼이나 거리낌 없이 표현하는 경우에 많이 사용한다.

例

そんなまずいもの、猫だって食べないよ。
  그런 맛없는 것, 고양이라도 먹지 않는다.
こんな珍しいものは日本にだってないよ。
  이런 진귀한 것은 일본에도 없다.
今からだって遅くないから、電話してみなさい。
  지금부터라도 늦지 않으니까, 전화해 봐.
彼女は一度だって約束の時間通りに来たことがない。
  그녀는 한번이라도 약속 시간대로 온 적이 없다.
こんな高価な服は有名な俳優だって持っていないよ。
  이런 고가의 옷은 유명한 배우라도 가지고 있지 않다.

5.4 추측표현

1. ~だろう

- 접속 : ① 동사/형용사 연체형 + だろう
  ② 명사/형용동사 어간 + だろう
- 의미 : ① ~(할/일)것이다 (추량)
  ② ~(하/이)지? (하/이)겠지? (확인)
- 용법 : だろう는 추량이나 확인을 나타내는 경우에 사용한다. 추량에는 하강조의, 확인에는 상승조의 인토네이션을 동반한다. 확인의 경우는 회화체에서 だろ처럼 짧게 말하기도 한다.

✔ **추량**

> 例

たぶん出発は少し遅れるだろう。↘ 아마 출발은 조금 늦어질 것이다
彼の金メダルはまず間違いないだろう。 그의 금메달은 우선 틀림없을 것이다.
だれもチームの敗北を信じないだろう。 아무도 팀의 패배를 믿지 않을 것이다.
景気はこれからだんだんよくなるだろう。 경기는 지금부터 점점 좋아질 것이다.

✔ **확인**

> 例

この曲もなかなかいいだろう。↗ 이 곡도 상당히 좋지?
韓国にも同じ現象はあるだろう。 한국에도 같은 현상은 있지?
彼女も明日の会議には来るだろう。 그녀도 내일 회의에는 오지?
学校でもこれを教えているだろう。 학교에서도 이것을 가르치고 있지?

2. ~でしょう
- 접속 : ① 동사/형용사 연체형 + でしょう
         ② 명사/형용동사 어간 + でしょう
- 의미 : ① ~(일/할) 것입니다, ~겠지요.
         ② ~(이/하) 겠지요? ~(이/하) 죠?
- 용법 : だろう의 정중한 형태인 でしょう는 です가 활용한 형태로, 어떤 대상에 대한 화자의 추측이나, 화자의 생각을 상대방에게 동의를 구하듯 확인하여 묻는 경우 등에 사용한다. 회화체에서는 확인하듯 묻는 경우에 でしょ처럼 짧게 말하는 경우도 있다.

✔ 추량

彼女は歌手だから歌はうまいでしょう。＼
그녀는 가수이니 노래는 잘 할 것입니다.
たぶん先生もこの学会には来るでしょう。
아마 선생님도 이 학회에는 올 것입니다.
あの俳優なら日本人でも知っているでしょう。
저 배우라면 일본인이라도 알고 있을 것입니다.

✔ 확인

彼女はあの人の恋人でしょ(う)。／ 그녀는 저 사람의 애인이죠?
味はどうですか。おいしいでしょ(う)。 맛은 어떻습니까? 맛있죠?
あなたも事件の現場を見たでしょ(う)。 당신도 사건 현장을 봤죠?

3. ~だろうか ‖ ~でしょうか
- 의미 : ~할까(요)! ~할는지(요)!
- 용법 : だろうか/でしょうか는 화자가 그 일이 일어날 가능성에 관해 의문을 품거나, 걱정하거나 하는 기분을 나타낼 때 사용한다. 의문사가 있는 경우는 か를 생략한 だろう/でしょう를 だろうか/でしょうか처럼 사용할 수 있다.

> **例**
>
> この計画に母は賛成してくれるだろうか。
> 　이 계획에 어머니는 찬성해 줄까!
> こんな不思議な話だれが信じるだろうか。
> ＝ こんな不思議な話だれが信じるだろう。
> 　이런 이상한 이야기 누가 믿을까!
> 彼はそこから無事に帰ってくるでしょうか。
> 　그는 그곳에서 무사히 돌아올는지요?
> このコンテスト、果して誰が優勝するでしょうか。
> ＝ このコンテスト、果して誰が優勝するでしょう。
> 　이 콘테스트, 과연 누가 우승할는지요!

> **참고**
>
> **완곡의 でしょうか**
> 의문문 등에서 ですか를 써도 되는 표현에 でしょうか를 사용하여 보다 정중한 의미를 나타내는 경우도 있다.
>
> 失礼ですが、どちらさまでしょうか。　실례합니다만, 누구신지요?
> → 失礼ですが、どちらさまですか。　실례합니다만, 누구십니까?
> 彼女も今回の旅行に行くんでしょうか。　그녀도 이번 여행을 가는지요?
> → 彼女も今回の旅行に行くんですか。　그녀도 이번 여행을 가는가요?
> これでどうでしょうか。大丈夫でしょうか。　이것으로 어떻겠습니까? 괜찮겠습니까?
> → これでどうですか。大丈夫ですか。　이것으로 어떻습니까? 괜찮습니까?

4. ～かろう

- 접속 : 형용사 어간 + かろう (~ない → ~なかろう)
- 의미 : ~(할) 것이다
- 용법 : かろう는 〈형용사 + だろう〉의 예스러운 표현으로, 추량의 의미를 나타낸다.

> **例**
>
> この時期に取れるさんまはさぞかしうまかろう。
> 　이 시기에 잡히는 꽁치는 필시 맛있을 것이다.

二人で仕事に当たらせたらよかろうと考えていた。

둘이서 일을 맡게 하면 되겠지 하고 생각했었다.

米がおいしかろうといって焼き飯も作ってくれた。
=米がおいしいだろうといって焼き飯も作ってくれた。

쌀이 맛있을 것이라 하여 구운 주먹밥도 만들어 주었다.

渋滞が日常的な所なので雪道では渋滞がひどかろう。

교통체증이 일상적인 곳이어서 눈길에서는 체증이 심할 것이다.

✔ ～(では) なかろう

例

永久に暗い夜が続くのではなかろうかと思った。
=永久に暗い夜が続くのではないだろうかと思った。

영구히 어두운 밤이 계속되는 일은 없을까 하고 생각했다.

間違いであると決めつけること自体が間違いではなかろうか。

잘못이다 라고 단정 짓는 것 자체가 잘못이 아니겠는가?

悲劇を少しでも減らしていくのが先進国の責務ではなかろうか。

비극을 조금이라도 줄여 가는 것이 선진국의 책무가 아니겠는가?

5. ～まい

- 접속 : ① 5단동사 종지형 + まい

    ② 1단동사 종지형/미연형 + まい

       する → するまい/しまい

       くる → くるまい/こまい

- 의미 : ① ~하지 않을 것이다 (부정 추측 = ないだろう)

    ② ~하지 않겠다 (부정 의지 = ないつもりだ)

- 용법 : まい는 화자의 부정적인 의지나, 추측을 나타내는데 사용하는 문장체적인 표현이다. ますまい처럼 정중체로 사용하는 경우도 있다.

✔ 추측

> **例**
>
> これだけ証人がいるのならまんざら嘘でもあるまい。
> 이만큼 증인이 있는 거라면 완전히 거짓도 아닐 것 같다.
>
> 先生のご依頼ですから、まさかいやとは言いますまい。
> 선생님의 의뢰이니 설마 싫다고는 말하지 않을 겁니다.
>
> 賃金を引き上げて税金を減らすのに反対する人はあるまい。
> 임금을 인상하고 세금을 줄이는데 반대할 사람은 없을 것이다.
>
> 昼日中から酒を飲んだのでもあるまいが、客は赤い顔をしていた。
> 대낮부터 술을 마신 것도 아니겠지만, 손님은 얼굴이 빨개져 있었다.
>
> 性的魅力を言ったからといって、女性を冒涜したことにはなるまい。
> 성적매력을 말했다고 해서 여성을 모독한 것은 되지 않을 것이다.

✔ 의지

> **例**
>
> 私は二度と彼女に会うまいと固く決心した。
> 나는 두 번 다시 그녀와 만나지 않겠다고 굳게 결심했다.
>
> 敵を倒すまで決してここを引き下がるまい。
> 적을 쓰러뜨릴 때까지 결코 이곳에서 물러서지 않겠다.
>
> 成功するまで故郷の土は踏むまいと心に誓った。
> 성공할 때까지, 고향 땅은 밟지 않겠다고 마음에 맹세했다.
>
> この仕事を他の人に取られまいとしてずいぶん頑張った。
> 이 일을 다른 사람에 뺏기지 않으려고 꽤 노력했다.
>
> 泣くまいと努めたが、あふれる涙をどうすることもできなかった。
> 울지 않으려고 애썼지만, 넘치는 눈물을 어쩔 수 없었다.

5.5 추량표현

1. ~ようだ
   - 접속 : ① 동사/형용사 연체형 + ようだ
     ② 형용동사 어간 + の/な + ようだ
     ③ 체언 + の + ようだ
   - 의미 : ~같다 〈비유 예시 추량 완곡〉
   - 용법 : ようだ는 어떤 모습이나 상태 등을 무언가에 비유해서 표현하거나, 구체적으로 예시하여 표현하거나, 또는 추량 등의 표현에 사용한다. 대체적으로 비유가 다른 것을, 예시가 같은 것을 예로 들어 나타내는 표현이다. 추량을 나타내는 표현은 다양한데, ようだ의 추량 표현은 불확실하긴 하지만 상황과 정보를 바탕으로 하여 그런 상황이라고 판단할 수밖에 없는 상당히 객관성이 있는 근거를 가진 경우에 사용한다. 확실한 사항에 대해서도 이를 직접적이고 단정적으로 나타내지 않고 부드럽고 겸손하게 나타내는 완곡 표현에도 ようだ를 많이 사용한다.

(1) 의미

✔ 비유

この雪はまるで綿のようです。　이 눈은 마치 솜과 같습니다.
男は狂ったように走り続けた。　남자는 미친 듯이 달리기 시작했다.
ここはまるで別世界のようです。　여기는 마치 딴 세계 같습니다.
彼女の心は氷のように冷たかった。　그녀의 마음은 얼음과 같이 차가웠다.

✔ 예시

彼のように成功する自信はありません。　그와 같이 성공할 자신은 없습니다.

食べても死ぬようなことはありません。　먹어도 죽는 그런 일은 없습니다.
私のようにゆっくり発音してください。　저처럼 천천히 발음해 주십시오.
先生のように日本に行って勉強したい。　선생님처럼 일본에 가서 공부하고 싶다.

✔ 추량

例

部長はお酒が好きなようです。　부장님은 술을 좋아하는 것 같습니다.
どうやら実験は成功のようです。　아무래도 실험은 성공인 것 같습니다.
連休で向うの会社も休むようです。　연휴로 그쪽 회사도 쉬는 것 같습니다.
今年の受賞者は女性に決まったようです。　올해 수상자는 여자로 정해진 것 같습니다.

✔ 완곡

例

A：夕べ地震がありましたね。　어젯밤 지진이 있었지요.
B：はい、そのようですね。　예, 그런 것 같지요.
A：彼が会社をやめるんですか。　그가 회사를 그만둡니까?
B：何となくそのようですね。　뭔가 그런 것 같습니다.
A：彼女はもう帰ったんですか。　그녀는 벌써 귀가했습니까?
B：どうもそのようですね。　아무래도 그런 것 같습니다.

(2) 접속

✔ 명사 : 명사 + の + ようだ (현재)

　　명사 + だった + ようだ (과거)

例

放火事件の犯人は彼のようだ。　방화사건의 범인은 그 사람 같다.
彼はそのとき留守だったようだ。　그는 그때 부재중이었던 것 같다.

✔ 동사 : 동사 종지형 + ようだ

> 例
>
> 彼は毎日のように酒を飲むようだ。　그는 매일같이 술을 마시는 것 같다.
> 今日も昼ご飯を一人で食べたようだ。　오늘도 점심을 혼자서 먹은 것 같다.

✔ 형용사 : 형용사 종지형 + ようだ

> 例
>
> 彼の妹はすごく美しいようだ。　그의 여동생은 매우 아름다운가 보다.
> ゆうべの忘年会は楽しかったようです。　어제 저녁 망년회는 즐거웠던 것 같습니다.

✔ 형용동사 : 형용동사 어간 + の/ + ようだ (현재)

　　형용동사 어간 + だった + ようだ (과거)

> 例
>
> そこは交通が便利なようです。　거기는 교통이 편리한 것 같습니다.
> 子共たちはまだ無事のようです。　아이들은 아직 무사한 모양입니다.
> 彼女も若い時はきれいだったようだ。　그녀도 젊을 때는 예뻤던 것 같다.

(3) 활용 : 형용동사 활용

활용형	형태	의미
종지형	~ようだ (보통체)	~같다
	~ようです (정중체)	~같습니다
연체형	~ような + 체언	~같은
연용형	~ように	~같이/처럼
중지형	~ようで	~같고/같아

✔ ~ようだ : ~것 같다.

> 例
> 乗客(じょうきゃく)はみんな救助(きゅうじょ)されたようだ。　승객은 모두 구조된 것 같다.
> あいにくその品物(しなもの)はないようです。　공교롭게 그 물건은 없는 것 같습니다.

✔ ~ように : ~처럼, ~같이

> 例
> 彼(かれ)はコンピューターのように計算(けいさん)が早(はや)い。
> 　그는 컴퓨터와 같이 계산이 빠르다.
> 人(ひと)の一生(いっしょう)はドラマのように山(やま)あり谷(たに)ありです。
> 　사람의 일생은 드라마처럼 산도 있고 계곡도 있습니다.

✔ ~ような : ~같은

> 例
> 韓国(かんこく)のような治安(ちあん)のいい国(くに)は少(すく)ないです。　한국과 같은 치안이 좋은 나라는 적습니다.
> 彼(かれ)のようなまじめな人(ひと)はめったにいません。　그처럼 성실한 사람은 좀처럼 없습니다.

✔ ~ようで : ~같고, ~같아

> 例
> 店(みせ)はつぶれたようでドアも閉(し)まっていた。　가게는 망한 듯하여 문도 닫혀 있었다.
> みんな帰(かえ)ったようで電気(でんき)が消(き)えている。　모두 귀가한 듯하여 전기가 꺼져 있다.

> 참고
> **예시의 ~ような**
> - 구문 : 동사 + ような + 명사
> - 의미 : ~과 같은 그러한
> - 용법 : ような는 어떤 사항을 구체적으로 예시하여 나타낼 때 사용하는데, 이 ような는 생략해도 문의 뜻에 별 차이가 없다.

陰で人の悪口を言うようなひとは駄目です。
  뒤에서 험담을 하는 그런 사람은 못씁니다.
人を騙すような仕事では絶対成功しません。
  사람을 속이는 그러한 일로는 절대로 성공 못합니다.
いまは仕事を休むような時期ではありません。
  지금은 일을 쉴 그러한 시기가 아닙니다.
毎日お酒を飲むような人とはお付き合いできません。
  매일 술을 마시는 그런 사람과는 함께 할 수 없습니다.
ここをだれでも気楽に来るような場所にしたいです。
  여기를 누구라도 손쉽게 올 수 있는 그런 장소로 하고 싶습니다.

2. ~らしい

(1) ~らしい⁽¹⁾

- 접속 : 명사/용언 종지형 + らしい
- 의미 : ~같다
- 용법 : らしい는 ようだ와 같이 추량을 나타내는 형태로 상당한 정도로 확신할 수 있는 객관적 근거를 가지고 표현할 때 사용한다. ようだ처럼 단정을 피하고 완곡한 형태로 표현할 때도 사용한다.

✔ 추측

例

空港で彼女らしい人を見かけました。
  공항에서 그녀인 것 같은 사람을 보았습니다.
向こうに集まっているのは観光客らしい。
  저쪽에 모여 있는 것은 관광객 같다.
彼女は君と会ってとても嬉しかったらしい。
  그녀는 너와 만나 매우 기뻤던 것 같다.
傘をさしていないところを見ると雨はやんだらしい。
  우산을 쓰지 않는 걸 보면 비는 그친 것 같다.

✔ 완곡

例

A：式は終ったんですか。 식은 끝났습니까?

B：はい、そうらしいです。 예, 끝난 것 같습니다.

彼女も式場に来たらしいです。 그녀도 식장에 온 것 같습니다.

彼はまた駄目だったらしいです。 그는 또 안 된 것 같습니다.

先生が風邪を引いたらしいです。 선생님이 감기에 걸린 것 같습니다.

✔ ～らしく

例

患者は傷が痛むらしく、うめき声をあげている。

　환자는 상처가 아픈 듯 신음소리를 내고 있다.

式はもう終わったらしく、みんな会場を出ているんです。

　식은 벌써 끝난 듯 모두 회의장을 나와 있습니다.

참고

～ようだ와 ～らしい

ようだ도 객관적인 상황에 근거한 표현이나 らしい보다는 폭넓게 사용된다. 즉 ようだ는 어떤 정황으로부터 주관적으로 판단되는 표현에도 사용된다.

　かなり古い物のようだから値が張るかも知れない。

　かなり古い物らしいから値が張るかも知れない。(?)

　　꽤 오래된 물건 같으니 값이 나갈지도 모르겠다.

→ 객관적 근거 없이 단순히 색이나 형태 등이 어쩐지 오래된 것 같다 라고 하는 정도만으로 らしい로 바꾸어 쓸 수는 없다. 또한 らしい는 근거를 가지고 하는 표현이므로 귀결 부분이 かも知れない와 같은 형태로는 자연스럽지 못하다.

(2) ~らしい⁽²⁾

- 접속 : 체언 + らしい
- 의미 : ~답다(접미어)
- 용법 : 접미어로 사용되는 らしい는 마치 그에 어울리는 성질을 가지고 있음을 나타낸다. らしい가 접미어인지 추량의 조동사인지는 문맥에 의존한다.

例

最近は男らしい男が少ないです。
  최근에는 남자다운 남자가 적습니다.

やはり私は女らしい女が好きです。
  역시 저는 여자다운 여자가 좋습니다.

このやり方はいかにも日本らしいです。
  이 방법은 자못 일본답습니다.

彼に社会人らしい振る舞いを期待しても無駄だ。
  그에게 사회인다운 행동을 기대해도 무리다.

참고

~らしい와 ~ようだ

A : 彼の発言はいかにも政治家らしい言い方だ。
  그의 발언은 자못 정치가다운 말씨다. (=정치가)

B : 彼の発言はまるで政治家のような言い方だ。
  그의 발언은 마치 정치가 같은 말씨다. (≠정치가)

~らしくない

らしい의 부정형 らしくない는 접미어의 경우밖에 사용되지 않는다.

彼女は韓国の留学生らしくない。 그녀는 한국의 유학생답지 않다.
  그녀는 한국의 유학생인 것 같지 않다. (×)

これは普段の彼女らしくない行動だ。 이것은 평소의 그녀답지 않은 행동이다.

3. ～みたいだ

- 의미 : ~같다, 모양이다
- 접속 : ① 용언 종지형 ＋ みたいだ
          ② 체언 ＋ みたいだ
- 용법 : みたいだ는 스스럼없는 일상적인 회화체에서 널리 사용되는 것으로, 그 의미 용법은 ようだ와 거의 같다. 용언이나 체언 모두에 접속되며, 주관적 판단에 근거하는 추측을 나타내는 데에 사용된다. 단정을 피할 목적으로 사용되는 경우도 있다.

> **例**
>
> 彼女はこれ以上君に会いたくないみたいだ。
>   그녀는 더 이상 자네를 만나고 싶지 않은 것 같다.
> 韓国から有名な俳優が空港に着いたみたいです。
>   한국에서 유명한 배우가 공항에 도착한 모양입니다.
> 試合は真夜中の三時を過ぎて始まるみたいです。
>   시합은 한밤중 3시를 넘어 시작되는 모양입니다.
> 先生は国際交流のために毎年海外に行くみたいです。
>   선생님은 국제교류를 위해 매년 해외에 가는 것 같습니다.
> これが今放映されている韓国最高のドラマみたいです。
>   이것이 지금 방영되고 있는 한국최고의 드라마인 모양입니다.

- 활용 : 형용동사 활용(みたいな/みたいに/みたいで)

> **例**
>
> 本当に嘘みたいな話ですね。
>   정말로 거짓말 같은 이야기로군요.
> 韓国には彼女みたいな美人が多いです。
>   한국에는 그녀와 같은 미인이 많습니다.
> 彼みたいに真面目な人を紹介してください。
>   그처럼 성실한 사람을 소개해 주십시오.
> 課長が交通事故にあったみたいで心配です。
>   과장님이 교통사고를 당한 것 같아 걱정입니다.

4. ～そうだ

(1) ～そうだ⁽¹⁾

- 접속 : ① 동사 연용형 + そうだ
  ② 형용(동)사 어간 + そうだ
- 의미 : ~것 같다, ~듯 하다
- 용법 : そうだ는 추량을 나타내는 표현으로, 실제로 확인한 것은 아니지만 외견상으로 판단할 때 충분히 그와 같은 성질이나 상태가 인정될 때 사용한다.

✔ 동사 : 동사 연용형 + **そうだ**

例

それはよくありそうな話ですね。 그것은 흔히 있을 법한 이야기로군요.
今回の試合はどうも負けそうですね。 이번 시합은 아무래도 질 것 같군요.
これで私もマンションが買えそうですね。 이것으로 저도 맨션을 살수 있을 것 같군요.

✔ 형용사 : 형용사 어간 + **そうだ**

例

彼女はとても寂しそうですね。 그녀는 매우 외로운 것 같군요.
これは見た目にもおいしそうですね。 이것은 보기에도 맛있을 것 같군요.
共同で作業をすると早そうですね。 공동으로 작업을 하면 빠를 것 같군요.

✔ 형용동사 : 형용동사 어간 + **そうだ**

例

相変わらずお元気そうですね。 여전히 건강하신 것 같군요.
雰囲気がとても賑やかそうですね。 분위기가 매우 활기찰 것 같군요.
この肉はとても柔らかそうですね。 이 고기는 매우 부드러울 것 같군요.

✔ 활용 : 형용동사 활용 (～そうだ/そうな/そうで/そうに)

例

彼女は優しそうな顔で迎えてくれました。
그녀는 상냥한 듯한 얼굴로 맞이해 주었습니다.

もう一人でも大丈夫そうで、安心ですね。
이젠 혼자서도 괜찮은 것 같아서 안심이로군요.

二人は親しそうに腕をくんで歩いていました。
둘은 친한 듯이 팔짱을 끼고 걷고 있었습니다.

彼女は優しそうに見えるが、実はそうでもない。
그녀는 상냥할 것 같이 보이지만, 그렇지도 않다.

참고

～そうだ의 의미

1. 타인의 감정 등을 나타내는 경우에 そうだ를 사용하는데 이것은 타인의 감정 등은 그 사람의 표정이나 태도 등에서 추측으로 표현할 수밖에 없기 때문이다. 문맥에 따라서는 어떤 종류의 표정 태도 동작 등과 관련되어 객관적으로 그 속성을 나타내는 것으로 사용되기도 한다.

   彼女は悲しそうな顔になりました。　그녀는 슬픈 듯한 얼굴이 되었습니다.
   とても楽しそうな表情で現れました。　매우 즐거운 듯한 표정으로 나타났습니다.
   あの人は優しそうな顔をしている。　저 사람은 상냥한 듯한 얼굴을 하고 있다.
   怖そうに見えるけれど根は優しい人なんです。
   　무서운 듯이 보이지만 본심은 상냥한 사람이다.
   あの男はいつもつまらなそうな顔をしてしゃべる。
   　저 남자는 언제나 재미없는 듯한 얼굴을 하고 말을 한다.

2. そうだ는 어떤 사물의 성질이나 상태를 나타내는 비유적인 표현으로 사용되는 경우도 있다.

   今日は忙しくて目が回りそうです。
   　오늘은 바빠서 눈이 돌아갈 지경입니다.
   彼女は折れそうな細い足をしています。
   　그녀는 부러질 듯한 다리를 하고 있습니다.

この井戸の水は手が切れそうなくらい冷たいですね。
이 우물물은 손이 찢어질 듯한 정도로 차갑군요.

~そうだ의 부정형

동사의 경우는 〈そうにない〉〈そうもない〉〈そうにもない〉를 사용하고, 형용사 형용동사의 경우는 〈そうではない〉를 사용한다.

この分じゃ当分、雨は降りそうもない。
이 상태라면 당분간 비는 올 것 같지 않다.

今から行っても間に合いそうにない。
지금부터 간다 해도 제시간 안에 닿을 것 같지 않다.

こんな問題は私には解けそうにもない。
이런 문제는 저로서는 풀릴 것 같지 않다.

彼に頼んでみたが、引き受けてくれそうもなかった。
그에게 부탁해 보았지만, 들어줄 것 같지도 않았다.

~なさそうだ

ない에 そうだ가 접속할 때는 〈なさそうだ〉의 형태를 취한다.

これ以上探してもなさそうです。 이 이상 찾아도 없을 것 같군요.
今日中には見つからなさそうです。 오늘 중으로는 발견되지 않을 것 같습니다.

★ 주의
~そうだ와 ~ようだ

- そうだ : 어떤 상황에서 직접 느끼는 직감적인 인상을 나타낸다.
- ようだ : 상당한 정도의 명확한 근거에 입각한 추량을 나타낸다.

A : 雨が降りそうですね。 비가 올 것 같군요.(비가 올 듯한 현장 상황에 입각한 추량)
B : 雨が降るようですね。 비가 오는 모양입니다. (일기예보 등의 정보에 입각한 추량)
A : このお菓子はおいしそうだ。 이 과자는 맛있을 것 같다. (느낌)
B : このお菓子はおいしいようだ。 이 과자는 맛있는가 보다. (정보)
A : その手術はとても痛そうですね。 그 수술은 매우 아플 것 같군요. (주관적 판단)
B : その手術はとても痛いようですね。 그 수술은 매우 아픈 모양입니다. (객관적 판단)

(2) ～そうだ⁽²⁾

- 접속 : 용언 종지형 + そうだ
- 의미 : ~라고 한다 (伝聞表現)
- 용법 : そうだ는 앞 문장을 받아 그를 전달하는데 용법으로도 사용되는데, 완전한 문을 전달하기 때문에 문을 마치는 종지형에 접속한다.

例

部長は明日アメリカに行くそうです。
　부장은 내일 미국에 간답니다.

台風の影響で全国に雨が降るそうです。
　태풍의 영향으로 전국에 비가 온답니다.

これから景気は少しずつよくなるそうです。
　앞으로 경기는 조금씩 좋아진답니다.

若者たちは日本の歌をよく歌うそうです。
　젊은이들은 일본 노래를 자주 부른답니다.

その村は今も昔の伝統を保っているそうです。
　그 마을은 지금도 옛 전통을 유지하고 있답니다.

참고

양태와 전문의 そうだ

종류	의미	접속
양태표현	~것 같다	동사 연용형/형용(동)사 어간＋そうだ
전문표현	~고 하다	용언 종지형/だ단정조동사)＋そうだ

A : 今日は雪が降りそうです。 오늘은 비가 내릴 것 같습니다.
B : 今日は雨が降るそうです。 오늘은 비가 내린답니다.

A : このビールはおいしそうです。 이 맥주는 맛있을 것 같습니다.
B : このビールはおいしいそうです。 이 맥주는 맛있답니다.

A : 博士は元気そうな顔で現れました。 박사님은 건강한 듯한 얼굴로 나타났습니다.
B : いまパーティーで賑やかだそうです。 지금 파티로 떠들썩하답니다.

5. ~っぽい

- 접속 : ① 명사 + (っ)ぽい
         ② 형용(동)사 어간 + (っ)ぽい
- 의미 : ~같다
- 용법 : っぽい는 어떤 속성(경향/성질)을 나타내고 있는 듯함을 나타내는데, 주로 일상 회화체에서 많이 사용하는데 정중함이 조금 떨어지는 표현이라 할 수 있다.

例

彼女(かのじょ)はほんとに男(おとこ)っぽいですね。   그녀는 정말로 남자같이 생겼군요.
犯人(はんにん)ぽい人(ひと)がここを通(とお)りました。   범인 같은 사람이 여기를 지나갔습니다.
彼女(かのじょ)の話(はなし)はすべてうそっぽいですね。   그녀의 이야기는 전부 거짓말 같군요.
このカバンはちょっと安(やす)っぽいですね。   이 가방은 좀 싸구려 같군요.

참고

~っぽい형의 단어

色(いろ)っぽい 요염하다/야하다   水(みず)っぽい 수분이 많다/묽다/싱겁다
俗(ぞく)っぽい 속되다/통속적이다/상스럽다   忘(わす)れっぽい 잊기 쉽다/잘 잊어버리다
怒(おこ)りっぽい 걸핏하면 화를 내는 성질이다

6. ~かもしれない

- 접속 : ① 동사/형용사 연체형 + かもしれない
         ② 명사 · 형용동사 어간 + (なの/である +)かもしれない
- 의미 : ~(할/일)지도 모른다
- 용법 : かも知れない는 발화시에 있어서 그런 가능성이 있다 라고 하는 화자의 추량을 나타내는 표현이다. 가능성의 정도는 약하여 반대의 가능성도 있을 정도의 기분을 나타낸다. 또한, 화자가 단정을 피하거나 주장을 하기에 앞서, 그에 대한 서두로서 사용하여 표현을 부드럽게 하기 위해 사용하는 경우도 있다. 같은 의미로 かもわからない를 사용하기도 하며, 스스럼없는 경우에는 かもね, かもよ 등의 형태도 사용한다. 한국어와는 달리 명사나 부사에 〈~이다〉가 없이 직접 붙여 사용하는 경우가 많다.

✔ 동사・형용사

> 例

明日(あした)の会議(かいぎ)に会長(かいちょう)が出(で)るかも知(し)れません。
　내일 회의에 회장님이 나올지도 모릅니다.
締(し)め切(き)りまでに間(ま)に合(あ)わないかも知(し)れません。
　마감까지 해낼 수 없을지도 모릅니다.
この案(あん)なら国民(こくみん)が支持(しじ)してくれるかも知(し)れない。
　이 안이라면 국민이 지지해 줄지도 모른다.
まだ向(む)こうは寒(さむ)いかも知(し)れません。
　아직 그쪽은 추울지도 모릅니다.
二階(にかい)の方(ほう)はここより狭(せま)いかも知(し)れません。
　이층은 여기보다 좁을지도 모릅니다.

✔ 명사・형용동사・부사

> 例

週末(しゅうまつ)よりは平日(へいじつ)の方(ほう)が静(しず)かかも知(し)れない。
　주말보다 평일 쪽이 조용할지도 모른다.
見(み)つけたのは彼(かれ)の方(ほう)が先(さき)かも知(し)れません。
　발견한 것은 그쪽이 먼저일지도 모릅니다.
先(さき)に気付(きづ)いたのは向(む)こうかも知(し)れません。
　먼저 눈치 챈 것은 그쪽일지도 모릅니다.
あの方(かた)、ひょっとしてここの社長(しゃちょう)かも知(し)れない。
　저 분, 어쩌면 여기 사장일지도 모른다.
21世紀(せいき)には人間(にんげん)の月(つき)での生活(せいかつ)が可能(かのう)かも知(し)れない。
　21세기에는 인간의 달에서의 생활이 가능할지도 모른다.

✔ 완곡 표현

> 例

彼(かれ)の意見(いけん)が正(ただ)しいかも知(し)れません。　그의 의견이 옳을지도 모릅니다.

失礼になるかも知れませんが、……。　실례가 될지도 모르겠습니다만,…….
私が間違っているかも知れませんが、……。 제가 틀렸는지도 모르겠습니다만,…….

✔ ～かも分かりません

例

向うが先に仕事に取りかかったのかも分かりません。
　　그쪽이 먼저 일에 착수했을지도 모릅니다.
今日は彼が来るかも分からないから、お酒も用意した。
　　오늘은 그가 올지도 몰라서 술도 준비했다.

7. ～かねない

- 접속 : 동사 연용형 + かねない
- 의미 : ~(할)지도 모른다
- 용법 : かねない는 그 가능성이나 위험성이 있음을 나타내는 표현으로, かもしれない, ないとは言えない와 그 의미가 비슷한데, 주로 문장체나 격식 차리는 표현에 사용한다.

例

一国のトラブルが国際社会に大きな混乱を及ぼしかねない。
　　일국의 트러블이 국제사회에 커다란 혼란을 미칠지도 모른다.
このままでは取り返しがつかないようなことになりかねない。
　　이대로는 돌이킬 수 없는 그런 일이 될지도 모른다.
安保理は機能不全に陥り、国連の弱体化につながりかねない。
　　안보리는 기능부전에 빠져 유엔의 약체화로 이어질지도 모른다.
行政に批判的な活動をする市民団体は対象から除外されかねない。
　　행정에 비판적인 활동을 하는 시민단체는 대상에서 제외될지도 모른다.
労働者の生活がこれ以上苦しくなったら暴動が起こりかねません。
　　노동자의 생활이 이 이상 힘들어지면 폭동이 일어날지도 모릅니다.

> 참고
>
> **~かねない와 ~かもしれない**
>
> かねない는 화자가 마이너스의 평가를 내리는 것에만 사용하므로 긍정적인 것에는 ~かもしれない를 사용한다.
>
> 彼女の病気は治るかもしれない。　그녀의 병은 나을 지도 모른다.
> 彼女の病気は治りかねない。（×）
>
> ---
>
> **동사 연용형 + かねる : ~할 수 없다, ~하기 어렵다**
>
> 彼の提案にはとても賛成しかねます。
> 　그의 제안에는 도저히 찬성할 수 없습니다.
> いくら頭を下げられてもこの仕事は引き受けかねます。
> 　아무리 머리를 숙여도 이 일은 떠맡을 수 없습니다.

8. ~はずだ

- 접속 : ① 동사/형용사 연체형 + はずだ
  ② 명사·형용동사 어간 + はずだ

- 의미 : ~할 터이다, 틀림없이~할 것이다

- 용법 : はずだ는 말하는 사람의 판단을 나타내는 표현으로, 화자가 어떤 근거에 입각하여 당연히 그렇다고 생각한 것을 기술하는 경우에 사용한다. 판단의 근거는 논리적으로 이치에 맞는 것이어야 한다. 말하는 사람 자신의 행동에 대해서는 はずだ보다는 つもりだ, 予定だ, ようと思う 등을 사용하지만, 무의지적인 경우나 예정된 행동과 다른 경우에는 はずだ를 사용한다.

例

今は賑やかなこの辺りも昔は静かだったはずだ。
　지금은 번화한 이 주변도 예전에는 조용했을 것이다.
彼は出張中だから、ソウルにはいないはずなんだが。
　그는 출장 중이기 때문에 서울에는 없을 텐데.
おかしなことに閉めたはずの金庫の鍵が開いていた。
　이상하게도 잠갔을 터인 금고 열쇠가 열려 있었다.

説明書によるとそれでいいはずなんだけど、おかしいな。

설명서에 의하면 그것으로 될 터인데, 이상한데.

彼も来るはずだったが、急用ができて来られないそうだ。

그도 틀림없이 올 거였는데, 급한 일이 생겨 못 온단다.

> **참고**
> **~はずがない : ~할 리가 없다**
> 子供が一人で山の頂上まで行けるはずがない。
>
> 아이가 혼자서 산 정상까지 갈 수 있을 리가 없다.
>
> どんなに忙しくても彼が約束を忘れるはずがない。
>
> 아무리 바빠도 그가 약속을 잊을 리가 없다.

9. ~にちがいない

- 접속 : ① 동사/형용사 연체형 + にちがいない
         ② 명사·형용동사 어간 + にちがいない
- 의미 : ~에 틀림없다
- 용법 : にちがいない는 어떤 근거에 입각하여, 말하는 사람이 어떤 사항을 강하게 확신하고 있음을 나타낸다.

例

この足跡は犯人のものにちがいありません。

이 발자국은 범인의 것에 틀림없습니다.

あそこにかかっている絵は値段が高いにちがいない。

저기에 걸려있는 그림은 값이 비쌈에 틀림없다.

それは子供になしえた最大限の努力だったに違いない。

그것은 어린이가 할 수 있었던 최대한의 노력이었음에 틀림없다.

あんな高級車に乗っているのだから彼は金持ちにちがいない。

저런 고급차를 타고 있으니 그는 부자임에 틀림없다.

学生の憂鬱そうな様子からすると試験は難しかったにちがいない。

학생의 우울한 듯한 모습을 보니 시험은 어려웠음에 틀림없다.

제6장
미연형과 관련표현

6.1 미연형⁽¹⁾

1. 부정표현

(1) ~ない

- 형태 : ① 5단동사 : 미연형(어미 う단→あ단)+ない
  ② 1단동사 : 미연형(어간)+ない
- 의미 : ① ~(하)지 않는다
  ② ~(하)지 않겠다
- 용법 : ない는 〈~하지 않다〉와 같은 단순부정의 의미와, 〈~하지 않겠다〉와 같은 부정의지의 의미를 나타낸다. う로 끝나는 동사는 う를 あ가 아닌 わ로 바꾸고 ない를 붙인다. 연체형도 종지형과 같다.

동사 종류	기본형		미연형 + ない	
5단동사	あう	만나다	あわ ない	만나지 않는다/않겠다
	かく	쓰다	かか ない	쓰지 않는다/않겠다
	つぐ	잇다	つが ない	잇지 않는다/않겠다
	だす	내다	ださ ない	내지 않는다/않겠다
	かつ	이기다	かた ない	이기지 않는다/않겠다
	しぬ	죽다	しな ない	죽지 않는다/않겠다
	あそぶ	놀다	あそば ない	놀지 않는다/않겠다
	よむ	읽다	よま ない	읽지 않는다/않겠다
	まわる	돌다	まわら ない	돌지 않는다/않겠다
상1단동사	きる	입다	き ない	입지 않는다/않겠다
하1단동사	ねる	자다	ね ない	자지 않는다/않겠다
か変 동사	くる	오다	こ ない	오지 않는다/않겠다
さ変 동사	する	하다	し ない	하지 않는다/않겠다

✔ 단순부정

例

私も聞いたぐらいしか知らない。 나도 들은 정도밖에 모른다.
明日は休みだけど会社は休まない。 내일은 휴일이지만 회사는 쉬지 않는다.
政府も事件の真相を話してくれない。 정부도 사건의 진상을 말해주지 않는다.
物価が高くて要らないものは買わない。 물가가 비싸 필요 없는 것은 사지 않는다.

✔ 부정의지

例

彼とはもう二度と会わない。 그와는 이제 두 번 다시 안 만나겠다.
彼女が来たから私は行かない。 그녀가 왔으니 나는 안 가겠다.
お金があっても政治家にはやらない。 돈이 있어도 정치가에게는 주지 않겠다.
これから彼にはどんな本も貸さない。 앞으로 그에게는 어떤 책도 빌려주지 않겠다.

✔ 연체형

例

賄賂が通じない社会を目指しています。
  뇌물이 통하지 않는 사회를 지향하고 있습니다.
タバコを吸わない人が長生きできます。
  담배를 피우지 않는 사람이 오래 살 수 있습니다.
キムチを食べない子供もけっこういます。
  김치를 먹지 않는 아이도 꽤 있습니다.
英語があまり役に立たない国も多いです。
  영어가 별로 도움이 안 되는 나라도 많습니다.

✔ 과거형

> 例
>
> 薬を飲まなかったのに風邪が治りました。
> 약을 먹지 않았는데 감기가 나았습니다.
> 予習をしなかったので先生にしかられました。
> 예습을 하지 않아서 선생님에게 혼났습니다.
> 知らなかったんだけど検査を受けてわかったんだ。
> 몰랐었는데 검사를 받고 알았다.

(2) 부정표현종합

✔ 동사

	긍정형	부정형	
		현재	과거
보통체	～る	～ない	～なかった
정중체	～ます	～ないです ～ません	～なかったです ～ませんでした

> 例
>
> タクシーは高くて乗らない。　택시는 비싸서 타지 않는다.
> 大学では詳しく教えなかった。　대학에서는 자세히 가르치지 않았다.
> 朝ご飯はあまり食べません。　아침밥은 그다지 먹지 않습니다.
> 去年は寒くて花が咲きませんでした。　작년에는 추워서 꽃이 피지 않았습니다.

✔ 형용사

	긍정형	부정형	
		현재	과거
보통체	～い	～くない	～くなかった
정중체	～いです	～くないです ～くありません	～くなかったです ～くありませんでした

> 例

彼女は貧しくない家に生まれ育った。

그녀는 가난하지 않은 집에 태어나 성장했다.

彼は見かけによらず腕力は弱くなかった。

그는 보기와는 달리 완력은 약하지 않았다.

わざとらしいお世辞を言われても嬉しくないさ。

일부러 하는 듯한 칭찬을 들어도 기쁘지 않다.

あの映画は噂とは違って面白くありませんでした。

그 영화는 소문과 달리 재미없었습니다.

✔ 형용동사/명사

		긍정형	부정형	
			현재	과거
보통체	회화/문장체	~だ	~で(は)ない	~で(は)なかった
	문장체	~である		
정중체	회화/문장체	~です	~で(は)ないです ~で(は)ありません	~で(は)なかったです ~で(は)ありませんでした
	문장체	~であります		

> 例

今の日本の景気は悪い状態ではない。 지금의 일본 경기는 나쁜 상태가 아니다.

当時の韓国は民主主義ではなかった。 당시의 한국은 민주주의가 아니었다.

今回の祭りは雨で賑やかではなかった。 이번 축제는 비로 활기가 없었다.

戦争でどこも安全ではありませんでした。 전쟁으로 아무 곳도 안전하지 않았습니다.

(3) 부정중지표현

- 형태 : ① 동사 미연형 + なくて/ないで
  ② 동사 미연형 + ず/ずに
- 의미 : ① ~(하)지 않고 (열거/대립)
  ② ~(하)지 않아 (원인/이유)
- 용법 : 부정형의 중지표현에는 ない의 활용형인 なくて와 ないで, 그리고 옛 형태인 ず와 ずに의 네 형태가 있는데, 일반적으로 なくて는 ず와, ないで는 ずに와 비슷한 의미로 사용된다.

✔ ~なくて

- 의미 : ① ~(하)지 않고 (대립)
  ② ~(하)지 않아서 (원인/이유)
- 용법 : なくて는 전항과 후항이 서로 대립적임을 나타내거나, 전항이 후항에 대한 원인, 이유를 나타내는 경우에 사용한다. なくて는 전항과 후항의 주어가 달라도 성립한다.

▶ 대립

例

これは始まりにすぎなくて大変なのはこれからだ。
이것은 시작에 지나지 않고 어려운 것은 지금부터다.
あの人は何もしなくてみんな私が一人でやりました。
저 사람은 아무것도 하지 않고 모두 나 혼자서 했습니다.

▶ 원인/이유

例

資金が集まらなくてみんな困っている。
자금이 모이지 않아 모두 곤란해 하고 있다.
雨が降らなくて作物が枯れそうな状況だ。
비가 내리지 않아 작물이 마를 것 같은 상황이다.
意見がまとまらなくて結論を出さなかった。
의견이 종합되지 않아 결론을 내지 않았다.

朝、起きられなくて会社を休んでしまった。
아침에 일어날 수 가 없어서 회사를 쉬고 말았다.

> 참고
> 형용사/형용동사 부정중지형: 동사이외에는 なくて만 사용한다.
> 先生の講義はおもしろくなくて、居眠りを始める者さえいた。
> 선생님의 강의는 재미가 없어서, 졸기 시작하는 자 조차 있었다.
> その部屋は窓がなく、明るくなくて、とても住む気持になれない。
> 그 방은 창이 없어, 밝지 않아, 전혀 살 기분이 나지 않는다.

✔ ～ないで

- 의미 : ～(하)지 않고 (연용수식, 열거)
- 용법 : ないで는 후항의 사태가 실현됨에 있어서의 방법이나 모습 등을 나타내며 후항을 수식할 때 사용하며, 주어가 동일하거나 주어가 다른 경우는 주제가 동일할 때 사용한다. ～ください/ほしい 등과는 ～ないで만이 접속한다.

▶ **연용수식**

例

家にも帰らないで仕事をしました。　집에도 돌아가지 않고 일을 했습니다.
何も食べないで二日を過ごしました。　아무것도 먹지 않고 이틀을 보냈습니다.
どこへも行かないで家にいてほしい。　아무데도 가지 않고 집에 있었으면 좋겠다.
つかれたので試合も見ないで寝ました。　피곤해서 시합도 보지 않고 잤다.
彼は人が止めるのも聞かないで出ていった。　그는 사람이 말리는 것도 듣지 않고 나갔다.

제6장 미연형과 관련표현 • 235

▶ **보조형식 연결**

> 例
>
> この件を彼女には言わないでほしい。　이 건을 그녀에게는 말하지 않았으면 좋겠다.
> 彼の発言を悪くは思わないでください。　그의 발언을 나쁘게는 생각하지 말아 주십시오.
> 私のほうでも深くは聞かないでおいた。　내 쪽에서도 깊게는 묻지 않고 두었다.
> ＝ 私のほうでも深くは聞かずにおいた。

> 참고
>
> **ないで와 なくて의 병용**
>
> 대비적인 의미의 문에서는 ないで, なくて 어느 쪽도 사용할 수 있다.
>
> 兄が合格(しなくて/しないで)、弟が合格した。
> 　형이 합격하지 않고, 동생이 합격했다.
> 金メダルを(取らなくて/取らないで)銀メダルを取った。
> 　금메달을 따지 못하고 은메달을 땄다.
> 天気予報がはずれて雨が(降らなくて/降らないで)雪が降った。
> 　일기예보가 빗나가 비가 오지 않고 눈이 왔다.

✔ **～ず**

- 의미 : ① ~(하)지 않고(대립/병렬)
  　　　 ② ~(하)지 않아서(원인/이유)
- 용법 : ず는 なくて와 같이 전항과 후항이 서로 대립적임을 나타내거나, 전항이 후항에 대한 원인, 이유를 나타내는 경우에 사용하며, 전항과 후항의 주어가 달라도 성립한다. 드물게 병렬의 의미로 사용하는데 이 경우는 ず만 가능하다.

> 例
>
> 彼女は友達が来ず、じりじりしている。　(=~なくて)
> 　그녀는 친구가 오지 않아 애타하고 있다.
> 何週間も雨が降らず、農作物に被害が出ている。　(=~なくて)
> 　몇 주일이나 비가 내리지 않아 농작물에 피해가 나고 있다.
> 彼は学校にも行かず、友達と遊びに行っていた。　(=~なくて)

그는 학교도 가지 않고 친구들과 놀러 가 있었다.

まだメンバーが十分集まらず、会議が始まらない。 (=~なくて)

　아직 멤버가 충분히 모이지 않아 회의가 시작되지 않는다.

付近の人に聞いてもそんな自動車の音も聞かず、見てもいないという証言ばかりだ。(병렬)

　부근 사람에게 물어도, 그런 자동차 소리도 안 들었고, 보지도 않았다는 증언뿐이다.

> **참고**
> ず는〈絶えず/思わず/のみならず/にもかかわらず/に限らず/によらず〉와 같이 관용적으로 사용되기도 한다.
> 部長はものを言うときに絶えず首を動かす。
> 　부장은 무언가를 말할 때에 끊임없이 목을 움직인다.

✔ ~ずに

- 의미 : ~(하)지 않고
- 용법 : ずに는 ないで와 같이 주로 후항의 사태가 실현됨에 있어서의 방법이나 모습 등을 나타내며 후항을 수식할 때 사용한다. 주어가 동일하거나 주어가 다른 경우는 주제가 동일할 때 사용한다.

例

本を見ずに言ってごらんなさい。 (=~ないで)

　책을 보지 않고 말해 보시오.

だれにも言わずにこっそり帰りました。 (=~ないで)

　아무에게도 말하지 않고 몰래 돌아갔습니다.

雨が降っているのに、あの人は傘もささずに歩いている。 (=~ないで)

　비가 내리고 있는데, 저 사람은 우산도 쓰지 않고 걸어가고 있다.

動物たちは新しく変化した環境に対応できずに死んでいった。 (=~ないで)

　동물들은 새로이 변화한 환경에 대응하지 못하고 죽어 갔다.

あの家はどんな会合にでも、主人が出ずに、奥さんが出てくる。 (=~ないで)

　저 집은 어떤 모임이라도, 남편이 나오지 않고, 부인이 나온다.

> 참고
> 네 형태가 드물게 서로 같은 상황에 사용하는 경우도 있다.
> つい本当のことが言えなくて(言えないで, 言えず, 言えずに)ありもしないことを言ってしまった。
> 그만 진실을 말하지 못하고(말할 수 없어서), 있지도 않은 말을 해 버렸다.

(4) ~ぬ

- 접속 : 동사 미연형 ＋ ぬ
- 의미 : ① ~(하)지 않다
  ② ~(하)지 않는
- 용법 : ぬ는 부정을 나타내는 ない의 옛 형태로, 종지형이나 연체형으로 사용된다. 주로 문장체에 사용되며 종지형에는 ん의 형태로 사용하기도 한다. する는 せぬ의 형태로 사용한다.

✔ 종지형

例

どんなことがあっても負けるわけにはいかぬ。
어떤 일이 있어도 질 수는 없다.
いったい何を言ってるのか、さっぱり分からんな。
도대체 무슨 말을 하는 건지 전혀 모르겠군.
まだ小学生なんだから、放っておくわけにはいかぬ。
아직 초등학생이니, 내버려 둘 수는 없다.

✔ 연체형

例

全く予期せぬ出来事が起こった。
전혀 예기치 못한 사건이 일어났다.
何が何やらわからぬ毛虫も採って来て飼った。
뭐가 뭔지 모르는 송충이도 잡아와서 길렀다.
言葉はいつの時代にも次々に変わり、知らぬ間に定着していく。
말은 어느 시대에도 계속 변하여 모르는 사이에 정착해 간다.

2. ~(ら)れる
- 접속 : ① 5단동사 : 미연형 + れる
  ② 1단동사 : 미연형 + られる

동사 종류	기본형	미연형 + (ら)れる
5단동사	かう 사다	かわれる
	きく 듣다	きかれる
	つぐ 잇다	つがれる
	だす 내다	だされる
	うつ 치다	うたれる
	しぬ 죽다	しなれる
	とぶ 날다	とばれる
	よむ 읽다	よまれる
	うる 팔다	うられる
상1단동사	みる 보다	みられる
하1단동사	ねる 자다	ねられる
か행변격동사	くる 오다	こられる
さ행변격동사	する 하다	される

- 의미 : 수동, 가능, 존경, 자발
- 용법 : (ら)れる는 〈①수동, ②가능, ③존경, ④자발〉 등의 여러 의미를 나타내는데 주로 수동의 의미로 사용된다. 가능의 의미는 5단동사의 경우 별로 사용되지 않으며, 존경의 의미도 다른 존경표현이 있어 전적으로 사용되는 것은 아니다. 자발이란 〈어떤 것이 저절로 그렇게 되다〉라는 의미인데 〈思い出す, 偲ぶ, 感じる〉 등의 몇몇 동사에서만 나타난다. 표현에 따라서는 그 의미가 수동으로도 가능으로도 해석되는 경우도 있어, 서로 의미가 통하는 경우도 있다.

✔ 수동

> 例

この小説は女性によく読まれます。　이 소설은 여성들에게 잘 읽힙니다.
友だちに呼び出されて出かけました。　친구가 불러서 나갔습니다.
彼女にいろんなことを聞かれました。　그녀가 여러 가지를 물어보았습니다.

✔ 가능

> 例

もう一人でも映画が見られます。　이젠 혼자서도 영화를 볼 수 있습니다.
朝五時でも六時でも起きられます。　아침 5시라도 6시라도 일어날 수 있습니다.
私もキムチぐらいは食べられます。　저도 김치 정도는 먹을 수 있습니다.

✔ 존경

> 例

急にそう言われても困ります。　갑자기 그렇게 말씀하셔도 곤란합니다.
もうすぐ先生が戻って来られます。　이제 곧 선생님께서 돌아오십니다.
今度の出張はどちらへ行かれますか。　이번 출장은 어느 쪽으로 가십니까?

✔ 자발

> 例

もう秋の気配が感じられますね。
　벌써 가을 기운이 느껴지는군요.
写真を見ていると、あの頃のことが思い出される。
　사진을 보고 있자니 그때 일이 생각난다.
こういう寒い日が続くと、本当に春が待たれますね。
　이런 추운 날이 계속되면 정말로 봄이 기다려지는군요.

3. ~(さ)せる(사역표현)

- 형태 : ① 5단동사 : 미연형 + せる
          ② 1단동사 : 미연형 + させる
- 의미 : ~하게 하다, ~시키다
- 용법 : (さ)せる는 사역의 의미를 나타낸다.

동사 종류	기본형		미연형 + (さ)せる	
5단동사	かう	사다	かわせる	사게 하다
	きく	듣다	きかせる	듣게 하다
	つぐ	잇다	つがせる	잇게 하다
	だす	내다	ださせる	내게 하다
	うつ	치다	うたせる	치게 하다
	しぬ	죽다	しなせる	죽게 하다
	とぶ	날다	とばせる	날게 하다
	よむ	읽다	よませる	읽게 하다
	うる	팔다	うらせる	팔게 하다
상1단동사	みる	보다	みさせる	보게 하다
하1단동사	ねる	자다	ねさせる	자게 하다
か행변격동사	くる	오다	こさせる	오게 하다
さ행변격동사	する	하다	させる	하게 하다

例

彼は冗談を言って周りの人を笑わせた。 그는 농담을 해서 주위 사람을 웃게 했다.

母親は遊びたいという子供をそのまま遊ばせた。
  어머니는 놀고 싶다고 하는 아이를 그대로 놀게 했다.

わが子に好きなことをさせたいと願う親は多い。
  자기 아이에게 좋아하는 일을 하게하고 싶어 하는 부모는 많다.

水質を悪化させる合成洗剤は禁止する必要がある。
  수질을 악화시키는 합성세제는 금지할 필요가 있다.

夏のおやつとしてバナナを凍らせておくと便利です。
  여름 간식으로 바나나를 얼려 두면 편리하다.

6.2 관련표현

1. 수동표현
- 형태 : ~(ら)れる
- 종류 : ① 직접수동
  ② 간접수동
- 용법 : 일본어의 수동표현에는 능동문에 대응하는 **직접수동문**과, 능동문에 대응하지 않는 **간접수동문**이 있다. 일반적으로 직접수동문은 타동사의 수동문에, 간접수동문은 자동사의 수동문에 많다. 간접수동문은 어떤 사실이 주체에 피해를 주거나 하여 간접적인 영향을 미치는 상황을 수동문으로 표현한 것으로, 한국어에 없어 번역에 주의해야 한다.

(1) 수동문의 구조

☑ 직접수동(쌍을 이루는 능동문이 있으며 의미가 같다.)

> **例**
>
> 学生は先生にしかられる。〈수〉 = 先生が学生をしかる。〈능〉
> 학생은 선생님에게 혼나다.   선생님이 학생을 혼내다.
>
> 後輩が先輩になぐられる。〈수〉 = 先輩が後輩をなぐる。〈능〉
> 후배가 선배에게 맞는다.   선배가 후배를 때리다.

☑ 간접수동(쌍을 이루는 능동문이 없으며 의미가 다르다.)

> **例**
>
> 雨に降られる。〈수〉   ≠ 雨が降る。〈능〉
> 비를 맞다.   비가 내리다.
>
> 風に吹かれて破れる。〈수〉 ≠ 風が吹く。〈능〉
> 바람이 불어 찢어지다.   바람이 불다.

(2) 직접수동

> **例**
>
> 彼女は実績がよくて上司に誉められた。
>
> 그녀는 실적이 좋아서 상사에게 칭찬을 받았다.
>
> 自分が嫌われていることを彼は知らない。
>
> 자신이 미움을 받고 있는 것을 그는 모른다.
>
> この秋に衆議院が解散され選挙が行われる。
>
> 이번 가을에 중의원이 해산되고 선거가 행해진다.
>
> 学校の掲示板に音楽会のポスターが貼られた。
>
> 학교 게시판에 음악회의 포스터가 붙여졌다.
>
> 異文化の中で生活すると、色々なことを教えられる。
>
> 이문화 속에서 생활하면 여러 가지를 배운다.

(3) 간접수동

> **例**
>
> 彼は恋人に死なれて悲しんでいます。
>
> 그는 애인이 죽어서 슬퍼하고 있습니다.
>
> 赤ちゃんに泣かれて一睡も眠れなかった。
>
> 아기가 울어서 한숨도 못 잤다.
>
> 彼女は妹に先に結婚されて悔しがっている。
>
> 그녀는 여동생이 먼저 결혼하여 분해하고 있다.
>
> 音痴な田中に一時間も歌われて耳が痛くなった。
>
> 음치인 田中가 한 시간이나 노래를 불러 귀가 아파졌다.
>
> 後から来た人に先にタクシーに乗られてしまった。
>
> 나중에 온 사람이 먼저 택시를 타 버렸다.

(4) 수동표현과 조사

능동문의 동작주가 수동문의 동작주가 될 때, 수동문의 동작주를 나타내는 조사에는 に를 사용하는 것이 일반적이지만, 경우에 따라서는 〈によって/から/で〉등의 조사를 사용하는 경우도 있다.

✔ ～に

例

先生に勧められて日本語科を選択したのです。
선생님에게 권유를 받아 일본어과를 선택했습니다.

先ほど部長に呼ばれて会議室の方へ行きました。
아까 부장님이 불러서 회의실 쪽으로 갔습니다.

彼女に誘われてボランティア活動に参加しました。
그녀에게 권유를 받아 자원봉사활동에 참가했습니다.

✔ ～によって

例

この建物は有名な建築家によって設計された。
이 건물은 유명한 건축가에 의해 설계되었다.

『こころ』は夏目漱石によって書かれた小説である。
『마음』은 夏目漱石에 의해 쓰인 소설이다.

恐竜の卵が地質学者によって世界各地で発見されている。
공룡의 알이 지질학자에 의해서 세계각지에서 발견되고 있다.

✔ ～から

例

サンタクロースから子供たちにプレゼントが送られた。
산타클로스로부터 아이들에게 선물이 보내졌다.

上司から酒を勧められたら、なかなか断りにくいものだ。
상사로부터 술을 권해 받으면 좀처럼 거절하기 힘든 법이다.

学生たちは教師から与えられたテーマに基づいてレポートを作成した。
학생들은 교사로부터 받은 테마에 근거해서 리포트를 작성했다.

✔ ~で

> 例

学園祭は学生たちの手で勧められた。

　학교축제는 학생들의 손으로 진행되었다.

菜の花で覆われた畑は春を感じさせてくれた。

　유채꽃으로 뒤덮인 밭은 봄을 느끼게 해 주었다.

經濟改革の問題が新聞で大きく取り上げられている。

　경제개혁 문제가 신문에 크게 다루어지고 있다.

> 연구

한어동사 〈~する/される〉와 〈~하다/되다〉

한·일 양국어의 한어동사는 서로 형태와 의미가 비슷하여, 일반적으로 일본어의 〈する : される〉와 한국어의 〈하다 : 되다〉는 서로 대응한다. 즉 〈する〉가 〈하다〉에 〈される〉가 〈되다〉에 대응하는 것이 일반적이지만, 〈する〉가 〈하다〉가 아닌 〈되다〉에 대응하는 경우도 있어 주의해야 한다.

1. 일반 : 〈~する : ~하다〉와 〈~される : ~되다〉

   この試合は全世界に放送する。　이 시합은 전 세계로 방송한다.

   : この試合は全世界に放送される。　이 시합은 전 세계로 방송된다.

   人数は三十人までに制限する。　사람 수는 30명까지로 제한한다.

   : 人数は三十人までに制限される。　사람 수는 30명까지로 제한된다.

   出発は今週から来週に変更した。　출발은 이번 주에서 다음 주로 변경했다.

   : 出発は今週から来週に変更された。　출발은 이번 주에서 다음 주로 변경되었다.

2. ~する : ~되다

   ビザカードは全世界で通用するカードです。

   　비자카드는 전 세계에서 통용되는 카드입니다.

   コピー機が普及して紙の使用量が増加した。

   　복사기가 보급되어 종이의 사용량이 증가했다.

   彼は賄賂事件が発覚して辞任せざるを得なかった。

   　그는 뇌물사건이 발각되어 사임하지 않을 수 없었다.

   意見の食い違いにこだわるより共通する点を探してみよう。

   　의견의 차이에 구애받기보다 공통되는 점을 찾아보자.

3. ~した : ~되었다, ~된

二人はかなり対立した考え方を持っていた。 둘은 꽤 대립된 생각을 가지고 있었다.

小学生にまで携帯電話の使用が一般化した。

초등학생에게까지 휴대전화의 사용이 일반화되었다.

ほとんどの会社は不況によって経営が悪化した。

대부분의 회사는 불황에 의해 경영이 악화되었다.

民主的な直接選挙で平和的な政権交代が実現した。

민주적인 직접선거로 평화적인 정권교체가 실현되었다.

★ 주의

일본어는 동사, 한국어는 형용사

한국어의 漢語형용사는 일본어에서 형용동사로 대응하는 것이 일반적인데, 〈する〉와 결합하여 동사에 대응하는 경우가 있다. 이런 동사에는 〈切迫する, 緊迫する, 充実する, 徹底する〉 등이 있다. 형용사적 의미를 가지고 있는 이런 동사가 명사를 수식하는 경우에는 〈した〉의 형태를 사용한다. 또한 〈不足〉는 〈不足する/不足だ〉의 양 형태가 사용되며, 연체형에도 〈した〉와 함께 〈する〉가 사용된다.

韓国にも水が不足する時代が来るかも知れないとの予測がある。

한국에도 물이 부족한 시대가 올 지도 모른다는 예측이 있다.

両国の関係は悪化し、国境付近は緊迫した空気に包まれている。

양국관계는 악화되어 국경부근은 긴박한 공기에 싸여 있다.

大会を充実したものとするために細かい計画が立てられ、検討された。

대회를 충실한 것으로 만들기 위해 세밀한 계획이 세워지고, 검토되었다.

徹底した仕事をすると評判があるだけに細かな点まで配慮が行き届いている。

일을 철저히 한다고 평판이 있는 만큼 세세한 점까지 배려가 미치고 있다.

2. 가능표현

(1) ～ことができる

- 접속 : 동사 연체형 + ことができる
- 구조 : 동사 연체형 + こと(형식명사) + が(は,も) + できる
- 의미 : ~(할) 수 있다, ~하는 것이 가능하다.
- 용법 : ことができる는 가능표현의 한 형태인데, 동사에 형식명사와 가능을 나타내는 동사가 합쳐져 만들어진 것이다. 즉, 동사의 연체형과 형식명사를 이용하여 체언상당어구로 만들고, 이에 가능을 나타내는 できる를 이용하여, 그것이 가능함을 나타내는 표현이다.

✔ 가능

例

このビデオは子供も見ることができます。
　이 비디오는 어린이도 볼 수 있습니다.
地球は人類の努力で守ることができるでしょう。
　지구는 인류의 노력으로 지킬 수 있을 것입니다.
酒とタバコは十八才以上の人に売ることができます。
　술과 담배는 18세 이상의 사람에게 팔 수 있습니다.
先生のご指導によってこの作品を完成させることができた。
　선생님의 지도에 의해 이 작품을 완성시킬 수 있었다.

✔ 불가능

例

当分この規則を変えることはできません。
　당분간 이 규칙을 바꿀 수는 없습니다.
許可無しでここに入ることはできません。
　허가 없이 여기를 들어갈 수는 없습니다.
まだ選挙運動を開始することができません。
　아직 선거운동을 개시할 수가 없습니다.
この仕事を三日で終わらせることはできません。
　이 일을 3일에 끝낼 수는 없습니다.

> **참고**
> **できる만의 가능표현**
> 한어동사나 일부 동작성명사의 경우 できる만으로 가능표현이 된다.
> 1. 한어동사
>   市民ならだれでも利用することができます。
>   = 市民ならだれでも利用できます。
>   시민이라면 누구라도 이용할 수 있습니다.
>   一回に限ってオイルを無料で交換することができます。
>   = 一回に限ってオイルを無料で交換できます。
>   한 번에 한해서 오일을 무료로 교환할 수 있습니다.
> 2. 동작성 명사
>   今ならまだ発表を申し込みすることができます。
>   = 今ならまだ発表を申し込みできます。
>   지금이라면 아직 발표를 신청할 수 있습니다.
>   たぶん韓国語でも買い物することができると思います。
>   = たぶん韓国語でも買い物できると思います。
>   아마 한국어로도 쇼핑할 수 있으리라 생각합니다.

> ★ **주의**
> **に격의 가능표현**
> 가능표현에서는 심정적 또는 능력 면에서 불가능함을 나타내는 경우, 가능의 주체에
> に격을 사용하기도 한다.
>   彼女をだますなんて、僕にはできない。 그녀를 속이는 따위, 나는 못한다.
>   君にはそんな難しい問題は解けないよ。 너는 그런 어려운 문제는 못 풀어.
>   僕には源氏物語などの古典は読めない。 나는 源氏物語 등의 고전은 못 읽는다.

(2) ～(ら)れる

- 용법 : (ら)れる는 주로 1단동사와 来る에서 가능표현으로 사용한다.

  例

  地図があったからここまで来られました。
    지도가 있었기에 여기까지 올 수 있었습니다.

このカバンは鍵がなければ開けられません。
이 가방은 열쇠가 없으면 열 수 없습니다.

親に相談もせずに一人では決められません。
부모에게 상의도 하지 않고 혼자서는 결정할 수 없습니다.

服が小さくなったので着られなくなりました。
옷이 작아져서 입을 수 없게 되었습니다.

辛いものが好きだからキムチも食べられます。
매운 것을 좋아하기 때문에 김치도 먹을 수 있습니다.

(3) 5단동사 가능형

- 형태 : 어미 う단 → え단 + る
- 의미 : ~(할) 수 있다
- 용법 : 가능표현에는 여러 형태가 있어, 1단동사의 경우 (ら)れる형이 주로 사용되는데, 5단동사의 경우 어미를 (え단)+る로 바꾼 형태가 주로 사용된다. 5단동사의 (ら)れる는 주로 수동의 의미로 사용된다.

기 본 형		5단동사 え단 + る	
ならう	배우다	ならえる	배울 수 있다
あるく	걷다	あるける	걸을 수 있다
およぐ	헤엄치다	およげる	헤엄칠 수 있다
はなす	이야기하다	はなせる	이야기할 수 있다
まつ	기다리다	まてる	기다릴 수 있다
しぬ	죽다	しねる	죽을 수 있다
よぶ	부르다	よべる	부를 수 있다
すむ	살다	すめる	살 수 있다
さわる	만지다	さわれる	만질 수 있다

- ✔ ~る형

  > 例

  その曲なら私も日本語で歌える。
  　그 곡이라면 나도 일본어로 부를 수 있다.
  風邪で行けないというのは口実としか思えない。
  　감기로 못 간다는 것은 구실로밖에 생각되지 않는다.
  試合に勝ったのは厳しい練習の結果だと言える。
  　시합에 이긴 것은 엄격한 연습의 결과라고 할 수 있다.
  その店は駅から歩いて一時間で行ける距離にある。
  　그 가게는 역에서 걸어서 한 시간에 갈 수 있는 거리에 있다.
  平日は利用する人が少ないから予約しなくても入れる。
  　평일에는 이용하는 사람이 적어서 예약하지 않아도 들어갈 수 있다.

- ✔ ~て형 : ~할 수 있고/있어(서)

  > 例

  字は読めても書くのはまだだめです。
  　글자는 읽을 수 있어도 쓰는 것은 아직 못합니다.
  ぐっすり眠れて疲れはある程度とれました。
  　푹 잘 수 있어서 피로는 어느 정도 풀렸습니다.
  社長になれば言いたいことが言えていいな。
  　사장이 되면 하고 싶은 말을 다 할 수 있어 좋은데!
  彼はよく泳げてこの川ぐらいは簡単に渡れます。
  　그는 수영을 잘 해 이 강 정도는 간단히 건널 수 있습니다.
  彼女は日本語の歌が上手に歌えてうらやましいです。
  　그녀는 일본어로 된 노래를 잘 부를 수 있어 부럽습니다.

(4) 동사 연용형 + 得る(得る)

- 접속 : 동사 연용형 + える(うる)
- 의미 : ~(할) 수 있다

- 용법 : 〈동사 연용형＋得る〉는 가능을 나타내는데 주로 문장체의 표현에 사용한다. 종지형이나 연체형에는 うる나 える를 다 사용할 수 있으나, 부정이나 과거 그리고 ます에는 える만을 사용한다.

✔ 긍정 : ～える/うる

  例

  真に旅を味わいえる人は真に自由な人である。
   실로 여행을 맛볼 수 있는 사람은 실로 자유로운 사람이다.
  労働者が増えればそういう問題も起こり得るだろう。
   노동자가 늘면 그런 문제도 일어날 수 있을 것이다.
  近いうちに人間は宇宙を旅行することもありうるだろう。
   머지않아 인간은 우주를 여행하는 일도 있을 수 있을 것이다.
  彼女の演技のすばらしさはとても言葉で表しうるものではない。
   그녀의 연기의 훌륭함은 전혀 말로 표현할 수 있는 것이 아니다.
  小選挙区制度は政治家をたえず鍛え直すいい舞台ともなりえる。
   소선거구제는 정치가를 끊임없이 재단련시키는 좋은 무대도 될 수 있다.

✔ 부정 : ～えない

  例

  会社の倒産はだれも予期しえなかった。
   회사의 도산은 아무도 예기할 수 없었다.
  彼女の仕事ぶりにはとうてい失望の念を禁じ得ない。
   그녀의 일하는 모습에는 도저히 실망감을 금할 수 없다.
  私に宝くじが当たるなんて、とてもありえないことだ。
   나에게 복권이 당첨되다니, 전혀 있을 수 없는 일이다.

  ★ 주의
  ～得る와 능력표현
  得る는 가능을 나타내는 5단동사 가능형(え단 ＋ る)와는 달리 능력을 나타내는 경우에는 사용할 수 없다.
    彼はフランス語が話せる。 그는 프랑스어를 할 줄 안다. (○)
    →彼はフランス語が話しうる。 (×)

(5) ～ざるをえない

- 접속 : 동사 미연형 + ざるをえない → (ざる + を + えない)

    くる → こざるをえない

    する → せざるをえない

- 의미 : ~하지 않을 수 없다
- 용법 : ざるをえない는 그렇게 하는 수밖에 달리 방도가 없음을 나타내는 표현으로, 어떤 압력이나 상황의 절박함 때문에 의사에 반하여 행위를 하는 경우에 사용한다. 문장체적 표현으로 するほかない와 바꾸어 쓸 수 있다.

    例

    先生に言われたことだから、やらざるをえない。

    선생님이 말씀하신 일이니 하지 않을 수 없다.

    非難を浴びれば政府も計画を白紙に戻さざるを得ない。

    비난을 받으면 정부도 계획을 백지로 돌리지 않을 수 없다.

    国民に知られたから公平に処理せざるをえなくなった。

    국민들에게 알려졌으니 공평하게 처리하지 않을 수 없게 되었다.

    経費がかかるので、どうしても食費を切り詰めざるをえない。

    경비가 들기 때문에, 어떻게든 식비를 절약하지 않을 수 없다.

    地元住民の強い抵抗にあって計画は中止せざるをえなかった。

    지역주민의 강한 저항을 만나 계획은 중지하지 않을 수 없었다.

(6) ～わけにはいかない

- 접속 : 동사 연체형 + わけにはいかない
- 의미 : ~(할) 수는 없다
- 용법 : わけにはいかない는 일반 상식이나 사회적 통념, 과거의 경험으로부터 판단하여 그렇게 할 수 없거나, 또는 해서는 안 되는 사항에 대한 불가능함을 나타낸다.

    例

    同情はするけれど、法を曲げるわけにはいかない。

    동정은 하지만, 법을 왜곡할 수는 없다.

いつまでもこの問題をひきずっているわけにはいかない。
언제까지나 이 문제를 지연시킬 수는 없다.

赤ん坊がいるから長時間、家を空けるわけにはいきません。
갓난아이가 있기 때문에 장시간 집을 비울 수는 없습니다.

少年たちのいたずらはだまって黙認するわけにはいかなかった。
소년들의 못된 장난은 가만히 묵인할 수는 없었다.

どんな理由があっても交通違反をすれば容認するわけにはいかない。
어떤 이유가 있어도 교통위반을 하면 용인할 수는 없다.

3. 사역수동표현(~(さ)せられる)

- 형태 : 동사 미연형 + (さ)せられる
- 의미 : 어쩔 수 없이 ~하게 되다 (사역 + 수동)
- 용법 : (さ)せられる는 사역형에 수동형이 접속한 것으로, 어떤 행위가 타인에 의해서 어쩔 수 없이 그렇게 된 것임을 나타내는 표현이다. 직역하면 〈누군가가 시켜 그렇게 되다〉의 의미인데, 〈어쩔 수 없이 ~하다〉로 번역하면 자연스러운 경우가 많다.

例

学校では先生に読ませられる本もある。
학교에서는 선생님이 읽게 해서 읽는 책도 있다.

空襲で住民は安全な場所に避難させられた。
공습으로 주민들은 안전한 곳으로 피난했다.

集会は警察によって強制的に解散させられた。
집회는 경찰에 의해 강제로 해산되었다.

工事は納期を合わせるために強行させられた。
공사는 납기를 맞추기 위해 어쩔 수 없이 강행했다.

彼女のしつこい質問にやむをえず答えさせられた。
그녀의 끈질긴 질문에 어쩔 수 없이 대답하게 되었다.

● 참고

5단동사의 사역수동형

5단동사 사역형 せる는 줄여서 す의 형태로 사용하기도 하는데, 이런 경우 사역수동형은 す에 (さ)れる가 붙어 만들어지기 때문에, 5단동사의 사역수동형에는 せられる와 される의 두 형태가 사용된다.

기 본 형		사 역 형		사역형 + (ら)れる	
行く	가다	行かせる = 行かす	가게 하다	行かせられる = 行かされる	어쩔 수 없이 가다 보내지다
買う	사다	買わせる = 買わす	사게 하다	買わせられる = 買わされる	어쩔 수 없이 사다
聞く	듣다	聞かせる = 聞かす	들려주다	聞かせられる = 聞かされる	어쩔 수 없이 듣다
済む	끝나다	済ませる = 済ます	끝내다	済ませられる = 済まされる	끝나다
飲む	마시다	飲ませる = 飲ます	마시게 하다	飲ませられる = 飲まされる	어쩔 수 없이 마시다 억지로 마시다
待つ	기다리다	待たせる = 待たす	기다리게 하다	待たせられる = 待たされる	어쩔 수 없이 기다리다
やる	하다	やられる = やらす	하게 하다	やらせられる = やらされる	어쩔 수 없이 하다

事態の収拾には私が行かされた(=行かせられた)。

사태 수습에는 내가 가게 되었다.

駅前で彼女に一時間も待たされた(=待たせられた)。

역 앞에서 그녀를 한 시간이나 기다렸다.

字が下手で書類を何回も書かされた(=書かせられた)。

글씨가 서툴러서 서류를 몇 번이나 쓰게 되었다.

あの話は何回も聞かされて耳が痛いくらいです。

그 이야기는 너무 많이 들어서 귀가 아플 정도입니다.

接待ではお酒を飲まされる場合が多くて疲れます。

접대에서는 어쩔 수 없이 술을 마셔야 되는 경우가 많아 피곤합니다.

6.3 미연형⁽²⁾

1. ~(よ)う

- 접속 : ① 5단동사: 미연형(어미う단→お단)＋う
  ② 1단동사 : 미연형(어간)＋よう
- 의미 : ① ~하자 (권유)
  ② ~하겠다 (의지)
  ③ ~할 것이다 (추측)
- 용법 : (よ)う는 일반적으로 권유나 의지의 의미를 나타내며, 문장체에서는 추측의 의미를 나타내기도 한다.

동사 종류	기본형	미연형 ＋ (よ)う
5단동사	かう 사다	かおう 사겠다/사자
	きく 듣다	きこう 듣겠다/듣자
	つぐ 잇다	つごう 잇겠다/잇자
	だす 내다	だそう 내겠다/내자
	うつ 치다	うとう 치겠다/치자
	しぬ 죽다	しのう 죽겠다/죽자
	とぶ 날다	とぼう 날겠다/날자
	よむ 읽다	よもう 읽겠다/읽자
	うる 팔다	うろう 팔겠다/팔자
상1단동사	みる 보다	みよう 보겠다/보자
하1단동사	ねる 자다	ねよう 자겠다/자자
か행변격동사	くる 오다	こよう 오겠다/오자
さ행변격동사	する 하다	しよう 하겠다/하자

✔ 권유

> 例

暗くなってきたからそろそろ家に帰ろう。
　어두워졌으니 이제 슬슬 집에 돌아가자.
扇風機じゃ暑いからエアコンをつけよう。
　선풍기로는 더우니 에어컨을 틀자.
行くか行かないかは明日の天気を見て決めよう。
　갈지 안 갈지는 내일 날씨를 보고 정하자.
明日からソウルで公演が始まるから一緒に見に行こう。
　내일부터 서울에서 공연이 시작되니 함께 보러가자.
このお金だけじゃ足りないから誰かにお金を借りよう。
　이 돈만으로는 부족하니 누군가에게 돈을 빌리자.

✔ 의지

> 例

もうこんなつまらない仕事はやめよう。　이제 이런 시시한 일은 그만둬야겠다.
ほかならぬ君の頼みだから引き受けよう。　다름 아닌 자네의 부탁이니 맡겠다.
みんな集まるまで私は研究室で待っていよう。
　모두 모일 때까지 나는 연구실에서 기다리고 있겠다.
ただではすまないところだが、今回だけは見逃してやろう。
　그냥은 끝나지 않는 것인데 이번만은 눈감아 주겠다.

✔ 추측

> 例

生きていればいつかきっといいこともあろう。
　살아있으면 언젠가 꼭 좋은 일도 있을 것이다.
このデータからすれば次のようなことが言えよう。
　이 데이터로부터 생각하면 다음과 같은 말을 할 수 있을 것이다.
これだけ点差がひらけば相手チームもあきらめよう。
　이만큼 점수 차가 벌어지면 상대팀도 단념할 것이다.

> **참고**
>
> **~(よ)う(か)と思う**
>
> 동사의 る형이나 ます형이 단정적인 의지를 나타내지만, (よ)うは (か)と思う와 함께 사용하여 그런 의지가 있음을 나타내는 다소 정중한 형태로 사용된다.
>
> もうそろそろ論文をまとめようと思います。
> 이제 슬슬 논문을 마무리 지으려고 생각합니다.
>
> もうそろそろ論文をまとめようかと思います。
> 이제 슬슬 논문을 마무리 지을까 생각합니다.
>
> ちょうど出かけようと思っていたところです。
> 마침 나가려고 생각하고 있던 참입니다.
>
> 私も先生に会って相談しようと思っています。
> 나도 선생님을 만나 상의하려고 생각하고 있습니다.

2. ~(よ)うではないか

- 접속 : 동사 미연형 + (よ)うではないか
- 의미 : ~하자
- 용법 : (よ)うではないか는 화자의 의지를 강하게 나타낼 때 사용한다.

例

今夜は語り明かそうではありませんか。
   오늘밤은 이야기하며 밤새우지 않겠습니까?

彼女も来たから一緒に飲もうじゃないか。
   그녀도 왔으니 함께 마시자.

これで最後だから、みんなでがんばろうじゃないか。
   이것으로 마지막이니 모두 열심히 하자.

俺たちの友情に変りがないことを誓おうではないか。
   우리의 우정에 변함이 없음을 맹세하자.

そんなにおれと喧嘩したいのなら、受けて立とうじゃないか。
   그렇게 나와 싸우고 싶다면 그래 한번 해보자.

3. ～(よ)うが ‖ ～(よ)うと
    - 접속 : 동사 미연형 ＋ (よ)う ＋ が/と
    - 의미 : ～(하)든
    - 용법 : (よ)うが나 (よ)うと는 어떤 상황이 있더라도 하는 조건을 나타내는데 사용한다.

☑ ～(よ)うが

    例

    家にどんなことがあろうが、ぜったいあわててはいけない。
       집에 어떤 일이 있든 절대로 당황해서는 안 된다.
    組合でどのように決めようが、我々は付いていくしかない。
       조합에서 어떻게 정하든 우리는 따라 갈 수밖에 없다.
    回りの人に何と言われようが、そんなことを気にする必要はない。
       주위 사람이 뭐라고 말하든 그런 것을 걱정할 필요는 없다.

☑ ～(よ)うと

    例

    どんなことが起ろうと、この計画は続行する。
       어떤 일이 일어나든 이 계획은 속행한다.
    みんなが入る浴場だから、だれが入ろうといいはずです。
       모두가 들어가는 욕탕이니 누가 들어가든 괜찮을 것입니다.
    社内に何が起ろうと、彼は対岸の火事を見るように無頓着だ。
       사내에 무엇이 일어나든 그는 강 건너 불구경하듯 무관심하다.

4. ～(よ)うが、～(よ)うが ‖ ～(よ)うと、～(よ)うと
   ～(よ)うが、～まいが ‖ ～(よ)うと、～まいと
    - 접속 : ① 동사 미연형 ＋ よう ＋ が/と… 동사 미연형 ＋ よう ＋ が/と
            ② 동사 미연형 ＋ よう ＋ が/と… 동사 미연형 ＋ まい ＋ が/と
    - 의미 : ① ～(하)든 ～(하)든
            ② ～(하)든 ～(하)지 않든, ～(하)든 말든

- 용법 : (よ)うが ~(よ)うがな (よ)うと ~(よ)うとは 이런 상황이라도 저런 상황이라도 하는 조건의 의미를, (よ)うが ~まいがな (よ)うと ~まいと 어떤 상황이든 그 상황이 아니든 하는 조건의 의미를 나타낸다.

✔ ～(よ)うが、～(よ)うが ‖ ～(よ)うと、～(よ)うと

例

雪が降ろうが嵐になろうが明日は出発する。
　눈이 내리든 폭풍이 불든 내일은 출발한다.
友だちに笑われようがばかにされようが、私はこの道を選ぶ。
　친구에게 웃음거리가 되든 바보취급을 당하든 나는 이 길을 택한다.
退院が二三日早くなろうと遅くなろうと、それは何でもないことだ。
　퇴원이 2, 3일 빠르든 늦든 그것은 아무것도 아닌 일이다.
梁が腐ろうと棟が折れようと、こちらには何の関係もありはしない。
　대들보가 썩든, 용마루가 부러지든, 이쪽에는 아무런 관계도 없다.

✔ ～(よ)うが、～まいが ‖ ～(よ)うと、～まいと

例

この計画に参加しようがしまいが、それは私の勝手だ。
　이 계획에 참가하든 하지 않던, 그것은 내 마음이다.
あんな奴、うちのチームにいようがいまいが、全然関係ない。
　저런 녀석, 우리 팀에 있든 없든, 전혀 관계없다.
誰が泣こうと泣くまいと、死ぬことに特別価値なんてないんだ。
　누가 울든 울지 않던, 죽는 것에 특별히 가치 따위 없는 거다.
彼は人が見ていようと見ていまいと、その規範に従うのである。
　그는 사람이 보고 있든 안 보고 있든, 그 규범에 따르는 것이다.

6.4 조사 (5)

1. **~として**
   - 접속 : ① 명사 + として

     ② 동사 연체형 + として
   - 의미 : ① ~로서

     ② ~치고는
   - 용법 : として는 명사에 접속하여 자격, 입장, 종류, 명목 등을 나타낸다.

   例

   趣味として韓国語の勉強を始めました。

   취미로서 한국어 공부를 시작했습니다.

   彼は歌手としてより作曲家として有名だ。

   그는 가수로서보다 작곡가로서 유명하다.

   私は大人として当然のことをしただけです。

   나는 어른으로서 당연한 일을 했을 뿐입니다.

   親としてできるだけのことはしてやりたいのだ。

   부모로서 할 수 있는 만큼의 것은 해주고 싶다.

   被爆国としての核軍縮外交も再点検を怠ってはならない。

   피폭국으로서의 핵군축외교도 재점검을 태만히 해서는 안 된다.

2. **~にとって**
   - 접속 : 명사 + にとって
   - 의미 : ~에(게) 있어서
   - 용법 : にとって는 대개 사람이나 조직을 나타내는 명사를 받아, 〈그 입장에서 보면〉이라고 하는 의미를 나타낸다. 뒤에는 가능이나 불가능을 나타내는 표현이나, 〈むずかしい, 有り難い, 深刻だ〉 등 평가를 나타내는 표현이 많이 이어진다.

例

卒業生にとって就職は深刻な問題だった。
　졸업생에게 있어서 취직은 심각한 문제였다.
彼にとってこんな仕事は何でもないことです。
　그에 있어서 이런 일은 아무것도 아닙니다.
彼にとって国家試験に受かることは難しいことです。
　그에게 있어서 국가시험에 합격하는 것은 어려운 일입니다.
病床の私にとって友人の励ましは有り難いものだった。
　병상의 나에게 있어서 친구의 격려는 고마운 것이었다.
外国人にとって納豆は食べたくない食べ物かも知れない。
　외국인에 있어서 낫또오는 먹고 싶지 않은 음식일지도 모른다.

3. ~において

- 접속 : 체언 + において
- 의미 : ~에 있어서, ~에서
- 용법 : においては 어떤 사건이 일어나거나, 어떤 상태가 존재하거나 할 때 등의 배경이나, 어떤 부분의 영역을 나타내 그에 대해 기술하는 경우 등에 사용한다.

例

学校において主役は教師ではなく生徒たちだ。
　학교에 있어서 주역은 교사가 아니라 학생들이다.
日本はアジアにおいて最も貿易が盛んな国だ。
　일본은 아시아에 있어서 가장 무역이 성한 나라이다
今回の調査においては、それを確認できなかった。
　이번의 조사에 있어서는 그것을 확인할 수 없었다.
電気通信サービスにおいては各国の事情が異なっている。
　전기통신서비스에 있어서는 각국의 사정이 다르다.
ビジネスにおいて電子メールをどう活用すればよいのか。
　비즈니스에 있어서 전자메일을 어떻게 활용하면 좋은 걸까?

4. ~にしては

- 접속 : ① 명사 + にしては
  ② 동사 연체형 + にしては
- 의미 : ~치고는
- 용법 : にしては는 わりには와 같이 어떤 상황으로부터 상식적으로 예상되는 기준과 비교함을 나타낸다.

✔ 명사 + にしては

예

先月の倒産件数は一ヶ月の記録にしては多かった。

지난달의 도산건수는 한 달의 기록치고는 많았다.

貧乏人にしてはずいぶん立派なところに住んでいる。

가난한 사람치고는 꽤 훌륭한 곳에 살고 있다.

今日の入場者は一日の入場者にしては多い方だった。

오늘의 입장객은 하루 입장객치고는 많은 편이었다.

彼の言葉づかいはこういう職業の人にしては丁寧な方だ。

그의 말씨는 이런 직업의 사람치고는 오히려 정중한 편이다.

あの人はアナウンサーにしてはアクセントに誤りが少なくない。

저 사람은 아나운서치고는 악센트에 실수가 적지 않다.

✔ 용언 + にしては

예

今朝七時に出発したにしては到着が遅い。

오늘 아침 7시에 출발한 것치고는 도착이 늦다.

彼は二年間日本語を習ったにしては会話が下手だ。

그는 2년간 일본어를 배운 것치고는 회화가 서툴다.

夏の天候が不順だったにしては今年は稲のできがいい。

여름 날씨가 불순했던 것치고는 올해는 벼 수확이 좋다.

近々結婚するにしては彼女はあまり楽しそうな様子ではない。

　곧 결혼하는 것치고는 그녀는 그다지 즐거운 듯한 모습이 아니다.

地震の規模が大きかったにしては被害が少なかったので幸いだ。

　지진의 규모가 컸던 것치고는 피해가 적었기에 다행이다.

5. ~にしても

- 접속 : ① 명사(である) + にしても

  ② 동사/형용사 연체형 + にしても
- 의미 : ① ~도 역시, ~로서도, ~에서도, ~라 해도

  ② ~라 하더라도, ~라 치더라도
- 용법 : にしても는 어떤 대상을 제시하여 그것도 다른 것도 마찬가지임을 나타내거나, 어떤 사태를 설령 인정하는 경우의 상황을 나타낼 때 사용한다.

✔ 명사 + にしても

例

あのホテルは三つ星ホテルにしても最低の方だ。

　저 호텔은 3성 호텔로서도 최저인 편이다.

専門家にしても区別できないほど精巧に作られている。

　전문가라 해도 구별할 수 없을 정도로 정교하게 만들어져 있다.

彼女は歩き方ひとつにしてもきちんと作法に則っている。

　그녀는 걸음걸이 하나도 정확히 예절에 따르고 있다.

部品の選定一つにしても検討に検討を重ねて行いました。

　부품 선정 하나에서도 검토에 검토를 거듭하여 행했습니다.

麻雀のプロにしてもゲームに勝利しない限り賞金は得られない。

　마작의 프로라 해도 게임에 승리하지 않는 한 상금은 받을 수 없다.

✔ 용언 + にしても

例

体調が悪かったにしても彼の記録にしては悪すぎる。

　몸 상태가 나빴다고 해도 그의 기록치고는 너무 나쁘다.

今から行くにしても飛行機には間に合わないだろう。
　　지금부터 간다고 해도 비행기 시간에는 맞출 수 없을 것이다.
いくら貧しいにしても人のものを盗んだら罰せられる。
　　아무리 가난하다 해도 남의 물건을 훔치면 벌을 받는다.
忙しかったにしても電話の一本ぐらいは入れてほしいよな。
　　바빴다 하더라도 전화 한통정도는 넣어주면 좋을 텐데.
噴火が止んだにしても町が元どおりになるまでには時間がかかる。
　　분화가 멈췄다고 하더라도, 마을이 원래대로 되기까지는 시간이 걸린다.

6. ～について

- 접속 : 명사 ＋ について
- 의미 : ~에 대해서, ~에 관하여
- 용법 : についても 명사에 붙어 그것을 대상 또는 주제로 하여 기술하는 경우에 사용한다. 〈~에 관한〉〈~에 대한〉 등과 같이 명사를 수식하는 경우에는 〈についての ＋ 명사〉의 형태로 사용한다.

例

いま当局で事故の原因について調べている。
　　지금 당국에서 사고 원인에 대해 조사하고 있다.
今日は深刻な環境問題について考えてみましょう。
　　오늘은 심각한 환경문제에 대해서 생각해 봅시다.
ことの善悪についての判断ができなくなっている。
　　일의 선악에 관한 판단이 불가능하게 되었다.
アイスホッケーの規則については何にも知らない。
　　아이스하키의 규칙에 대해서는 아무것도 모른다.
大学では韓国の伝統文化について研究したいと思います。
　　대학에서는 한국의 전통문화에 대해서 연구하려고 생각합니다.

7. ~に対（たい）して

- 접속 : 명사 + に対して
- 의미 : ~에 대해서
- 용법 : に対して는 について와는 달리 어떤 대상이나 그에 대한 행동, 태도 등을 나타내는 경우에 사용된다. 의미가 비슷하지만 について 대신 に対して를 사용하면 부자연스러운 경우가 많다. 명사를 수식하는 경우에는 〈に対する/に対した/に対しての〉의 형태를 사용한다. 문장체 등에서는 に対し의 형태를 사용하기도 한다.

例

国（くに）に対（たい）して訴訟（そしょう）を起（お）こそうと思（おも）っている。
　국가에 대해 소송을 일으키려고 생각하고 있다.

被害者（ひがいしゃ）に対（たい）しての援助（えんじょ）が必要（ひつよう）だと思（おも）います。
　피해자에 대한 원조가 필요하다고 생각합니다.

学生（がくせい）の質問（しつもん）に対（たい）して何（なに）も答（こた）えてくれなかった。
　학생의 질문에 대해 아무것도 답해주지 않았다.

首相（しゅしょう）の発言（はつげん）に対（たい）し、野党（やとう）は猛烈（もうれつ）に攻撃（こうげき）を加（くわ）えてきた。
　수상의 발언에 대해 야당은 맹렬히 공격을 가해 왔다.

国会議員（こっかいぎいん）が国民（こくみん）に対（たい）してそんなことを言（い）うなんて信（しん）じられない。
　국회의원이 국민에 대해 그런 말을 하다니 믿을 수 없다.

연구

~について와 ~に対して

〈~에 관하여/~에 대하여〉에 해당하는 일본어 표현에는 について와 に対して가 있는데, 같은 상황에 사용하지 않으므로 주의해야 한다. について는 명사에 붙어 그를 대상 또는 주제로 하여 기술하는 경우에 사용하지만, に対して는 어떤 대상을 향해 그에 대한 행동이나 태도의 작용을 나타내는 경우에 사용한다.

私（わたし）は韓国（かんこく）の歴史（れきし）について研究（けんきゅう）したいです。
　나는 한국의 역사에 대해 연구하고 싶습니다.

先生（せんせい）は外国人（がいこくじん）に対（たい）しては親切（しんせつ）に指導（しどう）する。
　선생님은 외국인에 대해서는 친절히 지도한다.

8. ~に関して

- 접속 : 명사 + に関して
- 의미 : ~에 관하여
- 용법 : 関にしては についてと 같이 무언가를 대상으로 하여, 그에 관해 기술할 때 사용한다. 명사를 수식하는 경우에는 〈に関する/に関した/に関しての〉의 세 형태를 사용할 수 있다. 문장체 등에서는 に関し의 형태를 사용하기도 한다.

例

日程に関して旅行会社から連絡があった。
　일정에 관해서 여행사로부터 연락이 있었다.

最近は韓国の文化に関する本を読んでいる。
　최근에는 한국 문화에 관한 책을 읽고 있다.

その事件に関しての報告はまだ受けていない。
　그 사건에 관한 보고는 아직 받지 않았다.

彼は日本経済に関していい論文をいくつか書いた。
　그는 일본경제에 관하여 좋은 논문을 몇 갠가 썼다.

日本は地震災害に関して多くの経験と知識を持っている。
　일본은 지진재해에 관해서 많은 경험과 지식을 갖고 있다.

9. ~につれて

- 접속 : 동사 연체형 + につれて
- 의미 : ~(함)에 따라
- 용법 : につれては 어떤 상태가 점진적으로 변화해 감을 나타낸다. 문장체 등에서는 につれ의 형태를 사용하기도 한다.

例

辺りが暗くなるにつれて北風はいっそう強くなった。
　주위가 어두워짐에 따라 북풍은 한층 강해졌다.

円高が続くにつれて各国の日本批判が高まっている。
　엔고현상이 계속됨에 따라 각국의 일본비판이 높아지고 있다.

市街から隔たるにつれてわらぶき屋根の家が目立ってきた。
　시가에서 멀어짐에 따라 초가지붕의 집이 눈에 띄기 시작했다.

月日がたつにつれて母親の悲しみもしだいに薄らいでいった。

세월이 지남에 따라 어머니의 슬픔도 점차 덜해져 갔다.

会社での地位が上がるにつれて部下も増えたが、責任も重くなった。

회사에서의 지위가 오름에 따라 부하도 늘었지만 책임도 무거워졌다.

10. ~に当たって

- 접속 : ① 명사 + にあたって

   ② 동사 연체형 + にあたって

- 의미 : ~에 즈음하여

- 용법 : にあたって는 어떤 일의 한 고비가 되는 중요한 시기를 맞이함을 나타낸다. 문장체나 형식을 갖춰야 하는 표현에는 にあたり를 사용한다.

例

大統領選挙の年にあたり、格好の標的に仕立て上げられた。

대통령선거의 해에 즈음하여 아주 좋은 표적으로 만들어졌다.

年度始めにあたり、今年度の事業方針を定め、社員に示した。

연초에 즈음하여 올해의 사업방침을 정해 사원에게 제시했다.

私たちは卒業するに当たって、学校に掛け時計を贈りました。

우리는 졸업에 즈음하여 학교에 벽시계를 선물했습니다.

彼女は結婚するにあたって、たばこをやめる決心をしました。

그녀는 결혼에 즈음하여 담배를 끊을 결심을 했습니다.

新年を迎えるに当たり、社員諸君の健康とご多幸をお祈りします。

신년을 맞이함에 즈음하여 사원 여러분의 건강과 행운을 빕니다.

제7장
가정형과 관련표현

7.1 가정/조건표현

1. ~ば(가정형)

- 형태 : ① 5단동사 : 가정형(어미 う단 → え단) + ば
  ② 1단동사 : 가정형(어간) + れば
- 의미 : ~하면
- 용법 : ば는 일반적 진리나 속담 또는 추상적 논리관계 등과 같은 일반조건(어떤 조건 하에서 항상 그렇게 되는 것)을 나타내거나, 일반적인 가정조건 등을 나타낸다.

동사 종류	기본형	동사 가정형 + ば	
5단동사	かう 사다	かえ ば	사면
	きく 듣다	きけ ば	들으면
	つぐ 잇다	つげ ば	이으면
	だす 내다	だせ ば	내면
	うつ 치다	うて ば	치면
	しぬ 죽다	しね ば	죽으면
	とぶ 날다	とべ ば	날면
	よむ 읽다	よめ ば	읽으면
	うる 팔다	うれ ば	팔면
상1단동사	みる 보다	み れば	보면
하1단동사	ねる 자다	ね れば	자면
か행변격동사	くる 오다	く れば	오면
さ행변격동사	する 하다	す れば	하면

(1) 일반조건 : 사물 일반에 관한 조건관계를 나타내는 표현으로 항상적으로 성립하는 논리적이고 법칙적인 인과관계를 나타낸다.

> **例**

春が来れば花が咲きます。　봄이 오면 꽃이 핍니다.

水は百度になれば沸騰します。　물은 백도가 되면 끓습니다.

二に二をかければ四になります。　2에 2를 곱하면 4가 됩니다.

どこでも住めば都になるものです。　어디라도 살면 고향이 되는 것입니다.

だれでもほめられれば嬉しくなります。　누구라도 칭찬 받으면 기뻐집니다.

(2) 가정조건: 특정 사안에 관한 조건관계를 나타내는 것으로 일반 조건을 특정 개별적 사항에 적용하여 나타내는 표현이다.

> **例**

この薬を飲めばすぐ治ります。
　이 약을 먹으면 바로 낫습니다.
飛行機に乗れば二時間で行けます。
　비행기를 타면 2시간에 갈 수 있습니다.
彼女に会えば元気になると思います。
　그녀를 만나면 힘이 나리라 생각합니다.
明日の新聞を見ればわかると思います。
　내일 신문을 보면 알 수 있을 것입니다.
韓国に行けば本場のキムチが食べられます。
　한국에 가면 본고장의 김치를 먹을 수 있습니다.

참고

…も～ば, …も

ばは (Aも～ば, Bも)의 형태로 같은 내용의 사항들을 열거하는 경우에도 사용된다.

野球が好きな人もいれば、サッカーが好きな人もいる。
　야구를 좋아하는 사람도 있으며, 축구를 좋아하는 사람도 있다.
いま教室には先生もいなければ、学生もだれ一人いない。
　지금 교실에는 선생님도 없으며 학생도 누구 하나 없다.

2. ~と

- 접속 : 용언 종지형 + と
- 의미 : ① ~(하/이)면(문말 る형)
  ② ~(하)니, (하)자, (하)고(문말 た형)
- 용법 : と는 일반적인 원리나 도리 등의 일반조건이나, 습관이나 동작의 반복을 조건으로 제시하는 경우, 앞문이 성립하는 경우에 뒷문이 성립함을 나타내는 가정조건, 이미 실현된 것을 조건으로 제시하는 확정조건, 동작이 순차적으로 이루어지는 표현 등에 사용된다.

(1) 일반조건 : 사물 일반에 관한 조건관계를 나타내는 표현으로, 앞 사항이 일어나면 그에 이어 자동적·자연발생적으로 뒤 사항이 일어나는 그런 인과관계를 나타낸다.

> **例**
>
> 酒を飲むと顔が赤くなる。　술을 마시면 얼굴이 빨개진다.
> 気温が急に下がると霧が発生する。　기온이 급히 내려가면 안개가 발생한다.
> ストレスがたまると仕事ができない。　스트레스가 쌓이면 일이 안 된다.
> このボタンを押すとドアは自動的に開く。　이 버튼을 누르면 문은 자동적으로 열린다.

(2) 반복/습관 : 특정 사람이나 사물의 습관이나 동작의 반복 등을 나타낸다.

> **例**
>
> お酒を飲むといつも頭が痛くなる。
> 　술을 마시면 언제나 머리가 아파진다.
> 兄は冬になると毎年スキーに行く。
> 　형은 겨울이 되면 매년 스키 타러 간다.
> 隣の犬は私の顔を見るといつも吠える。
> 　옆집 개는 내 얼굴을 보면 언제나 짖는다.
> ぼくがデートに遅れると、彼女は必ず不機嫌になる。
> 　내가 데이트에 늦으면 그녀는 반드시 언짢아한다.

(3) 가정조건 : 특정 사람이나 사물에 관하여, 앞 문장이 성립하는 경우에 뒤 문장이 성립한다고 하는 조건 관계를 나타낸다.

> 例

そんなに食べると太りますよ。   그렇게 먹으면 살찝니다.
雨天だと明日の試合は中止になります。   우천이라면 내일 시합은 중지됩니다.
真面目に勉強しないと卒業できないよ。   진지하게 공부하지 않으면 졸업 못해.
この道をまっすぐ行くとどこに出ますか。   이 길을 곧장 가면 어디가 나옵니까?

(4) 확정조건 : 앞뒤 모두 이미 실현된 특정 사항을 나타내는 조건관계로, 앞 사항이 성립된 상황에서, 뒤 사항을 화자가 새로이 인식하거나, 앞 사항을 계기로 뒤 사항이 일어나거나 하는 관계를 나타낸다.

✔ 계기

> 例

駅に着くと友達が迎えに来ていた。   역에 도착하자 친구들이 마중 나와 있었다.
夏休みになると学校は静かになった。   여름방학이 되자 학교는 조용해졌다.
トンネルを出るとそこは銀世界だった。   터널을 나오자 거기는 은세계였다.
仕事をやめるとたちまちお金がなくなった。   일을 그만두자 순식간에 돈이 없어졌다.

✔ 연속/순차적 동작 : 소설 등의 문장체에 많이 사용되며, 동사 て형과 의미가 비슷하다.

> 例

彼の顔を見るとすぐその場を発った。   그의 얼굴을 보고 바로 그 곳을 떴다.
母は受話器を置くとため息をついた。   어머니는 수화기를 놓더니 한숨을 쉬었다.
私は部屋に入ると、すぐ明かりをつけた。   나는 방에 들어가서 바로 불을 켰다.
東京駅に着くとその足で会社へ向かった。   동경역에 도착하여 그 길로 회사로 향했다.

> ★ 주의
> **~と의 문말 제한**
> 조건표현에서 문말에 〈의지/명령/의뢰/금지/충고/권유/희망〉 등의 표현이 오면 と는 사용하지 않고 다른 형태를 사용한다.
>
> 仕事が終わると帰ります。　　　　　　의지(?)　일이 끝나면 돌아가겠습니다.
> 暑いと上着を脱ぎなさい。　　　　　　명령(?)　더우면 상의를 벗으세요.
> 夏休みになると遊びに来てください。　의뢰(?)　여름방학이 되면 놀러 오십시오.
> 雨が降ると外に出てはいけません。　　금지(?)　비가 오면 밖에 나가서는 안 됩니다.
> 朝になると早く起きたほうがいい。　　충고(?)　아침이 되면 일찍 일어나는 게 좋다.
> 午後になると散歩しましょう。　　　　권유(?)　오후가 되면 산책합시다.
> 彼女が来るとぜひ会ってみたい。　　　희망(?)　그녀가 오면 꼭 만나보고 싶습니다.

3. ~たら

- 접속 : 술어 과거형 + ら (~たら/~かったら/~だったら)
- 의미 : ① ~면 (문말 る형)
         ② ~(했)더라면 (문말 た형)
         ③ ~(하)니, ~(하)자 (문말 た형)
- 용법 : たら는 앞문장이 실현됨을 전제로 하여 그것을 조건으로 나타내는 표현으로 가정조건, 확정조건, 반사실, 권유나 제안 등 다양하게 사용된다. 문말에는 る형 과 た형이 전부 올 수 있으며, 타 조건표현과 달리 문말 제한도 없어 광범위하게 사용되는 조건표현이다.

(1) 가정조건 : 앞문의 조건이 성립한 시점에서 뒷문을 말하는 가정조건으로 ~ば와 마찬가지로 뒷문에는 화자의 희망, 의지, 명령, 추량 등의 표현이 많다.

> 例
> 仕事が早く終わったら電話します。　일이 일찍 끝나면 전화하겠습니다.
> 東京に行ったら銀座に行ってみたいです。　동경에 가면 銀座에 가보고 싶습니다.
> 彼が来たらこの書類を渡してください。　그가 오면 이 서류를 전해주십시오.

景気が回復したら社員を増やすつもりです。　경기가 회복되면 사원을 늘릴 셈입니다.

(2) 확정조건

✔ 이유/계기

> 例
>
> 薬を飲んだら頭痛が治りました。　약을 먹었더니 두통이 나았습니다.
> お湯で洗ったらきれいになった。　더운물로 씻었더니 깨끗해졌다.
> 花瓶を落したら割れてしまった。　꽃병을 떨어뜨렸더니 깨져버렸다.
> 母に贈り物をしたらとても喜んだ。　어머니에게 선물을 하자 매우 기뻐했다.

✔ 발견

> 例
>
> 友だちの家を訪ねたら留守でした。
> 　친구 집을 찾아갔더니 부재중이었습니다.
> ボタンを押したらドアが開きました。
> 　버튼을 누르자 문이 열렸습니다.
> 食べてみたら思ったよりおいしかった。
> 　먹어보니 생각했던 것보다 맛있었다.
> 海へ泳ぎに行ったら波が高くてだめだった。
> 　바다에 수영하러 갔더니 파도가 높아 못했다.

(3) 반사실 : 〈~더라면〉의 의미로, 사실에 반하는 사항을 가정으로 나타내는 표현인데 뒷문은 주로 た형이다.

> 例
>
> 現場にいたら私も被害を受けたはずです。
> 　현장에 있었더라면 저도 틀림없이 피해를 입었을 것입니다.

제7장 가정형과 관련표현 • 275

後五分早く家を出ていたら間に合ったのに。
그로부터 5분 일찍 집을 나왔으면 괜찮았을 텐데.
もう少し早く知っていたら助けられたかも知れません。
조금 더 빨리 알았더라면 도울 수 있었을 지도 모릅니다.

(4) 권유/제안 : たら로 문을 마치거나 どうですか와 함께 사용하여, 무언가를 권하거나 제안하는 경우에 사용한다. 〈~하지 그래, 하는 게 어때〉와 같이 번역한다.

例

あなたも一緒に行ったら(どうですか)。 당신도 함께 가면 (어떻습니까?).
彼が心配するから早く帰ったら。 그가 걱정할 테니 빨리 집에 가시지요.
先生のところに挨拶に行ったら。 선생님한테 인사하러 가지 그래.

4. ~なら

- 접속 : ① 동사 연체형 + なら
  ② 명사/부사 + なら
- 의미 : ~라면(조건/가정)
- 용법 : なら는 동사에 접속하여 어떤 사항이 발생하고 있거나 발생함을 인정하고, 그런 조건에 대한 말하는 이의 의견이나 의향 등을 나타낼 때 사용하거나, 명사 등에 접속하여 가정조건이나 화제를 제시하는 경우에 사용한다. 동사, 형용사에는 ~のなら의 형태로 사용하는 경우가 많다.

(1) 조건에 대한 화자의 의견이나 의향

例

濟州島に行くなら飛行機が便利です。
제주도에 간다면 비행기가 편리합니다.
仕事を辞めるのなら早く辞めた方がいい。
일을 그만두려면 빨리 그만두는 것이 좋다.
国際電話をかけるならインターネットを使ってよ。
국제전화를 거는 거라면 인터넷을 사용해.

勉強するのなら見込みのある新しい分野にしたい。
　공부한다면 전망이 있는 새로운 분야로 하고 싶다.

(2) 가정조건

> 例

彼以外ならだれとでも会えます。
　그가 아니라면 누구와도 만날 수 있습니다.
お金ならすぐにでも用意できます。
　돈이라면 지금이라도 준비할 수 있습니다.
商売なら彼に相談した方がいいです。
　장사라면 그에게 상담하는 편이 좋습니다.
健康になれるなら何でも食べるという人がいる。
　건강해질 수 있다면 무엇이라도 먹는다는 사람이 있다.

(3) 화제 제시

> 例

彼なら私がよく知っています。　그이라면 제가 잘 알고 있습니다.
日本語なら私も少し分かります。　일본어라면 저도 조금 압니다.
お酒ならあの店が安くていいです。　술이라면 그 집이 싸고 좋습니다.
留学のことなら先生が詳しいです。　유학에 관한 것이라면 선생님이 상세합니다.

5. 가정/조건표현 종합

(1) 가정조건 : と, ば, たら, なら

> 例

漢字が分からないと新聞が読めない。　한자를 모르면 신문을 볼 수 없다.
彼が来なければ今日は休みましょう。　그가 오지 않으면 오늘은 쉽시다.
給料が上がったらまず車を買いたい。　월급이 오르면 우선 차를 사고 싶다.
日本に行くならここに寄ってみてください。　일본에 간다면 이곳을 들려 보세요.

> ● 참고
> と는 문말에 의지나 명령 등의 표현을 사용할 수 없지만, ば, たら, なら는 사용할 수 있다.
> 　何か問題が(あれば/あったら/あるなら)相談に来てください。（○）
> 　何か問題が(あると)相談に来てください。　　　　　　　　　（×）
> 　　뭔가 문제가 있으면 상담하러 오십시오.

(2) 일반조건 : と, ば

✔ ～と

> 例
> 水素と酸素が結合すると水になる。　수소와 산소가 결합하면 물이 된다.
> おなかがいっぱいになると眠くなる。　배가 부르면 졸리게 된다.

✔ ～ば

> 例
> 備えあれば憂い無し。　유비무환.
> 六を三で割れば二になる。　6을 3으로 나누면 2가 된다.

(3) 확정조건 : と, たら (시간/이유, 계기/발견 : 문말 た형)

✔ ～と

> 例
> 向うに着くと雨が降ってきた。　그쪽에 도착하자 비가 내리기 시작했다.
> 彼女は部屋に入ると窓を開けた。　그녀는 방에 들어가자 창문을 열었다.
> 彼女ができるとまじめな人になった。　여자 친구가 생기자 성실한 사람이 되었다.

✔ ～たら

> 例
>
> それを見たら記憶が蘇った。
> 그것을 보자 기억이 되살아났다.
>
> 彼の家を訪ねたらその日は留守でした。
> 그의 집에 가니 그 날은 부재중이었다.
>
> 交番で道を聞いたら親切に教えてくれた。
> 파출소에서 길을 묻자 친절히 가르쳐주었다.

참고

일반적으로 と와 たら는 문말에 た형을 사용할 수 있지만, ば와 なら는 사용할 수 없다.

電気を(付けると/付けたら)明るくなった。 (○) 전기를 켜자/켜니 밝아졌다.
電気を(付ければ/付けるなら)明るくなった。 (×)

～なら문의 시간 관계

なら는 AならB의 형태에서 B가 먼저 이루어져야 A가 나중에 이루어질 수 있는 시간적 관계를 나타낼 수 있다.

この本を読むなら貸してあげます。 이 책을 읽는다면 빌려드리겠습니다.
田舎に行くなら私の車を使いなさい。 시골에 간다면 제 차를 사용하세요.

7.2 당위표현

1. ~なければならない ‖ ~なければいけない

- 형태 : ① 동사 미연형 + なければならない
  ② 동사 미연형 + なければいけない
- 의미 : ~(하)지 않으면 안 된다, ~(해)야 한다
- 용법 : 두 표현은 같은 상황에 함께 사용할 수 있으나, 경향상의 차이도 있다. なければ는 회화체 등에서 なきゃ로 줄여 사용할 수 있으며, 문장체에서는 옛 형태인 ねば를 사용하기도 한다. である는 でなければ의 형태를 사용한다.

(1) ~なければならない : 의무

なければならない는 어떤 의무 사항이나 필연적 결과로서 파악되는 사항을 나타내는 데에 사용된다. 특히 법률로 정해져 있는 사항과 같이 자신의 의지로 변경 또는 무시할 수 없는 사항이나, 개인적인 문제라도 자신의 의지로 함부로 바꿀 수 없는 사항에는 なければならない를 사용한다.

例

軍は国を守らなければなりません。 군은 나라를 지켜야 합니다.
税金はまじめに納めなければならない。 세금은 성실하게 납부해야 한다.
約束があるので帰らなければなりません。 약속이 있어서 돌아가야 합니다.
自動車は道路の左側を走らなければならない。 자동차는 도로 왼쪽을 달려야 한다.
= 自動車は道路の左側を走らなきゃならない。

(2) ~なければいけない : 필요

なければいけない는 어떤 일에 대해 그렇게 하는 것이 필요하다고 생각되는 사항에 사용된다. 특히 듣는 이에게 명령이나 지시 또는 권고와 같이 그렇게 하는 것이 필요하다고 표현할 때 なければいけない를 사용한다.

> **例**
>
> 寝る前には歯を磨かなければいけない。　자기 전에는 이를 닦아야 한다.
> 借りた物は早く返さなければいけません。　빌린 물건은 빨리 돌려주어야 합니다.
> 遅れるからもう起こさなければいけません。　늦으니 이제 깨워야 합니다.
> 試験だからもっと勉強しなければいけない。　시험이라서 좀 더 공부해야 한다.
> ＝ 試験だからもっと勉強しなきゃいけない。

> **참고**
>
> **~ねば**
>
> ねば는 부정을 나타내는 조동사 ず의 가정형에 ば가 접속한 형태로, なければ와 같은 의미이며, 문장체 표현에 많이 사용한다.
>
> あいつをやらねばこっちがやられるぞ。 저 녀석을 해결하지 않으면 이쪽이 당한다.
> ＝ あいつをやらなければこっちがやられるぞ。
> 何がなんでも合格せねば、一年間が無駄になる。
> 　무슨 일이 있어도 합격하지 않으면 1년간이 허사가 된다.
> 明日中に身代金を払わねば、息子の命はないぞ。
> 　내일 중으로 몸값을 지불하지 않으면 아들 목숨은 없다.

2. ~なくてはならない ‖ ~なくてはいけない

- 형태 : ① 동사 미연형 + なくてはならない
  　　　 ② 동사 미연형 + なくてはいけない
- 의미 : ~(하)지 않으면/않아서는 안 된다, ~(해)야 한다
- 용법 : 경향은 있지만, 두 표현 모두 같은 상황에 사용할 수 있으며, なくては는 なくちゃ로 줄여 쓸 수 있다. である는 でなくては의 형태를 사용한다.

(1) ~なくてはならない

なくてはならない는 사회적 통념상 그렇게 할 의무나 필요성이 있다고 생각되는 경우에 사용된다. 즉, 누구에게나 그렇게 할 의무나 필요성이 있다는 일반적인 사고나 판단을 나타내는 표현에 주로 사용한다.

> 例

勝つためには練習しなくてはならない。
　　이기기 위해서는 연습하지 않으면 안 된다.
お年よりには席を譲らなくてはならない。
　　노인에게는 자리를 양보하지 않으면 안 된다.
未来のために環境を保全しなくてはなりません。
　　미래를 위해서 환경을 보전해야 합니다.
車を運転するには免許を取らなくてはなりません。
＝ 車を運転するには免許を取らなくちゃなりません。
　　차를 운전하기에는 면허를 취득해야 합니다.

(2) ～なくてはいけない

なくてはいけない는 개인적인 사정으로 생긴 의무나 필요를 나타내는 표현에 주로 사용한다.

> 例

宿題は自分でやらなくてはいけない。
　　숙제는 스스로 하지 않으면 안 된다.
家族のために働かなくてはいけません。
　　가족을 위해서 일을 해야 합니다.
今日中にこれを解決しなくてはいけません。
＝ 今日中にこれを解決しなくちゃいけません。
　　오늘 중으로 이것을 해결해야 합니다.
野球をするにはもう少し広い所じゃなくてはいけない。
　　야구를 하기에는 좀 더 넓은 곳이 아니면 안 된다.

3. ～べきだ

- 접속 : ① 동사 종지형 ＋ べき
　　　　② する : すべき/するべき
- 의미 : ~해야 한다
- 용법 : べき는 당위를 나타내는 고어의 조동사가 현재에까지 남아 있는 형태이다. 일반

적으로 그렇게 하는 것이 바람직함(당연함)을 나타내는 형식으로, なければならない 등과는 의미가 다른 경우가 있어 주의해야 한다. べき는 명사를 수식하는 연체형인데, べきだ(~해야 한다) べきか(~해야 할까) べきではない(~해서는 안 된다) 등의 형태로도 사용된다. 종지형에는 べし를, 연용형에는 べく를 사용하는데, べく는 그 의미가 다양하다.

(1) ~べきだ : ~해야 한다

例

人間は自然に対してもっと謙虚であるべきだ。
인간은 자연에 대해 좀 더 겸허해야 한다.

政治は国家百年の計をふまえて行われるべきだ。
정치는 국가 백년지계에 입각해서 행해져야 한다.

百の議論をするよりも一つの実行を心がけるべきだ。
백 가지 논의를 하는 것보다도 한 가지 실행을 명심해야 한다.

女性は美しくあるべきだという考えには賛成できない。
여자는 아름답게 있어야 한다는 생각에는 찬성할 수 없다.

長男が家を継ぐべきだというが、それに法的な根拠はない。
장남이 가를 이어야한다고 하지만, 거기에 법적인 근거는 없다.

(2) ~べき + 명사 : ~해야 할

例

福祉政策について議論すべきことは多い。
복지정책에 대해 논의해야 할 일은 많다.

首相が明示すべきは景気回復に取り組む決意だ。
수상이 명시해야 할 것은 경기 회복에 힘쓰는 결의다.

米の豊作が続いたのは大いに喜ぶべきことであった。
쌀의 풍작이 계속 이어진 것은 대단히 기뻐할 만한 일이었다.

打つべき人が打てないのだから、負けてもしかたがない。
때려야할 사람이 못 때리기 때문에 져도 어쩔 수 없다.

言うべきときに言わないで、後で文句を言ってはいけない。

말해야할 때에 말하지 않고 나중에 불만을 말해서는 안 된다.

> **참고**
>
> ### ～べきではない와 ～べく
>
> 1. べきではない : ~해서는 안 된다, ~할 필요가 없다
>
>   あんなにひどいことを言うべきではなかった。
>   그렇게 심한 말을 할 필요가 없었다.
>   夫婦の間でもそのようなことは言うべきではない。
>   부부 사이라도 그런 말은 해서는 안 된다.
>   いかなる理由があろうとも、これは許されるべきではない。
>   어떠한 이유가 있을지라도 이것은 용서받아서는 안 된다.
>   メンツにこだわり、責任逃れにきゅうきゅうとすべきではない。
>   체면에 얽매여 책임 회피에 급급해서는 안 된다.
>
> 2. べく : ~하기 위해, ~할 수 있도록
>
>   速やかに解決すべく努力いたしました。
>   신속하게 해결하기 위해 노력했습니다.
>   敵のボスを暗殺すべく、スパイを潜り込ませた。
>   적의 보스를 암살하기 위해 스파이를 잠입시켰다.
>   あの選手は世界の頂点に立つべく、大リーグに挑んだ。
>   저 선수는 세계의 정점에 서기 위해 메이저 리그에 도전했다.
>   画家は畢生の大作とすべく、その作品に心血を注いでいた。
>   화가는 일생의 대작으로 만들기 위해 그 작품에 심혈을 쏟고 있었다.

7.3 접속표현

1. ~通り

- 접속 : ① 명사 + どおり
  ② 명사 + の + とおり
  ③ 동사 연체형 + とおり
- 의미 : ~대로
- 용법 : とおり는 〈예정/계획/지시/명령/사고〉 등의 단어에 붙어, 그와 마찬가지의 상태나 모습임을 나타낸다. 동사를 수식하는 경우에는 に를 붙인 とおりに의 형태를 사용하기도 한다.

(1) 명사 + どおり

例

台本どおりにしゃべればいいと思います。
　대본대로 말하면 되리라 생각합니다.
ホテルは社長の指示どおりに手配いたしました。
　호텔은 사장님의 지시대로 수배했습니다.
世の中は自分の考えどおりには動いてくれないものだ。
　세상은 자기가 생각한 대로는 움직여 주지 않는 법이다.
すべてがぼくの思いどおりだと思うと、笑いがこみ上げてきた。
　모든 것이 내 생각대로 라고 생각하자 웃음이 터져 나왔다.
そこは、ぼくの想像どおり、静かで落ち着いた海辺の町だった。
　그곳은 나의 상상대로 조용하고 차분한 해변의 마을이었다.

(2) 명사 + の + とおり

> **例**
> 明日も当店は通常のとおりに営業いたします。
> 　내일도 당 점포는 평소대로 영업합니다.
> 一度壊れた皿は元のとおりにはならなかった。
> 　한 번 깨신 접시는 원래대로는 되지 않았다.
> ご覧のとおり、ただいまたいへん混雑しております。
> 　보시는 대로 지금 매우 혼잡한 상태입니다.
> 君の推測のとおり、彼らはこの計画に反対だと言う。
> 　너의 추측대로 그들은 이 계획에 반대라고 한다.

(3) 동사 연체형 + とおり

> **例**
> 大会の予定はすでに通知したとおりです。
> 　대회 예정은 이미 통지한 대로입니다.
> 事件の真相はあなたの聞いたとおりです。
> 　사건의 진상은 당신이 들은 대로입니다.
> 彼の言うとおり、繰り返し練習することが大事だ。
> 　그가 말한 대로 반복해서 연습하는 것이 중요하다.
> 先生の娘さんは想像していたとおりの美人だった。
> 　선생님의 따님은 상상하고 있던 대로의 미인이었다.
> 私がにらんだとおり、あの男は事件につながっていた。
> 　내가 의심한대로 그 남자는 사건에 연루되어 있었다.

2. ~まま

- 접속 : ① 용언 연체형 + まま
　　　　② 체언 + の + まま
- 의미 : ~(한/인)채, ~(한/인)대로, ~그대로

- 용법 : まま는 같은 상태가 변하지 않고 계속되고 있음을 나타내는 표현이다. 〈このまま : 이대로〉〈そのまま : 그대로〉와 같이 지시어와도 접속하여 한 단어처럼 사용하며, 회화체에서는 まんま의 형태로도 사용한다. 동사를 수식하는 경우에는 に를 붙인 ままに의 형태를 사용하기도 한다.

(1) 용언 연체형 + まま

> **例**
>
> 遠慮なく思ったままを言ってください。
> 거리낌 없이 생각한 것을 그대로 말해 주십시오.
>
> この辺りは昔と変わらず不便なままだ。
> 이 주변은 옛날과 다름없이 불편한 채 그대로이다.
>
> 春の風に誘われるままに公園を散歩した。
> 봄바람에 이끌리는 대로 공원을 산책했다.
>
> 彼は姿を消したまま現在も行方不明である。
> = 彼は姿を消したまんま現在も行方不明である。
> 그는 모습을 감춘 채, 현재도 행방불명이다.
>
> 母はお風呂につかったまま鼻歌を歌っている。
> = 母はお風呂につかったまんま鼻歌を歌っている。
> 어머니는 욕조에 잠긴 채, 콧노래를 부르고 있다.

(2) 체언(명사) + の + まま

> **例**
>
> テーブルの上は朝出かけた時のままだった。
> 테이블 위는 아침에 나갔을 때 그대로였다.
>
> りんごは皮のまま食べたほうが栄養がある。
> 사과는 껍질 채로 먹는 편이 영양이 있다.
>
> この魚は新鮮なので、生のまま食べられる。
> 이 생선은 신선해서 날 것인 채로 먹을 수 있다.

十年ぶりに訪れた村はそっくり元のままだった。

　10년만에 찾은 마을은 원래 모습 그대로 똑같았다.

他人を自分の意のままに操縦しようとしても無理だ。

　타인을 자신의 마음대로 조종하려고 해도 무리다.

3. ～きり

- 접속 : ① 동사 タ형 + きり

  ② 명사·동사 연용형 + きり

- 의미 : ① ～(한) 채

  ② ～뿐, 만

- 용법 : きり는, た형에 접속하면 그것을 마지막으로 다음에 예상되는 사태가 일어나지 않음을 나타내며, 명사나 동사의 연용형에 접속하면 그것만이라고 범위를 한정하거나, 다른 것을 하지 않고 계속 그것만을 한다고 하는 의미를 나타낸다. 회화체에서는 강조하여〈っきり〉의 형태로 사용하기도 한다. 지시사의 경우에도〈これっきり/それっきり/あれっきり〉의 형태로 사용한다.

(1) 동사 タ형 + きり

例

彼女は買い物に出たきり帰ってこない。

　그녀는 쇼핑하러 나간 채 돌아오지 않는다.

彼は図書館に入ったきり全然出てこない。

　그는 도서관에 들어간 채 전혀 나오지 않는다.

彼は二階に上がったきり食事にも降りて来ない。

　그는 2층에 올라간 채 식사에도 내려오지 않는다.

かぶと虫は昼は土の中にもぐったきり出て来ない。

　투구벌레는 낮에는 땅속에 들어간 채 나오지 않는다.

彼女とは一度お会いしたきり、その後、会っていない。

　그녀와는 한번 만난 채 그 후 만나지 않았다.

(2) 명사/동사 연용형 + きり

例

会社に残ったのは私一人きりだった。
  회사에 남은 것은 나 혼자뿐이었다.
熱を出した子供をつきっきりで看病した。
  열이 있는 아이의 곁을 떠나지 않은 채로 간호했다.
今日はクリスマス・イブだから二人きりでお祝いしよう。
  오늘은 크리스마스이브이니 단둘이서 축하파티를 하자.
お金を貸したら、それっきり連絡が取れなくなったんだ。
  돈을 빌려줬더니 그것이 끝으로 연락이 안 되게 되었다.
アナウンスは一回きりだから、うっかり聞き落すこともある。
  방송은 한번뿐이어서 깜박 못 듣는 일도 있다.

4. ~たび

- 접속 : 동사 연체형 + たび(に)
- 의미 : ~때마다
- 용법 : たび는 어떤 대상이나 상태에 있어서 각각의 상황을 나타내며 주로 たびに의 형태로 사용한다. 〈때〉와 〈마다〉에 해당하는 とき와 ごとに가 있지만, 동사에 접속하는 〈때마다〉에는 たびに를 사용하는 것이 자연스럽다. たびに를 강하게 나타낼 때에는 たんびに를 사용한다.

例

あの二人は会うたびに喧嘩する。 저 두 사람은 만날 때마다 싸운다.
台風が発生するたびにここを通る。 태풍이 발생할 때마다 이곳을 통과한다.
この仕事はやるたびに危険を感じる。 이 일은 할 때마다 위험을 느낀다.
酒を飲むたびに飲み過ぎて酔っぱらう。 술을 마실 때마다 과음해서 취한다.
 = 酒を飲むたんびに飲み過ぎて酔っぱらう。
あの会社は製品を出すたびにヒットする。 저 회사는 제품을 낼 때마다 히트 친다.
 = あの会社は製品を出すたんびにヒットする。

5. ~ごと

- 접속 : ① 명사 + ごと(に)
  ② 동사 연체형 + ごと(に)
- 의미 : ~마다, ~(할 때)마다
- 용법 : ごと는 어떤 대상이나 상태에 있어서 각각의 상황을 나타내며 주로 ごとに의 형태로 사용한다. 동사에 접속하면 たびに의 의미인 〈~(할) 때마다〉의 의미를 나타내는데, 이 경우는 주로 たびに를 사용한다.

(1) 명사

例

この目覚まし時計は五分ごとになる。
　이 자명종 시계는 5분마다 울린다.
この壁のポスターは季節ごとに変わる。
　이 벽의 포스터는 계절마다 바뀐다.
立春が過ぎると、一雨ごとに暖かくなる。
　입춘이 지나면 비가 한번 올 때마다 따뜻해진다.
パスポートは十年ごとに更新しなければならない。
　여권은 10년마다 갱신해야 한다.
アメリカのテレビは十五分ごとにコマーシャルが入る。
　미국의 텔레비전은 15분마다 광고가 들어간다.

(2) 동사

例

子供というものは見るごとに大きくなっていくものだな。
　어린이라고 하는 것은 볼 때마다 성장해 가는 법이로군.
海では深度が十メートル増すごとに水圧が一気圧高くなる。
　바다에서는 심도가 10미터 증가할 때마다 수압이 1기압 높아진다.
その歌手は一曲歌い終わるごとに会場から大きな拍手が起こった。
　그 가수는 노래가 한 곡 끝날 때마다 장내로부터 큰 박수가 일어났다.

6. ～おき

- 접속 : 수량사 + おき(に)
- 의미 : ~마다, ~을 사이에 두고, ~간격으로
- 용법 : おき는 시간이나 거리에 있어서 그 만큼의 사이를 둠을 나타내며, 주로 おきに 의 형태로 사용한다.

例

ソウル行きの電車は十分おきに出ている。
　서울행 전철은 10분마다 운행하고 있다.

この薬は六時間おきに一錠ずつ飲んでください。
　이 약은 6시간마다 한 알씩 드십시오.

この目覚し時計は止めても十分おきになります。
　이 자명종시계는 멈추게 해도 10분마다 울립니다.

道の両側に四、五メートルおきに木が植えられている。
　길 양쪽에 4, 5미터 간격으로 나무가 심어져 있다.

★ 주의

단위 1과 おき

〈1年おきに〉는 〈2년마다〉가 되므로 단위가 1인 경우에는 그 기간에 주의해야 한다.

この大会は両国で一年おきに開かれている。
　이 대회는 양국에서 1년 간격으로 열리고 있다.

オリンピックは三年おき、つまり四年目ごとに行われる。
　올림픽은 3년을 사이에 두고 즉 4년째마다 개최된다.

7. ～限り

- 접속 : 용언 연체형 + かぎり
- 의미 : ~(하는) 한
- 용법 : かぎり는 최고의 한도나 한계, 또는 그 상태가 계속되는 동안이라고 하는 조건 의 범위 등을 나타낸다.

例

難民たちは持てる限りの荷物を持って逃げてきた。

 난민들은 들 수 있는 한도의 짐을 가지고 도망 왔다.

争い事はその根を絶たないかぎり、いずれまた起るよ。

 분쟁은 그 뿌리를 자르지 않는 한 언젠가 또 일어난다.

私の知る限り、彼は絶対うそをつくような人じゃない。

 내가 아는 한 그는 절대로 거짓을 할 그럴 사람이 아니다.

まとまった雨が降らないかぎり、水不足は解決しません。

 제대로 된 비가 내리지 않는 한 물 부족은 해결되지 않습니다.

現在は体が丈夫なかぎり、働きたいと思っている人が多い。

 현재는 몸이 건강한 한 일하고자 하는 사람이 많다.

제8장
명령형과 관련표현

8.1 명령형

1. **～え단‖ろ/よ(명령형)**
   - 형태 : ① 5단동사 : 어미 う단 → え단
     ② 1단동사 : 어간 + え/ろ
   - 의미 : ~해(라)
   - 용법 : 5단동사는 어미를 え단으로 바꾸고, 1단동사는 어간에 ろ나 よ를 붙이면 명령형이 되며, くる는 こい가, する는 しろ나 せよ가 명령형이다. 일반적으로 よ보다는 ろ를 많이 사용한다. 명령형은 강한 어조를 나타내고 있어 불특정 다수에게 명령이나 경고를 할 때도 사용한다.

동사 종류	기본형		명령형	
5단동사	かう	사다	かえ	사/사라
	きく	듣다	きけ	들어/들어라
	つぐ	잇다	つげ	이어/이어라
	だす	내다	だせ	내/내라
	うつ	치다	うて	쳐/쳐라
	しぬ	죽다	しね	죽어/죽어라
	とぶ	날다	とべ	날아/날아라
	よむ	읽다	よめ	읽어/읽어라
	うる	팔다	うれ	팔아/팔아라
상1단동사	みる	보다	みろ/みよ	봐/봐라
하1단동사	ねる	자다	ねろ/ねよ	자/자라
か행변격동사	くる	오다	こい	와/와라
さ행변격동사	する	하다	しろ/せよ	해/해라

> 例

手をあげろ。 손들어.
しっかりしろ。 정신 차려(똑바로 해).
黙って金を出せ。 입 다물고 돈을 내.
君にだけ教えるから耳をかせ。 너한테만 가르쳐줄 테니 귀 좀 대봐.
三日坊主にならないように頑張れよ。 작심삼일이 되지 않도록 분발해.

2. ～な

- 형태 : 동사 종지형 ＋ な。
- 의미 : ～(하)지 마 (금지 명령)
- 용법 : 어떤 행위에 대한 금지를 직접적으로 명령하는 표현으로, 아주 가깝거나 손아래 사람에게만 사용할 수 있는 형식이다. 타인의 행동을 못하게 하는 표현이므로 해서는 안 될 어떤 사항을 나타내기도 한다.

> 例

これ以上私のところに来るな。 더 이상 나에게 오지 마.
うるさい、生意気な口をたたくな。 시끄러워, 건방진 소리 마.
そんなむちゃくちゃな本は読むな。 그런 엉터리 같은 책은 읽지 마.
そんな馬鹿なまねは二度とするな。 그런 바보 같은 짓은 두 번 다시 하지 마.
三振したくらいでいちいち文句を言うな。 삼진 당한 정도로 일일이 불평을 하지 마.

8.2 ~んだ

1. ~んだ
- 접속 : 동사 연체형 + んだ
- 의미 : ~해(라), ~하는 거다
- 용법 : んだ는 평서문의 형태를 취하고 있지만, 그렇게 하는 것이라고 하는 명령을 나타내는 표현이다. のだ의 줄인 형태이나 주로 んだ를 사용한다.

> **例**
>
> 君は黙って言うことを聞くんだ。　너는 잠자코 하는 말을 듣는 거다.
> 好き嫌いしないで何でも食べるんだ。　편식하지 말고 무엇이든 먹는 거다.
> 何か困ったときにはすぐ電話するんだ。　무언가 곤란할 때에는 바로 전화 해.
> いつまでも遊んでないで、早く寝るんだ。　언제까지나 놀고 있지 말고 빨리 자라.
> ぐずぐず言ってないで、さっさと行くんだ。　투덜투덜 대지 말고 빨리 가.

2. ~んじゃない
- 접속 : 동사 연체형 + んじゃない
- 의미 : ~하지 마라, ~하는 게 아니다
- 용법 : んじゃない는 평서문의 형태를 취하고 있지만, 그렇게 하는 것이 아니라고 하는 금지명령을 나타내는 표현이다. んだ의 부정표현이다.

> **例**
>
> いい加減なことを言うんじゃない。　엉터리 같은 소리 하는 게 아니다.
> 人のものを勝手に使うんじゃない。　남의 것을 함부로 사용하는 게 아니다.
> 決して人に迷惑をかけるんじゃない。　결코 남에게 폐를 끼치지 마라.
> いつも文句ばかり言うんじゃありません。　언제나 불평만을 말하는 게 아닙니다.
> 自分の失敗を人のせいにするんじゃない。　자신의 실패를 남의 탓으로 하지 마라.

8.3 ~て

1. **~て**
   - 형태 : 동사 て형
   - 의미 : ~해
   - 용법 : て형은 의뢰나 부탁 또는 권유, 지시 등의 부드러운 명령을 나타내는 경우에 사용한다. 이것은 한국어에서 〈~아/어〉와 같은 용법이다. 직선적으로 강하게 명령하는 명령형과는 달리 て형은 비교적 부드러운 표현으로 사용되며, 상승조의 억양을 갖는다. 단정을 나타내는 よ와 함께 사용하는 경우가 많은데, 이 경우에는 하강조의 억양을 갖는다.

   例

   内容はこの申込書に書いて。　내용은 이 신청서에 써.
   今日は心行くまで酒を飲んで。　오늘은 마음껏 술을 마셔.
   立っていないでそこに座ってよ。　서 있지 말고 거기에 앉아.
   トラブルが起こったら私を呼んで。　문제가 생기면 나를 불러.
   あなたは歓迎だからいつでも来て。　당신은 환영이니 언제라도 와.

2. **~ないで**
   - 형태 : 동사 ないで형
   - 의미 : ~(하)지 마
   - 용법 : ないで는 직선적으로 강하게 명령하는 ~な와 달리, 하지 말라고 부탁하는 등의 다소 부드러운 표현에 사용한다.

   例

   私を捨てて行かないで。　나를 버리고 가지 마.
   恥ずかしいから見ないでよ。　부끄러우니 보지 마.
   暑いから私の近くには来ないで。　더우니까 내 근처에는 오지 마.
   知っているからうそは言わないで。　알고 있으니 거짓말하지 마.
   明日は休みだから早く起こさないで。　내일은 휴일이니 일찍 깨우지 마.

8.4 ~なさい

- 접속 : 동사 연용형 + なさい
- 의미 : ~(하)세요, ~(해)라
- 용법 : なさい는 손아래 사람에게 비교적 정중히 명령하는 표현으로, 손윗사람에게는 사용하지 않는다.

例

明日早いから早く寝なさい。
　내일 일찍 일어나야 하니 빨리 자세요.
書類は明日中に提出しなさい。
　서류는 내일 중으로 제출하세요.
そんな危険なまねはよしなさい。
　그런 위험한 짓은 멈추세요.
遅いから彼の車に乗って行きなさい。
　늦었으니 그의 차를 타고 가세요.
部屋から出るときは電燈を消しなさい。
　방에서 나올 때는 전등을 끄세요.

참고

~なさい의 정중표현
다음과 같은 일상회화체 표현에서는 손윗사람에게도 なさい를 사용할 수 있다.
　ご免なさい。　죄송합니다 → 사과나 사죄
　お帰りなさい。　다녀오셨어요/이제 오세요 → 귀가시 맞이할 때
　お休みなさい。　안녕히 주무세요/잘자요 → 저녁에 헤어지거나 취침시

8.5 ~ください

1. ~てください

- 형태 : 동사 て형 + ください
- 의미 : ~(해) 주십시오, ~(하)십시오
- 용법 : ください는 くれる(주다)의 존경어 くださる의 명령형으로, 정중한 의뢰나 권유를 나타내는 경우에 사용한다. 한국어는 〈~해 주십시오〉와 〈~하십시오〉가 구별되어 있지만, 일본어에서는 てください 하나밖에 없어 구별이 되지 않는다.

例

しばらくここで待っていてください。 잠시 여기에서 기다리고 있으십시오.
最後だからもう少し頑張ってください。 마지막이니 조금 더 분발해 주십시오.
夏だからなるべく生物はさけてください。 여름이니 되도록 날것은 피해 주십시오.
渋滞がひどいから家を早く出てください。 교통체증이 심하니 집에서 빨리 나오세요.
新入会員を除いてみんな会費を払って下さい。 신입회원을 제외하고 모두 회비를 내주십시오.

참고

お/ご~ください

의뢰표현에는 〈お + 和語動詞 + ください〉〈ご + 漢語動詞 + ください〉처럼 和語(고유어)動詞의 연용형과 漢語(한자어)動詞의 한자어에 접속하여 사용하는 경우도 있다. 〈동사 て형 + ください〉보다 정중한 의미로 사용된다.

1. 和語動詞 : お~ください
   どうぞご自由にお持ちください。 자, 자유롭게 가져가십시오.
   ぜひ当社の製品をお試しください。 부디 저희 회사의 제품을 시험해 주십시오.

2. 漢語動詞 : ご~ください
   症状が軽いですからご安心ください。 증상이 가벼우니 안심하십시오.
   ご出席の方は早めにご連絡ください。 출석하실 분은 일찍 연락해 주십시오.

2. ～ないでください

- 형태 : 동사 미연형 + ないでください
- 의미 : ~(하)지 마십시오, ~(하)지 말아 주십시오.
- 용법 : ないでくださいは てくださいの 부정형으로 정중한 금지를 나타내는 표현이다.

例

話を聞いて怒らないでください。
　이야기를 듣고 화내지 마십시오.

これ以上彼を虐めないでください。
　더 이상 그를 괴롭히지 말아 주십시오.

夜十時以降は電話しないでください。
　밤 10시 이후는 전화하지 마십시오.

このことを彼女には言わないでください。
　이 일을 그녀에게는 말하지 마십시오.

靴をはいたまま部屋に入らないでください。
　구두를 신은 채 방에 들어가지 마십시오.

제9장
경어

> 경어란 언어생활의 예절을 표현하는 수단인데, 한일 양국어의 경어체계는 비슷하지만, 일본어의 경어형식은 한국어보다 다양하다. 가족을 포함하는 자기 쪽 대상을 타인에게 높여서 표현하는 한국어와는 달리, 일본어는 자기 쪽 사람은 타인에게 반드시 낮추어 표현해야 한다. 또한 명사 자체를 정중히 사용하는 경우가 매우 많은 것도 한국어와 다른 점이다.

9.1 경어표현의 종류

1. 존경표현

존경표현이란 상대방에 대한 예우의 표시로 상대방의 행위를 높여 말하는 방법을 말한다. 표현방법에는 단어를 존경어로 바꾸어 사용하는 경우와 동사의 형태를 바꾸어 사용하는 경우가 있다.

例

先生がそうおっしゃいました。　선생님이 그렇게 말씀하셨습니다.
お友だちがこちらでお待ちです。　친구 분께서 이쪽에서 기다리십니다.
社長はもうお帰りになりましたか。　사장님은 벌써 귀가하셨습니까?

2. 겸양표현

겸양표현이란 상대방에 대한 예우의 표시로 화자 자신의 행위를 낮추어 말하는 방법을 말한다. 표현방법에는 단어를 겸양어로 바꾸어 사용하는 경우와 동사의 형태를 바꾸어 사용하는 경우가 있다.

例

午前中にお電話さしあげます。　오전 중에 전화 드리겠습니다.
今後とも宜しくお願いいたします。　앞으로도 잘 부탁드리겠습니다.
先生、ちょっとご相談があるんですが。　선생님, 잠시 상의드릴 일이 있습니다만.

3. 정중표현

정중표현이란 듣는 이에 대한 경의를 나타내는 표현으로 같은 내용의 말도 듣는 이가 누구냐에 따라 표현방법이 다른데, 명사/형용사/형용동사에 붙는 です나 동사에 붙는 ます 등이 정중표현에 해당한다.

彼女(かのじょ)は私(わたし)の友人(ゆうじん)です。 그녀는 제 친구입니다.
休(やす)みは来週(らいしゅう)で終(お)わります。 휴가는 다음 주로 끝납니다.
お手洗(てあら)いは階段(かいだん)の横(よこ)です。 화장실은 계단 옆입니다.

9.2 경어표현의 방법

1. 어휘적 표현

경어에는 한 어휘가 존경어나 겸양어로 사용되는 어휘를 따로 가지고 있어, 이를 이용하여 경어를 표현하는 방법이 있다.

겸 양 어		보 통 어		존 경 어	
お目にかかる	만나 뵙다	会う	만나다	―	
差し上げる	드리다	上げる	주다	―	
申す 申し上げる	말씀드리다	言う	말하다	おっしゃる	말씀하시다
参る	가다	行く	가다	いらっしゃる おいでになる	가시다
おる	있다	いる	있다	いらっしゃる おいでになる	계시다
存じる	생각하다 알다	思う 知る	생각하다 알다	―	
伺う	묻다/듣다 방문하다	聞く 訪ねる	묻다/듣다 방문하다	―	
―		着る	입다	召す	입으시다
参る	오다	来る	오다	いらっしゃる おいでになる おみえになる おこしになる	오시다
―		くれる	주다	下さる	주시다
―		死ぬ	죽다	亡くなる	돌아가시다
いたす	하다	する	하다	なさる	하시다
いただく	먹다 마시다	食べる 飲む	먹다 마시다	召し上がる	드시다

겸양어		보통어		존경어	
拝見する	보다	見る	보다	ご覧になる	보시다
お目にかける ご覧にいれる	보이다	見せる	보이다	―	
いただく ちょうだいする	받다	もらう	받다	―	
承知する かしこまる	알다	分かる	알다	―	

(1) 존경표현

> **例**
>
> 先生は今講義なさっています。 선생님은 지금 강의하시고 계십니다.
>
> 資料はいつごろくださるんですか。 자료는 언제쯤 주시는 것입니까?
>
> 博士は何でもよく召し上がる方です。 박사님은 무엇이든 잘 드시는 분이십니다.
>
> 彼女のお母さんは昨年なくなりました。 그녀의 어머니는 작년에 돌아가셨습니다.
>
> こちらには何時ごろいらっしゃるんですか。 이쪽으로는 몇 시경에 오시는 겁니까?

(2) 겸양표현

> **例**
>
> 先生、ご指示のとおりにいたしました。
>
>   선생님, 지시대로 했습니다.
>
> 博士にお目にかかりたいという人がいます。
>
>   박사님을 만나 뵙고 싶어 하는 사람이 있습니다.
>
> かしこまりました。そのように申し上げます。
>
>   알겠습니다. 그와 같이 말씀드리겠습니다.
>
> 入院中の友だちのお見舞いに行って参りました。
>
>   입원중인 친구 병문안을 갔다 왔습니다.
>
> お買い上げ三千円ごとに抽選券を一枚さし上げます。
>
>   3천엥 구입 시마다 추첨권을 한 장 드립니다.

2. 문법적 표현

경어에는 어휘에 문법적 형식을 이용하여 표현하는 방법이 있다.

(1) 존경표현

존경표현은 일반적으로 평서문에 〈お/ご~になる〉〈お/ご~なさる〉〈お~です〉를, 의뢰/권유의 문에 〈お/ご~ください〉를 사용하는데, 고유어에는 〈お~〉의 형태를 한자어에는 〈ご~〉의 형태를 사용한다.

✔ お~になる ‖ ご~になる
- 형태 : ① お + 동사 연용형 + になる
  ② ご + 한어동사 + になる
- 의미 : ~(하)시다
- 용법 : 〈お~になる ‖ ご~になる〉는 동사의 존경표현으로 가장 일반적으로 사용되는 형태이다.

▶ お~になる

例

どうぞ前の方にお座りになってください。
　자, 앞쪽에 앉아 주십시오.
新幹線にお乗りになったことはおありですか?
　싱간셍을 타셨던 적은 있으십니까?
先生が昨年お書きになった本はベストセラーになった。
　선생님께서 작년에 쓰신 책은 베스트셀러가 되었다.
先ほどから社長がお呼びになっていらっしゃいましたよ。
　조금 전부터 사장님이 찾으시고 계셨습니다.
渡辺さんには先日東京出張の折にお会いになったそうです。
　渡辺씨는 지난번 동경 출장 때에 만나셨다고 합니다.

▶ ご~になる

例

先月手術を受けられて、先週ご退院になりました。
　지난달 수술을 받으셔서 지난주에 퇴원하셨습니다.

このシンポジウムに市長がご出席になるそうです。
　이 심포지엄에 시장님께서 출석하신다 합니다.

長年の経験を本にまとめたものを今度ご出版になるそうです。
　오랜 세월의 경험을 책으로 모은 것을 이번에 출판하신 답니다.

アメリカからはいつ頃ご帰国になる予定でいらっしゃいますか。
　미국에서는 언제쯤 귀국하실 예정이십니까?

お子さんの進路のことで、色々ご心配になっていらっしゃるようです。
　아드님의 진로로 여러 가지 걱정을 하시는 것 같습니다.

✔ お~なさる ‖ ご~なさる

▶ お~なさる

- 형태 : ① お + 동사 연용형 + なさる
　　　　② お + 한어동사 + する
- 의미 : ~(하)시다
- 용법 : 〈お~なさる ‖ ご~なさる〉는 존경어를 문법적 형식으로 사용한 존경표현으로 매우 정중한 의미를 나타낸다.

例

昨日お忘れなさったのはこれですか。
　어제 잊어버리셨던 것은 이것입니까?

今日はどなたにもお会いなさいません。
　오늘은 어느 분과도 만나시지 않습니다.

一度約束されたことは必ずお守りなさいます。
　한번 약속하신 것은 반드시 지키십니다.

これが一番いいとおっしゃって、これをお選びなさいました。
　이것이 가장 좋다고 말씀하셔서 이것을 선택하셨습니다.

先生は学生一人一人に語りかけるようにお話しなさいました。
　선생님은 학생 하나하나에게 말을 걸듯이 말씀하셨습니다.

▶ ご~なさる

> **例**
>
> 女王は先週アジアをご訪問なさいました。
> 여왕은 지난주 아시아를 방문하셨습니다.
>
> いつでもお気軽にご利用なさって下さい。
> 언제라도 편하게 이용해주십시오.
>
> 個人的な事情で今日の会議はご欠席なさるそうです。
> 개인적인 사정으로 오늘 회의는 결석하신다합니다.
>
> その件につきましては直接ご質問なさって下さい。
> 그 건에 대해서는 직접 질문해 주십시오.
>
> 準備には万全を期しておりますので、ご安心なさって下さい。
> 준비에는 만전을 기하고 있으니 안심하십시오.

✔ お~ください ‖ ご~ください

- 형태 : ① お + 동사 연용형 + ください
  ② ご + 한어동사 + ください
- 의미 : ~(하)십시오, ~(해) 주십시오
- 용법 : 〈お~ください ‖ ご~ください〉는 의뢰나 권유를 나타내는 존경표현으로 てください보다 정중한 의미를 나타낸다.

▶ お~ください

> **例**
>
> こちらへお越しの節はどうぞお立ち寄りください。
> 이쪽으로 오실 때에는 부디 들러주십시오.
>
> 乗車券は目的地まで正しくお買い求め下さい。
> 승차권은 목적지까지 바르게 구입해 주십시오.
>
> 大変混雑しておりますので、一列にお並びください。
> 대단히 혼잡하기 때문에 한 줄로 서 주십시오.
>
> 時間があまりありませんので、急いでお乗りください。
> 시간이 그다지 없으니 서둘러서 타 주십시오.

こちらにお名前とご住所、お電話番号をお書きください。
여기에 이름과 주소, 전화번호를 써주십시오.

▶ ご〜ください

> 例

お降りの際は足下にご注意ください。
내리실 때에는 발밑을 주의하십시오.

よくご検討なさってから、ご決定ください。
충분히 검토하시고 나서 결정하십시오.

このハガキをご持参になって、ご来場ください。
이 엽서를 지참하시고 회장에 오십시오.

ただいまから会議が始まります。ご着席ください。
지금부터 회의가 시작됩니다. 착석해 주십시오.

電話をしている間、話しかけることはご遠慮下さい。
전화를 하고 있는 동안, 말을 거는 것은 삼가 주십시오.

★ 주의
お + 한어동사 + ください
原稿が完成しましたらお電話ください。 원고가 완성되면 전화 주십시오.

✔ お〜です

- 형태 : お + 동사 연용형 + です
- 의미 : ~(하)시다
- 용법 : 〈お ~ です〉는 동사 존경표현의 일종인데, 시제상으로는 ている와 같이 주로 현재의 상태를 나타낸다.

> 例

必要な書類は全部お揃いですか。 필요한 서류는 전부 갖추셨습니까?
今お客さまが部長をお探しです。 지금 손님께서 부장님을 찾으십니다.
これについて先生はどうお考えですか。 이것에 대해서 선생님은 어떻게 생각하십니까?

こんな遅い時間にどこかお出かけですか。　이런 늦은 시간에 어디에 나가십니까?
息子さんを亡くしてご両親はお悲しみでしょう。　아들을 잃어 부모님은 슬퍼하시겠죠.

(2) 겸양표현

겸양표현에는 일반적으로 〈お/ご~する/いたす〉〈お/ご~もうしあげる/ねがう〉〈お/ご~いただく〉〈~させてもらう/いただく〉 등을 사용하는데, 고유어에는 〈お~〉의 형태를 한자어에는 〈ご~〉의 형태를 사용한다.

✔ **お~する(いたす) ‖ ご~する(いたす)**
- 형태 : ① お + 동사 연용형 + する
　　　　② ご + 한어동사 + する
- 의미 : ~하다
- 용법 : 〈お~する ‖ ご~する〉는 동사의 겸양표현으로 가장 일반적으로 사용되는 형태이다. する 대신 いたす를 사용하면 더욱 정중한 표현이다.

▶ お~する ‖ お~いたす

　例

案内はあなたに全てお任せします。
　안내는 당신에게 전부 맡기겠습니다.
事件の真相についてお話しします。
　사건의 진상에 관해 말씀드리겠습니다.
連絡が来ましたらすぐお知らせします。
　연락이 오면 즉시 알리겠습니다.
品物は後ほどお届けいたします。
　물건은 나중에 보내드리겠습니다.
明日の午後会社の方へお訪ねいたします。
　내일 오후 회사 쪽으로 찾아뵙겠습니다.
こちらでお待ち下されば後でお呼びいたします。
　이쪽에서 기다려 주시면 나중에 부르겠습니다.

▶ ご~する‖ご~いたす

例

それではゲストの皆さんをご紹介します。
　그러면 출연자여러분을 소개하겠습니다.
本日は彼女に代わって私がご案内します。
　오늘은 그녀를 대신해 제가 안내하겠습니다.
キャンペーンには私もご協力したいと思います。
　캠페인에는 저도 협력하려고 생각합니다.
それでは中身をご拝見いたします。
　그러면 안을 보겠습니다.
資料でしたらのちほどご郵送いたします。
　자료라면 나중에 우송해 드리겠습니다.
詳しいことについてまたご相談いたします。
　자세한 것에 관해서는 다시 의논드리겠습니다.

★ 주의
お + 한어동사 + する
漢語동사의 겸양표현에도 お를 사용하는 경우도 있다.
韓国に行く時は必ずお電話します。 한국에 갈 때는 꼭 전화하겠습니다.
お忙しいところをお邪魔いたしました。 바쁘신 중에 실례했습니다.

✔ **お~もうしあげる‖ご~もうしあげる**

- 형태 : ① お + 동사 연용형 + もうしあげる
　　　　② ご + 한어동사 + もうしあげる
- 의미 : ~드리다, ~올리다
- 용법 : 〈お~もうしあげる‖ご~もうしあげる〉는 〈~하다〉의 겸양표현으로 문장체나 격식 차린 표현에 사용한다.

▶ お~もうしあげる

> 例

お二人のご結婚を心よりお祝い申し上げます。
　두 분의 결혼을 진심으로 축하드립니다.
このたびのご栄転、心よりお喜び申し上げます。
　이번의 영전, 진심으로 축하드립니다.
またのご来店を心よりお待ち申し上げております。
　또 다시 내점을 진심으로 기다리고 있겠습니다.
申し訳ありませんが、何卒宜しくお願い申し上げます。
　죄송하지만, 부디 잘 부탁드립니다.

▶ ご~もうしあげる

> 例

下記のとおりご注文申し上げます。
　하기와 같이 주문 드립니다.
結果がわかり次第こちらからご連絡申し上げます。
　결과를 아는 데로 이쪽에서 연락드리겠습니다.
手続きの仕方については私からご説明申し上げます。
　절차의 방법에 대해서는 제가 설명드리겠습니다.
お陰さまで無事帰国しましたことをご報告申し上げます。
　덕분에 무사히 귀국했다는 것을 보고드립니다.

✔ **お~ねがう‖ご~ねがう**

- 형태 : ① お + 동사 연용형 + ねがう
  　　　② ご + 한어동사 + ねがう
- 의미 : ~해 주시오, ~하기 바란다
- 용법 : 〈お~ねがう‖ご~ねがう〉는 〈~하기 바란다〉의 겸양표현으로 문장체나 격식 차린 표현에 사용한다.

▶ お~ねがう

> 例

こちらでしばらくお待ち願えますか。
여기에서 잠시 기다려 주시겠습니까?

今日はこのままお引き取り願います。
오늘은 이대로 돌아가 주시길 바랍니다.

本品は生物ですので、本日中にお召し上がり願います。
본 상품은 생으로 만든 것이므로 오늘 중에 드시기 바랍니다.

ご住所等に変更がありましたら、速やかにお知らせ願います。
주소 등에 변경이 있으시면 신속하게 알려주시기 바랍니다.

▶ ご~ねがう

> 例

税金は正しくご申告願います。
세금은 올바르게 신고하시기 바랍니다.

定められた期日までにご返却願います。
정해진 기일까지 반환해 주시기 바랍니다.

代金はこちらの口座にご送金願います。
대금은 이쪽 구좌로 송금해 주시기 바랍니다.

入会規約については下記をご参照願います。
입회규약에 대해서는 하기를 참조하시기 바랍니다.

恐れ入りますが、おたばこはご遠慮願います。
죄송합니다만, 담배는 자제해 주시기 바랍니다.

✔ お~いただく ‖ ご~いただく

- 형태 : ① お + 동사 연용형 + いただく
  ② ご + 한어동사 + いただく
- 의미 : (상대방)~해 주시다, ~해 주십시오, (화자)~하겠다
- 용법 : 〈お~いただく ‖ ご~いただく〉는 상대방의 행위나 행동을 받는다 라는 의미를 낮추어 표현하는 형태이다.

▶ お~いただく

> **例**
>
> この中から一つお選びいただきます。
> 이 안에서 하나 골라 주시겠습니다.
>
> 代金は商品到着後にお送りいただきます。
> 대금은 상품 도착 후에 받겠습니다.
>
> ではあちらの待合室でお待ちいただけますか。
> 그럼 저쪽 대합실에서 기다려 주시겠습니까?
>
> いつも色々お気遣いいただき、ありがとうございます。
> 언제나 여러 가지로 신경을 써 주셔서 감사합니다.

▶ ご~いただく

> **例**
>
> 昼食は各自ご持参いただきます。
> 점심은 각자 지참해 주십시오.
>
> 先日ご紹介いただいた店にさっそく行ってみました。
> 지난번 소개받았던 가게에 즉시 가 보았습니다.
>
> 本日はご招待いただき、まことにありがとうございます。
> 오늘은 초대해 주셔서 진심으로 감사합니다.
>
> このたびは弊社製品をご注文いただき、ありがとうございます。
> 금번에는 폐사 제품을 주문해 주셔서 감사합니다.

✔ ~させてもらう ‖ ~させていただく

- 형태 : ① 동사 미연형 + させてもらう
  ② 동사 미연형 + させていただく

- 의미 : ~(하)겠다

- 용법 : 〈させてもらう ‖ させていただく〉는 화자의 행위나 행동을 가장 낮추어 표현하는 형태이다.

▶ ~させてもらう

> 例

この試合にだけは見に行かせてもらいたいんですが。
　이 시합에만큼은 보러 가고 싶습니다만.

黙ってみていられないからちょっと言わせてもらうよ。
　잠자코 보고만 있을 수가 없어서 잠시 말하겠다.

僕には合わないようなので、この仕事はやめさせてもらいます。
　나에게는 맞지 않는 것 같아서 이 일은 그만두겠습니다.

どんなことがあっても友達の結婚式には出席させてもらいます。
　어떤 일이 있어도 친구의 결혼식에는 출석하겠습니다.

▶ ~させていただく

> 例

今日はこの辺で終わらせていただきます。　오늘은 이쯤에서 마치겠습니다.
≒ 今日はこの辺で終わりたいと思います。

それではさっそく始めさせていただきます。　그러면 곧바로 시작하겠습니다.
≒ それではさっそく始めたいと思います。

情報が入りましたら後ほど報告させていただきます。
　정보가 들어오면 추후 보고 드리겠습니다.

電話を使わせていただきたいのですが、よろしいでしょうか。
　전화를 사용하고 싶습니다만, 괜찮겠습니까?

(3) 정중표현

✔ ~です

- 형태 : 명사/형용사/형용동사 + です
- 의미 : ~습니다
- 용법 : 명사/형용사/형용동사의 문에서 듣는 이에게 경의를 표하여 정중하게 나타낼 때 です를 붙여 사용한다. 부사나 조사로 문을 마치는 경우에도 です를 사용할 수 있다.

例

彼は何回も文学賞を受賞した作家です。
그는 여러 번 문학상을 수상한 작가입니다.

頑張ったから後は結果を待つだけです。
열심히 했으니 이제는 결과를 기다릴 뿐입니다.

希望の大学に合格できてとても嬉しいです。
희망하던 대학에 합격해서 매우 기쁩니다.

健康を保つためには十分な睡眠が必要です。
건강을 유지하기 위해서는 충분한 수면이 필요합니다.

十年前のことを今更蒸し返されては迷惑です。
10년 전 일을 이제 와서 재차 문제 삼는 것은 곤란합니다.

참고

～でいらっしゃいます

형태 : 명사・형용동사 어간 + でいらっしゃいます

의미 : ~십니다

용법 : でいらっしゃいます는 です를 높여 정중하게 표현할 때 사용하는 형태이다.

どちらにお勤めでいらっしゃいますか。 어디에 근무하십니까?

会長は今自宅でお休みでいらっしゃいます。 회장님은 자택에서 지금 쉬고 계십니다.

社長は先ほどからご機嫌斜めでいらっしゃいます。
사장님은 아까부터 기분이 좀 안 좋으십니다.

こちらは稲葉自動車の稲葉会長でいらっしゃいます。
이쪽은 稲葉자동차의 稲葉회장님이십니다.

山田様、先ほどから高橋様がお待ちでいらっしゃいます。
山田씨, 아까부터 高橋씨께서 기다리고 계십니다.

> ~でございます
>
> 형태 : 명사・형용동사 어간 + でございます
> 의미 : ~입니다, ~이옵니다
> 용법 : でございます는 です를 낮추어 정중하게 표현할 때 사용하는 형태이다.
>
> ご予約は八月七日の水曜日でございます。
>   예약은 8월 7일 수요일입니다.
> これがこの遺跡から発掘された土器でございます。
>   이것이 이 유적에서 발굴된 토기입니다.
> 紹介にあずかりました韓国商事のハンナラでございます。
>   소개받은 한국 상사의 한나라입니다.
> 中村所長でございますが、今日は台風の関係でご欠席です。
>   중촌소장님입니다만, 오늘은 태풍인 관계로 결석입니다.
> これ、つまらないものでございますが、お受け取りください。
>   이거 보잘 것 없는 것입니다만, 받아 주십시오.

✔ ~ます

- 형태 : 동사 연용형 + ます
- 의미 : ~습니다
- 용법 : 동사로 문을 마치는 경우에 듣는 이에게 경의를 표하여 정중하게 나타낼 때는 ます를 붙여 사용한다.

例

社長から聞いたままを皆さんに伝えます。
  사장에게서 들은 대로를 모두에게 전합니다.
会社は週休二日制の導入を前提に生産計画を立てます。
  회사는 주 5일제의 도입을 전제로 생산계획을 세웁니다.
来年度の予算は今年度の収支にもとづいて立てられます。
  내년도의 예산은 금년도의 수지에 근거해서 세워집니다.
予想に反して選挙の結果は与党の大敗北に終わりました。
  예상에 반하게 선거 결과는 여당의 대패배로 끝났습니다.
口をききたくなかったので話す代わりに手紙を書きました。
  말을 하기 싫어서 이야기하는 대신에 편지를 썼습니다.

지은이 모세종

주요 약력

한국외국어대학교 일본어과
일본 문부성 국비장학생으로 일본유학
筑波大学大学院 言語学博 士(일본어학·문법전공)
인하대학교 일어일본학과 교수
사법/행정/외무 고시, 공무원/교원 임용고사 출제/선정위원
일본정부국비유학생 선발 전형위원
일본어 관련학회 이사/부회장/회장 역임

[주요 저서]

학술서

『新日本語学의 理解』(Ⅶ 현대어의문법) 일본연구총서5
　　한국일본학회 일본연구총서 간행위원회 시사일본어사(1998)
『日本語學の研究と理解』(日本語の時の表現)
　　한국일본학회어학회편 어문학사(2007)

번역서

『아스나로』井上靖 著 어문학사(2007)
『여학생』赤川次郎 著 어문학사(2008)
『일본력』伊藤洋一 著 어문학사(2008)
『미녀』連城三紀彦 著 어문학사(2011)

학습서

『처음 일본어 쉽게 넘기 1·2』시사일본어사(2001/2002)
『朝日 신문사설 일본어 청해·독해』시사일본어사(2002)
『일본어 문형포 인트 120』동양문고(2008)

예문중심
실용 일본어 문법

초판 1쇄 발행일 2011년 3월 7일

지은이 모세종
펴낸이 박영희
편집 이은혜·김미선·성소연
표지 강지영
책임편집 강지영
펴낸곳 도서출판 어문학사
    132-891 서울특별시 도봉구 쌍문동 525-13
    전화: 02-998-0094 / 편집부: 02-998-2267
    팩스: 02-998-2268
    홈페이지: www.amhbook.com
    e-mail: am@amhbook.com
    등록: 2004년 4월 6일 제7-276호

ISBN 978-89-6184-157-3 14730

정가 18,000원

※ 잘못 만들어진 책은 교환해 드립니다.

이 도서의 국립중앙도서관 출판시도서목록(CIP)은 e-CIP홈페이지(http://www.nl.go.kr/ecip)와
국가자료공동목록시스템(http://www.nl.go.kr/kolisnet)에서 이용하실 수 있습니다.(CIP제어번호: CIP2011000624)